Hanno detto di

PYTHON PER RAGAZZI

enza eccellente per tutta la famiglia."
—Patrice Gans, *Education Week*

"È una buona introduzione anche per gli adulti che imparano a programmare."
—Matthew Humphries, Geek.com

"Jason Briggs riesce a descrivere la programmazione ai ragazzi senza rendere stupidi i contenuti. Le lezioni sono costruite bene e lasciano il lettore, alla fine di ogni capitolo, con la sensazione di aver raggiunto un traguardo."
—Marziah Karch, *GeekMom,* blog di Wired.com

"Ben scritto e coinvolgente. Non c'è nulla di più intrigante che vedere delle semplici righe di codice che creano qualcosa sullo schermo e sapere come e perché sia successo."
—Copil Yáñez, *Full Circle*

"Un'eccellente introduzione alla programmazione, per chiunque sia interessato a imparare a programmare, indipendentemente dalla sua età. Un grande risorsa, sia a casa che a scuola."
—Roy Wood, *GeekDad*

"Ho chiesto a mia figlia di otto anni che cosa pensasse di *Python per ragazzi*. Ha scelto cinque stelle... Mi fa molto piacere che mia figlia scriva dei veri programmi in Python seguendo le pagine di questo libro."
—Richard Bejtlich, CSO di Mandiant

"Un grande libro, per chiunque voglia entrare nel mondo della programmazione senza sensi di inadeguatezza."
—Sandra Henry-Stocker, *ITworld*

PYTHON PER RAGAZZI

UN'INTRODUZIONE GIOCOSA ALLA PROGRAMMAZIONE

JASON R. BRIGGS

EDIZIONI LSWR

no starch press

Titolo originale: *Python for Kids | A Playful Introduction to Programming*
ISBN: 978-1-59327-407-8
Published by No Starch Press, Inc.
245 8th Street, San Francisco, CA 94103
www.nostarch.com
Cover and Interior Design: Octopod Studios

Edizione italiana:
Python per ragazzi | Un'introduzione giocosa alla programmazione
Traduzione di: Virginio B. Sala
Editor in Chief: Marco Aleotti

ISBN: 978-88-6895-348-5

EDIZIONI
LSWR
Via G. Spadolini, 7
20141 Milano (MI)
Tel. 02 881841
www.edizionilswr.it
Printed in Italy

Finito di stampare nel mese di ottobre 2016 presso "LegoDigit" Srl, Lavis (TN)

(*) Edizioni Lswr è un marchio di La Tribuna Srl. La Tribuna Srl fa parte di LSWR GROUP.

INDICE IN BREVE

L'autore, l'illustratore, i revisori tecnici xv
Ringraziamenti xvii
Introduzione xix

PARTE I: IMPARARE A PROGRAMMARE

1: Non tutti i serpenti strisciano 3
2: Calcoli e variabili 15
3: Stringhe, liste, tuple e mappe 25
4: Disegnare con le tartarughe 43
5: Porre domande con If e Else 53
6: Girare in tondo 67
7: Riciclare il codice con funzioni e moduli 81
8: Come si usano classi e oggetti 93
9: Le funzioni interne di Python 109
10: Moduli utili di Python 129
11: Ancora grafica della tartaruga 145
12: Grafica migliore con tkinter 163

PARTE II: BOUNCE!

13: Iniziamo il primo gioco: Bounce! 193
14: Completiamo il primo gioco: Bounce! 205

PARTE III: L'AVVENTUROSA FUGA DI MR. STICK MAN

15: Creare la grafica per il gioco di Mr. Stick Man 221
16: Sviluppare il gioco di Mr. Stick Man 233
17: Creare Mr. Stick Man 251
18: Completare il gioco di Mr. Stick Man 259

Postfazione: Da qui dove si va? 285
Appendice: Le parole chiave di Python 293
Glossario 307
Indice analitico 313

INDICE GENERALE

L'AUTORE, L'ILLUSTRATORE, I REVISORI TECNICI — XV

Ringraziamenti xvii

INTRODUZIONE — XIX

Perché Python? xx
Come imparare a scrivere codice xx
Chi dovrebbe leggere questo libro xxi
Che cosa c'è in questo libro xxii
Il sito web di accompagnamento xxiii
Buon divertimento! xxiv

PARTE I: IMPARARE A PROGRAMMARE

1
NON TUTTI I SERPENTI STRISCIANO — 3

Qualche parola sul linguaggio 4
Installare Python 5
    Installare Python in Windows 10 5
    Installare Python su Mac OS X 7
    Installare Python su Ubuntu 9
Dopo aver installato Python 10
Salvare i programmi Python 12
Che cosa avete imparato 13

2
CALCOLI E VARIABILI — 15

Calcolare con Python 16
    Gli operatori di Python 17
    L'ordine delle operazioni 18
Le variabili sono come etichette 19
Usare le variabili 21
Che cosa avete imparato 23

3
STRINGHE, LISTE, TUPLE E MAPPE — 25

Stringhe 26
    Creare stringhe 26
    Trattare problemi con le stringhe 27

Incorporare valori nelle stringhe 30
Moltiplicare stringhe. 31
Le liste sono più potenti delle stringhe 32
Aggiungere elementi a una lista 35
Eliminare elementi da una lista. 35
Aritmetica delle liste. 36
Tuple 38
Le mappe di Python non vi aiuteranno a trovare la strada 39
Che cosa avete imparato. 41
Rompicapo di programmazione 41
1. Preferiti 41
2. Contare i combattenti 42
3. Saluti!. 42

4 DISEGNARE CON LE TARTARUGHE 43

Usare il modulo turtle di Python 44
Creare un canvas 44
Spostare la tartaruga 46
Che cosa avete imparato. 51
Rompicapo di programmazione 51
1. Un rettangolo. 51
2. Un triangolo. 51
3. Un riquadro senza angoli 52

5 PORRE DOMANDE CON IF E ELSE 53

Enunciati if 54
Un blocco è un gruppo di enunciati di programmazione. 54
Le condizioni aiutano a fare confronti 57
Enunciati if-then-else 58
Enunciati if ed elif. 59
Combinare le condizioni 61
Variabili senza valore: None. 61
La differenza fra stringhe e numeri. 62
Che cosa avete imparato. 65
Rompicapo di programmazione 65
1. Sei ricco? 65
2. Twinkies! 66
3. Il numero giusto 66
4. Posso combattere contro i ninja 66

6
GIRARE IN TONDO 67

Usare i cicli for . . . 68
A proposito di cicli . . . 76
Che cosa avete imparato . . . 78
Rompicapo di programmazione . . . 79
1. Il ciclo “ciao” . . . 79
2. Numeri pari . . . 79
3. I cinque ingredienti preferiti . . . 79
4. Il peso sulla Luna . . . 80

7
RICICLARE IL CODICE CON FUNZIONI E MODULI 81

Usare le funzioni . . . 82
Parti di una funzione . . . 83
Variabili e ambito . . . 84
Usare i moduli . . . 87
Che cosa avete imparato . . . 89
Rompicapo di programmazione . . . 90
1. Funzione per il peso sulla Luna . . . 90
2. Funzione per il peso sulla Luna e gli anni . . . 90
3. Programma per il peso sulla Luna . . . 90

8
COME SI USANO CLASSI E OGGETTI 93

Suddividere le cose in classi . . . 94
Figli e genitori . . . 95
Aggiungere oggetti alle classi . . . 96
Definire funzioni di classi . . . 97
Caratteristiche come funzioni . . . 97
Perché usare classi e oggetti? . . . 99
Oggetti e classi nelle immagini . . . 100
Altre caratteristiche utili di oggetti e classi . . . 102
Funzioni ereditate . . . 103
Funzioni che chiamano altre funzioni . . . 104
Inizializzare un oggetto . . . 105
Che cosa avete imparato . . . 107
Rompicapo di programmazione . . . 107
1. La danza della giraffa . . . 107
2. Forcone per tartarughe . . . 108

9
LE FUNZIONI INTERNE DI PYTHON 109

Come si usano le funzioni interne . . . 110
La funzione abs . . . 110
La funzione bool . . . 111
La funzione dir . . . 113
La funzione eval . . . 115
La funzione exec . . . 116
La funzione float . . . 116
La funzione int . . . 117
La funzione len . . . 118
Le funzioni max e min. . . . 119
La funzione range . . . 121
La funzione sum . . . 122
Lavorare con i file . . . 122
Creare un file di prova . . . 123
Aprire un file in Python . . . 125
Scrivere nei file . . . 126
Che cosa avete imparato. . . . 127
Rompicapo di programmazione . . . 128
1. Il codice misterioso . . . 128
2. Il messaggio nascosto . . . 128
3. Copiare un file . . . 128

10
MODULI UTILI DI PYTHON 129

Fare copie con il modulo copy . . . 130
Parole chiave con il modulo keyword . . . 133
Numeri casuali con il modulo random . . . 133
randint per scegliere numeri a caso . . . 134
choice per scegliere un elemento a caso da una lista . . . 135
shuffle per rimescolare una lista . . . 136
Controllare la shell con il modulo sys . . . 136
Uscire dalla shell con la funzione exit . . . 136
Leggere con l'oggetto stdin . . . 137
Scrivere con l'oggetto stdout . . . 138
Che versione di Python sto usando?. . . . 138
Tempo, con il modulo time . . . 138
Convertire una data con asctime . . . 140
Ottenere data e ora con localtime. . . . 140
Un po' di relax con sleep . . . 141
Usare il modulo pickle per salvare informazioni. . . . 142
Che cosa avete imparato. . . . 144

Rompicapo di programmazione 144
1. Auto copiate 144
2. I preferiti 144

11 ANCORA GRAFICA DELLA TARTARUGA 145

Cominciamo con il quadrato semplice 146
Disegnare stelle. 147
Disegnare un'auto 151
Colorare 152
Una funzione per un cerchio pieno. 153
Creare un bianco e nero puro 155
Una funzione per disegnare quadrati 155
Disegnare quadrati pieni 157
Disegnare stelle piene. 158
Che cosa avete imparato. 160
Rompicapo di programmazione 161
1. Disegnare un ottagono 161
2. Disegnare un ottagono pieno 161
3. Un'altra funzione per disegnare stelle. 162

12 GRAFICA MIGLIORE CON TKINTER 163

Creare un pulsante cliccabile 165
Usare parametri per nome 167
Creare una tela per disegnare 168
Disegnare linee 168
Disegnare riquadri 170
Disegnare tanti rettangoli 172
Impostare il colore. 174
Disegnare archi 177
Disegnare poligoni 179
Visualizzare testo 180
Visualizzare immagini 182
Creare un'animazione di base 183
Far reagire un oggetto 186
Altri modi per usare l'identificatore. 188
Che cosa avete imparato. 190
Rompicapo di programmazione 190
1. Riempire lo schermo di triangoli 190
2. Il triangolo mobile 190
3. La foto che si muove 190

PARTE II: BOUNCE!

13 INIZIAMO IL PRIMO GIOCO: BOUNCE! 193

Colpire la palla che rimbalza 194
Creare il canvas di gioco 194
Creare la classe della palla 196
Un po’ d’azione 198
Far spostare la palla 198
Far rimbalzare la palla 200
Modificare la direzione iniziale della palla 202
Che cosa avete imparato 204

14 COMPLETIAMO IL PRIMO GIOCO: BOUNCE! 205

Aggiungere la racchetta 206
spostare la racchetta 207
Scoprire quando la palla colpisce la racchetta 209
Aggiungere un elemento di casualità 212
Che cosa avete imparato 216
Rompicapo di programmazione 216
1. Ritardare l’avvio del gioco 217
2. Un adeguato “game over” 217
3. Accelerare la palla 217
4. Registrare il punteggio 217

PARTE III: L’AVVENTUROSA FUGA DI MR. STICK MAN

15 CREARE LA GRAFICA PER IL GIOCO DI MR. STICK MAN 221

Il piano di gioco per Mr. Stick Man 222
Ottenere Gimp 222
Creare gli elementi del gioco 224
Preparare un’immagine trasparente 224
Disegnare Mr. Stick Man 225
Disegnare le piattaforme 227
Disegnare la porta 228
Disegnare lo sfondo 229
Trasparenza 230
Che cosa avete imparato 231

16
SVILUPPARE IL GIOCO DI MR. STICK MAN 233

Creare la classe del gioco 234
Titolo della finestra e canvas 234
Completare la funzione _init_. 235
La funzione del ciclo principale 236
Creare la classe delle coordinate 238
Verificare se avvengono collisioni. 239
Sprite che collidono in orizzontale 239
Sprite che collidono in verticale 241
Mettere insieme il tutto:
il codice finale per identificare le collisioni 242
Creare la classe degli sprite 244
Aggiungere le piattaforme 246
Aggiungere un oggetto piattaforma 247
Aggiungere una serie di piattaforme 248
Che cosa avete imparato. 249
Rompicapo di programmazione 250
1. Scacchiera 250
2. Scacchiera con due immagini 250
3. Libreria e lampada 250

17
CREARE MR. STICK MAN 251

Inizializzare la figura stilizzata 252
Caricare le immagini del personaggio 252
Impostare le variabili 253
Collegare ai tasti 255
GIRare il personaggio a sinistra e a destra 255
Far saltare Mr. Stick Man. 256
Che cosa abbiamo a questo punto 257
Che cosa avete imparato. 258

18
COMPLETARE IL GIOCO DI MR. STICK MAN 259

Animare la figura stilizzata 260
Creare la funzione animate 260
Ottenere la posizione del personaggio 264
Far muovere il personaggio 265
Mettere alla prova lo sprite del personaggio 273
La porta! 274
Creare la classe DoorSprite 274
Rilevare la porta 276
Aggiungere l'oggetto porta 276

Il gioco completo . . . 277
Che cosa avete imparato . . . 283
Rompicapo di programmazione . . . 284
1. "Hai vinto!" . . . 284
2. Animare la porta . . . 284
3. Piattaforme mobili . . . 284

POSTFAZIONE: DA QUI DOVE SI VA? 285

Programmazione per giochi e grafica . . . 286
PyGame . . . 286
Linguaggi di programmazione . . . 288
Java . . . 288
C/C++ . . . 288
C# . . . 289
PHP . . . 289
Objective-C . . . 290
PERL . . . 290
Ruby . . . 291
JavaScript . . . 291
Qualche ultima parola . . . 291

APPENDICE: LE PAROLE CHIAVE DI PYTHON 293

GLOSSARIO 307

INDICE ANALITICO 313

L'AUTORE

Jason R. Briggs programma da quando aveva otto anni e ha imparato il BASIC su un Radio Shack TRS-80. Ha scritto software a livello professionale, come sviluppatore e architetto di sistema, e ha collaborato come redattore esterno al *Java Developer's Journal*. Suoi articoli sono stati pubblicati su *JavaWorld*, *ONJava*, *ONLamp*. *Python per ragazzi*, è il suo primo libro.

Potete raggiungere Jason sul sito *http://jasonrbriggs.com/* o via posta elettronica all'indirizzo *mail@jasonrbriggs.com*.

L'ILLUSTRATORE

Miran Lipovača è autore di *Learn You a Haskell for Great Good!*. Ama il pugilato, la chitarra basso e, ovviamente, disegnare. È affascinato dagli scheletri che ballano e dal numero 71 e, quando entra dalle porte automatiche, sostiene di aprirle con il potere della sua mente.

I REVISORI TECNICI

Diplomatosi da poco alla The Nueva School, Josh Pollock, 15 anni, è matricola alla Lick-Wilmerding High School di San Francisco. Ha iniziato a programmare in Scratch a nove anni, ha iniziato a usare il TI-BASIC quando ne aveva dieci e subito dopo è passato a Java e Python e infine a UnityScript. Oltre a programmare, ama suonare la tromba, sviluppare giochi per computer e parlare di scienza.

Maria Fernandez ha una laurea in linguistica applicata e si interessa di computer e tecnologia da oltre 20 anni. Ha insegnato inglese alle giovani rifugiate con il Global Village Project in Georgia e ora vive in California settentrionale, dove lavora per ETS (Educational Testing Service).

RINGRAZIAMENTI

Ci si deve sentire così, quando si sale sul palco per ricevere un premio e ci si rende conto di aver dimenticato l'elenco delle persone da ringraziare negli altri pantaloni. Di sicuro ti dimenticherai di qualcuno, e subito partirà la musica che segnala che è venuto il momento di scendere dal palco.

Detto questo, ecco l'elenco (sicuramente incompleto) delle persone verso cui ho un enorme debito di gratitudine per aver contribuito a fare di questo libro il buon libro che penso sia.

Grazie alla redazione di No Starch, in particolare a Bill Pollock, per aver usato una sana dose di "che cosa penserebbe un bambino" mentre lo redazionava. Quando si programma da molto tempo, è facile dimenticare quanto siano difficili certe cose per chi è alle prime armi, e Bill è stato prezioso nell'indicare le parti inutilmente complicate. Grazie anche a Serena Yang, straordinaria production manager, con la speranza che non abbia perso troppi capelli nell'attribuire i colori giusti a 300 e più pagine di codice.

Un grande grazie a Miran Lipovaca per le sue brillanti illustrazioni. Più che brillanti. Davvero! Se avessi fatto io i disegni, al massimo ci sarebbe qualche figura abborracciata che non assomiglierebbe a niente in particolare. È un orso...? O un cane...? No, aspetta... forse un albero?

Grazie ai revisori. Mi scuso se qualcuno dei vostri consigli alla fine non è stato realizzato. Probabilmente avevate ragione voi, ma la colpa è di qualche piccola mania personale. Un grazie particolare a Josh per alcuni suggerimenti davvero eccellenti. E le mie scuse a Maria se qualche volta la formattazione del codice lasciava un po' a desiderare.

Grazie a mia moglie e mia figlia, per aver sopportato un marito e padre con il naso sepolto ancora più spesso del solito in uno schermo di computer.

A mia madre, per gli infiniti incoraggiamenti nel corso degli anni.

Infine, grazie a mio padre per avermi acquistato un computer ancora negli anni Settanta e aver tollerato che volessi usarlo il più possibile. Nulla di tutto questo sarebbe stato possibile senza di lui.

INTRODUZIONE

Perché imparare a programmare?

La programmazione favorisce la creatività, il ragionamento e la capacità di risolvere problemi. Chi programma ha la possibilità di creare qualcosa dal nulla, di usare la logica per trasformare i costrutti della programmazione in una forma che un computer può eseguire e, quando le cose non vanno proprio come avrebbero dovuto, di usare la capacità di risolvere problemi per stabilire che cosa sia andato storto.

Programmare è un'attività divertente, a volte impegnativa (e ogni tanto anche un po' frustrante) e le capacità che si apprendono programmando possono essere utili sia a scuola sia nel lavoro… anche se quel che fate non ha nulla a che vedere con i computer.

Infine, se non altro, la programmazione è un modo eccellente per passare un pomeriggio quando fuori fa brutto tempo.

PERCHÉ PYTHON?

Python è un linguaggio di programmazione facile da imparare, ma con alcune caratteristiche davvero molto utili per chi è alle prime armi. Il codice è molto facile da leggere, rispetto a quello di altri linguaggi di programmazione, e ha una interfaccia interattiva (la "shell") in cui si possono scrivere i programmi e vederli girare. Oltre alla semplicità della struttura del linguaggio e alla shell interattiva con cui si può sperimentare, Python ha alcune altre caratteristiche che rafforzano di molto il processo di apprendimento e permette di creare semplici animazioni per creare i propri giochi. Uno di questi elementi è il modulo turtle, ispirato alla grafica della tartaruga (utilizzato dal linguaggio di programmazione Logo già negli anni Sessanta) e pensato per le applicazioni in campo educativo. Un altro è il modulo tkinter, un'interfaccia per Tk, un "toolkit", cioè un insieme di strumenti, per le interfacce grafiche, che mette a disposizione un metodo semplice per creare programmi con grafica e animazioni un po' più avanzate.

COME IMPARARE A SCRIVERE CODICE

Come sempre, quando si prova a fare qualcosa per la prima volta, è meglio iniziare dalle basi, perciò cominciate con i primi capitoli e non fatevi prendere dalla tentazione di saltare fino ai capitoli più avanzati. Nessuno è in grado di suonare una sinfonia la prima volta che prende in mano uno strumento musicale. Gli aspiranti piloti non fanno volare un aereo prima di aver capito i controlli fondamentali e i ginnasti (di solito) non sono capaci di fare un salto mortale al primo tentativo. Se andate avanti troppo rapidamente, non solo non vi resteranno in testa le idee fondamentali, ma i contenuti dei capitoli successivi vi sembreranno più complicati di quel che sono in realtà.

Nel procedere, provate tutti gli esempi: così potrete vedere come funzionano. Alla fine della maggior parte dei capitoli ci sono anche dei rompicapo di programmazione che potete cercare di risolvere: vi aiuteranno a migliorare le vostre abilità di programmazione. Ricordate: quanto meglio assimilerete le basi, tanto più facile vi risulterà capire idee più complicate in seguito.

Quando incontrate qualcosa di frustrante o di troppo impegnativo, ecco alcune cose che io trovo utili:

1. Suddividete un problema in parti più piccole. Cercate di capire che cosa fa un piccolo frammento di codice, oppure ragionate solo su una piccola parte di un'idea difficile (concentratevi su un piccolo frammento di codice invece di cercare di capire il tutto in una volta sola).
2. Se questo ancora non vi è d'aiuto, a volte la cosa migliore è semplicemente non pensarci per un po'. Dormiteci sopra e riprendete il problema il giorno dopo. È un buon modo per risolvere molti problemi e può essere particolarmente utile per la programmazione.

CHI DOVREBBE LEGGERE QUESTO LIBRO

Questo libro è per chiunque sia interessato alla programmazione, bambino o adulto che a questo campo si avvicini per la prima volta. Se volete imparare a scrivere il vostro software anziché usare solamente i programmi scritti da altri, questo libro è un ottimo punto di partenza.

Nei capitoli seguenti, troverete le informazioni per installare Python, eseguire la shell e svolgere qualche calcolo, stampare il testo che appare sullo schermo, creare liste e svolgere alcune semplici operazioni di controllo del flusso utilizzando gli enunciati if e i cicli for (e scoprirete che cosa sono gli enunciati if e i cicli for!). Vedrete come riutilizzare il codice con le funzioni, gli elementi fondamentali di classi e oggetti e la descrizione di alcune funzioni e alcuni moduli, fra i molti che fanno parte di Python.

Troverete capitoli sulla grafica della tartaruga, a livello più semplice e più avanzato, e anche sull'uso del modulo `tkinter` per disegnare sullo schermo. Alla fine di molti capitoli vi sono rompicapo di programmazione di varia complessità, che vi aiuteranno a consolidare le conoscenze appena acquisite, con la possibilità di scrivere voi stessi piccoli programmi.

Una volta acquisita la conoscenza dei fondamenti della programmazione, imparerete come scrivere i vostri giochi. Svilupperemo due giochi grafici e scopriremo il rilevamento delle collisioni, gli eventi e varie tecniche di animazione.

La maggior parte degli esempi nel libro usa la shell IDLE (*Integrated DeveLopment Environment*, ambiente integrato di sviluppo) di Python. IDLE evidenzia la struttura sintattica, offre funzioni di copia e incolla (analoghe a quelle che usereste in altre applicazioni) e una finestra di editor in cui potete salvare il vostro codice per poterlo usare ancora in seguito, il che significa che IDLE funziona sia come un ambiente interattivo per la sperimentazione e anche un po' come un editor di testo. Gli esempi funzioneranno altrettanto bene con la console standard e un normale editor di testo, ma l'evidenziazione della sintassi e un ambiente un po' più amichevole come quello di IDLE possono essere di aiuto per capire meglio, perciò nel primo capitolo vedremo come impostarlo.

CHE COSA C'È IN QUESTO LIBRO

Ecco una breve panoramica di quello che troverete in ciascun capitolo.

Il **Capitolo 1** è un'introduzione alla programmazione, con le istruzioni per installare Python.

Il **Capitolo 2** introduce i calcoli fondamentali e le variabili, e il **Capitolo 3** descrive alcuni dei tipi fondamentali di Python, come le stringhe, le liste e le ennuple.

Con il **Capitolo 4** arriva il primo assaggio del modulo `turtle`. Passeremo dagli elementi base della programmazione a come far muovere una tartaruga (sotto forma di una freccia) in giro per lo schermo.

Il **Capitolo 5** tratta delle variazioni delle condizioni e degli enunciati `if` (condizionali); il **Capitolo 6** procede con i cicli `for` e `while`.

Nel **Capitolo 7** inizieremo a usare e creare funzioni, poi nel **Capitolo 8** parleremo di classi e oggetti. Esamineremo le idee base abbastanza a fondo per poter poi utilizzare qualcuna delle tecniche di programmazione necessarie, nei capitoli più avanti, per lo sviluppo di giochi. A questo punto il materiale comincia a diventare un po' più complicato.

Il **Capitolo 9** tratta la maggior parte delle funzioni interne a Python e il **Capitolo 10** continua affrontando alcuni moduli (fondamentalmente, blocchi di funzionalità utili), installati per impostazione predefinita insieme a Python.

Il **Capitolo 11** ritorna al modulo `turtle` per sperimentare qualche forma più complicata. Il **Capitolo 12** passa all'uso del modulo `tkinter` per creare qualche oggetto grafico più avanzato.

Nei **Capitoli 13** e **14** creeremo il nostro primo gioco, "Bounce!", che si fonda sulle conoscenze acquisite nei capitoli precedenti; nei **Capitoli 15-18** creeremo un altro gioco, "L'avventurosa fuga di Mr. Stick Man". I capitoli dedicati allo sviluppo dei giochi sono quelli in cui le cose possono farsi davvero serie. Se incontrate problemi che non riuscite a risolvere altrimenti, scaricate il codice dal sito web che accompagna il libro (*http://python-for-kids.com/*) e confrontate il vostro codice con questi esempi, che sicuramente funzionano.

Nella **Postfazione**, concludiamo dando uno sguardo a PyGame e ad alcuni altri linguaggi di programmazione molto diffusi.

Infine, nell'**Appendice**, potrete trovare le parole chiave di Python trattate in dettaglio e, nel **Glossario**, troverete le definizioni dei termini della programmazione utilizzati in tutto il libro.

IL SITO WEB DI ACCOMPAGNAMENTO

Se vi trovate nelle condizioni di aver bisogno di aiuto mentre leggete, provate a consultare il sito di accompagnamento, *http://python-for-kids.com/*(in inglese), dove potrete trovare tutti gli esempi del libro e altri rompicapo di programmazione.

Troverete anche le soluzioni di tutti i rompicapo nel libro, nel caso vi troviate in difficoltà o vogliate controllare il vostro lavoro.

BUON DIVERTIMENTO!

Ricordate, mentre procedete, che la programmazione può essere divertente. Non prendetela come un lavoro. Pensate la programmazione come un modo per creare giochi o applicazioni divertenti che potete condividere con gli amici o con altri.

Imparare a programmare è un meraviglioso esercizio mentale e i risultati possono essere molto gratificanti. Ma soprattutto, qualsiasi cosa facciate, divertitevi!

PARTE I

IMPARARE A PROGRAMMARE

1 NON TUTTI I SERPENTI STRISCIANO

Un programma per computer è un insieme di istruzioni grazie alle quali un computer svolge qualche attività. Non si tratta delle parti fisiche di una macchina (come i fili, i microchip, le schede, il disco fisso e altre cose simili) ma di quella materia impalpabile e nascosta che "gira" su quell'hardware. Un programma per computer, che chiamerò in genere semplicemente *programma*, è l'insieme dei comandi che dicono a quell'hardware "stupido" che cosa fare. *Software* è un insieme di programmi.

Senza programmi, quasi ogni dispositivo che usate quotidianamente smetterebbe di funzionare o sarebbe molto meno utile di quel che è. I programmi, in una forma o in un'altra, controllano non solo il vostro personal computer ma anche i sistemi per i videogiochi, i telefoni cellulari e il navigatore satellitare nell'automobile. Il software controlla anche apparecchi meno ovvi, come i televisori a LCD e i loro telecomandi, radio, lettori di DVD, forni e anche qualche frigorifero dei più recenti. Anche i motori delle automobili, i semafori, i lampioni, i segnali dei treni, i tabelloni elettronici e gli ascensori sono controllati da programmi.

I programmi sono un po' come pensieri. Se non aveste pensieri, probabilmente ve ne stareste seduti sul pavimento, con lo sguardo perso nel vuoto e la saliva che vi gocciola sulla maglietta. Il pensiero "alzati dal pavimento" è un'istruzione, o un comando, che dice al vostro corpo di alzarsi. Allo stesso modo, i programmi dicono ai computer che cosa fare.

Se sapete scrivere programmi per computer, potete fare ogni genere di cose utili. Certo, magari non sarete in grado di scrivere programmi che controllano auto, semafori o il frigorifero (o almeno, non inizialmente), ma potrete creare pagine web, scrivere i vostri giochi o addirittura un programma che vi sia d'aiuto nei compiti a casa.

QUALCHE PAROLA SUL LINGUAGGIO

Come gli esseri umani, i computer possono usare molte lingue per comunicare – in questo caso, linguaggi di programmazione. Un linguaggio di programmazione è solo un modo particolare di parlare a un computer – un modo per usare istruzioni che sia gli esseri umani sia i computer sono in grado di comprendere.

Esistono linguaggi di programmazione che prendono il nome da persone (come Ada e Pascal), quelli che hanno come nome semplici acronimi (come BASIC e FORTRAN) e anche qualcuno che prende il nome da trasmissioni televisive, come Python. Sì, il linguaggio di programmazione Python ha preso il nome dalla trasmissione televisiva inglese *Monty Python's Flying Circus*, non dal serpente (*python* è la parola inglese che significa "pitone", se non l'avevate ancora capito).

Parecchie caratteristiche fanno di Python un linguaggio di programmazione estremamente utile per chi è alle prime armi. Potete utilizzare Python per scrivere molto rapidamente programmi semplici ma molto efficaci. Non usa molti simboli complicati, a differenza di altri linguaggi di programmazione, ed è perciò più facile da leggere e molto più "amichevole" per chi è agli inizi. (Questo non vuol dire che Python non usi simboli – semplicemente il loro uso non è così esteso come in molti altri linguaggi.)

INSTALLARE PYTHON

L'installazione di Python è molto semplice. Qui vedremo come lo si installa in Windows 10, Mac OS X e Ubuntu. Installando Python, troverete anche un collegamento al programma IDLE (che significa Integrated DeveLopment Environment, ambiente di sviluppo integrato), che permette di scrivere programmi per Python. Se Python è già installato sul vostro computer, potete passare subito al paragrafo "Dopo aver installato Python" a pagina 10.

INSTALLARE PYTHON IN WINDOWS 10

Per installare Python per Microsoft Windows 10, usate il browser web, andate all'indirizzo *http://www.python.org/* e scaricate il programma di installazione più recente per Python 3. Nel menu del sito troverete una sezione intitolata **Downloads**. Un clic sul nome di questa sezione vi porterà a una finestra come questa:

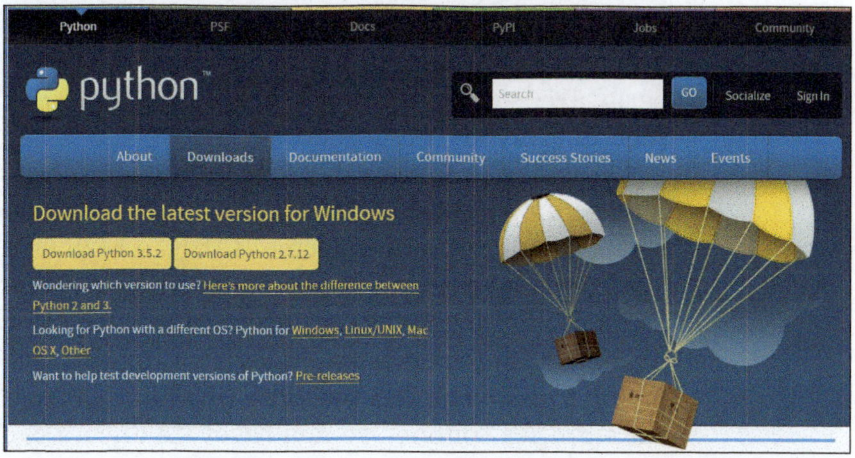

NOTA *Quale sia esattamente la versione di Python che scaricate non è importante, basta che il suo numero inizi con il 3. Gli aggiornamenti sono frequenti: qui vedete le indicazioni per la versione 3.5.1, ma è probabile che quando leggerete queste pagine la versione più recente abbia un numero più alto.*

Una volta scaricato il programma di installazione per Windows, fate un doppio clic sulla sua icona, poi seguite le istruzioni per installare Python nella posizione predefinita.

1. Selezionate la casella di controllo **Install launcher for all users** (se non è già selezionata).
2. Non cambiate la directory di destinazione predefinita, ma annotatevi il nome della directory (potrebbe essere C:\Python32, per esempio).
3. Ignorate la sezione *Customize installation* e fate clic su **Install now**.

Alla fine del procedimento, nel menu Start troverete, tra le nuove app, o fra le app installate di recente, alcune voci relative a Python.

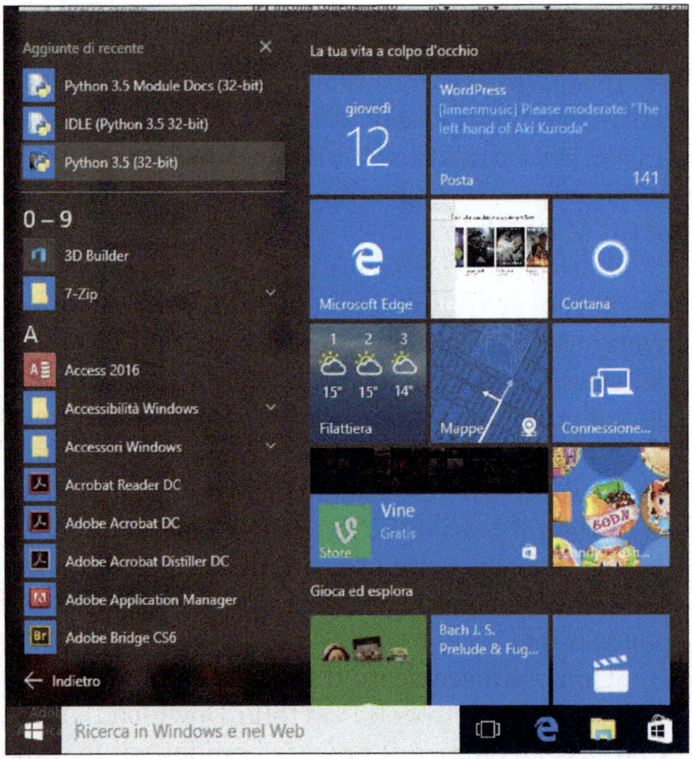

Poi, seguite questi passi per aggiungere un collegamento a Python 3 al vostro desktop:

1. Fate clic destro in un punto vuoto del desktop, poi selezionate **Nuovo**, **Collegamento** dal menu di scelta rapida.
2. Nella casella sotto la scritta **Immettere il percorso per il collegamento**, scrivete (assicurandovi che il nome della directory sia quello che vi siete annotati in precedenza):

```
c:\Python\32\Lib\idlelib.idle.pyw -n
```

3. Fate clic su **Avanti** per passare alla finestra di dialogo successiva.
4. Inserite il nome come *IDLE* e fate clic su **Fine** per creare il collegamento.

Ora potete passare a “Dopo avere installato Python” a pagina 10 per iniziare.

INSTALLARE PYTHON SU MAC OS X

Se usate un Mac, dovreste avere una versione di Python già preinstallata, ma probabilmente si tratta di una versione più vecchia. Per essere sicuri di avere la più recente, aprite il browser e andate all'indirizzo *http://www.python.org/getit/* per scaricare il programma di installazione più recente per il Mac.

I programmi di installazione sono diversi: quello che dovete scaricare dipende dalla versione di Mac OS X che avete. (Se avete dubbi, potete scoprire il numero di versione del sistema operativo facendo clic sulla Mela nella barra dei menu in alto e scegliere Informazioni su questo Mac.)

Se il vostro computer ha una versione di Mac OS X compresa fra la 10.3 e la 10.6, scaricate la versione a 32 bit di Python 3 per i386/PPC.

Se il vostro computer ha una versione di Mac OS X 10.6 o superiore, scaricate la versione 64-bit/32-bit di Python 3 per x86-64.

Una volta scaricato il file (avrà un nome con estensione *.pkg* e lo troverete nella cartella Download), fate un doppio clic su di esso e partirà il processo guidato di installazione.

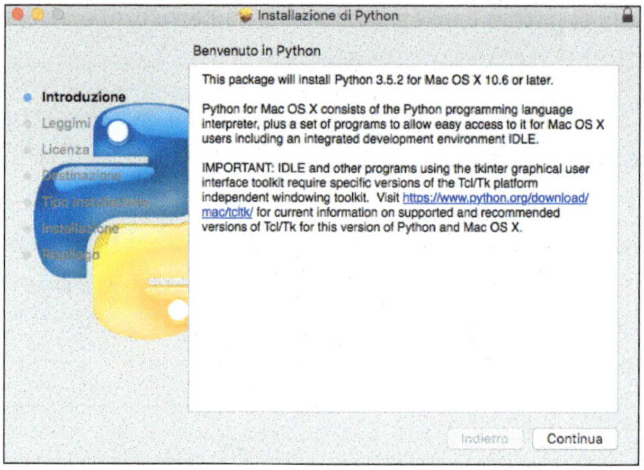

In questa finestra, fate doppio clic su *Python mpkg*, poi seguite le istruzioni per installare il software. Vi verrà chiesta la password di amministratore del vostro Mac. (Non conoscete la password di amministratore? Probabilmente dovrete chiedere ai vostri genitori di inserirla.)

Poi, dovete aggiungere al desktop uno script per lanciare l'applicazione IDLE di Python, in questo modo:

1. Fate clic sull'icona **Spotlight**, la lente di ingrandimento nell'angolo superiore destro della schermata.
2. Nella finestra che compare, scrivete *Automator*.
3. Fate clic sull'applicazione che ha l'aspetto di un robot, quando compare nel menu. Sarà nella sezione intitolata Più utilizzati o in **Applicazioni**.
4. Avviato Automator, selezionate il modello Applicazione:

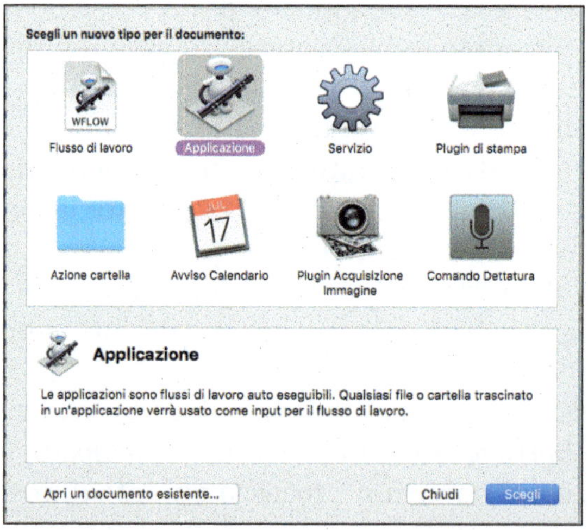

5. Fate clic su **Scegli** per continuare.
6. Nell'elenco delle azioni, trovate **Esegui script shell** e trascinatelo nel riquadro vuoto a destra. Vedrete qualcosa di simile a questo:

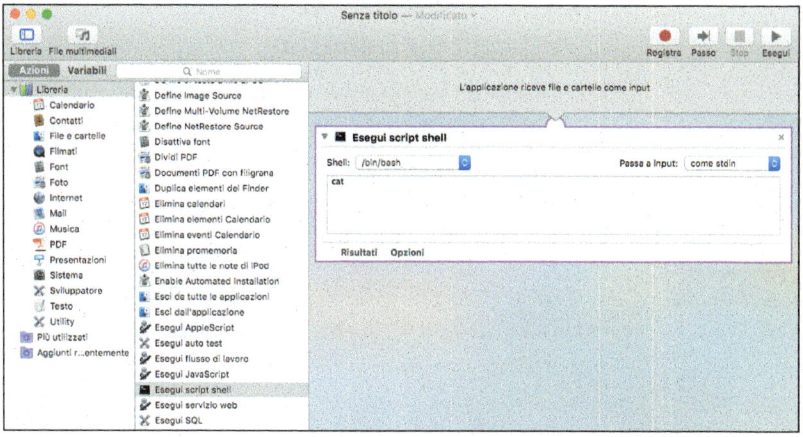

7. Nella casella di testo, vedrete la parola *cat*. Selezionate questa parola e sostituitela con il testo seguente (tutto, da `open` a `-n`):

```
open -a "/Applications/Python 3.2/IDLE.app" -args -n
```

   Può darsi che dobbiate cambiare la directory, a seconda della versione di Python che avete installato.
8. Selezionate **File**, **Salva** e inserite come nome *IDLE*.
9. Selezionate **Desktop** dalla finestra di dialogo Situato in, poi fate clic su **Salva**.

Ora potete passare a "Dopo avere installato Python" a pagina 10 per iniziare.

INSTALLARE PYTHON SU UBUNTU

Python è già preinstallato nella distribuzione Ubuntu di Linux, ma può darsi che non sia la versione più recente. Per installare Python 3 su Ubuntu procedete così:

1. Fate clic sul pulsante dell'Ubuntu Software Center nella Sidebar (è l'icona che ha l'aspetto di una borsa arancione – se non la vedete, potete sempre fare clic sull'icona Dash Home e inserire *Software* nella finestra di dialogo).

2. Inserite *Python* nella casella di ricerca (in alto al centro) del Software Center.
3. Nell'elenco del software che si presenta, selezionate la versione più recente di IDLE, che è, al momento in cui scrivo, *IDLE (using Python 3.5)*.
4. Fate clic su **Installa**.
5. Inserite la password di amministratore quando vi viene richiesta e procedete all'autenticazione. (Non conoscete la password di amministratore? Dovrete chiedere ai vostri genitori di inserirla per voi.)

NOTA *In qualche versione di Ubuntu, può darsi che vediate solo Python (v3.5) nel menu principale (anziché IDLE): potete installare quello.*

Con alcune versioni di Ubuntu la ricerca di Python attraverso il Software Center sembra non dare frutto. In tal caso, aprite una finestra di Terminale e al prompt inserite il comando seguente:

```
sudo apt-get install idle-python3.5
```

L'installazione è poi completamente automatica, tranne una richiesta di conferma (a cui dovete rispondere con un Sì). Al termine potrete trovare *IDLE (using Python 3.5)* nell'elenco del software installato nel Software Center, nella sezione Applicazioni. Se avete difficoltà a trovarlo, utilizzate la casella di ricerca di *Cerca sul computer* (è la prima icona in alto nella barra laterale).

DOPO AVER INSTALLATO PYTHON

Ora sul desktop del vostro computer (se avete una macchina Windows o un Mac OS X) dovreste avere un'icona **IDLE**. Se usate Ubuntu, a seconda della versione del sistema operativo, troverete l'icona nel menu **Applicazioni** oppure nel Software Center.

Fate un doppio clic sull'icona o scegliete l'opzione da menu e vi comparirà una finestra come questa:

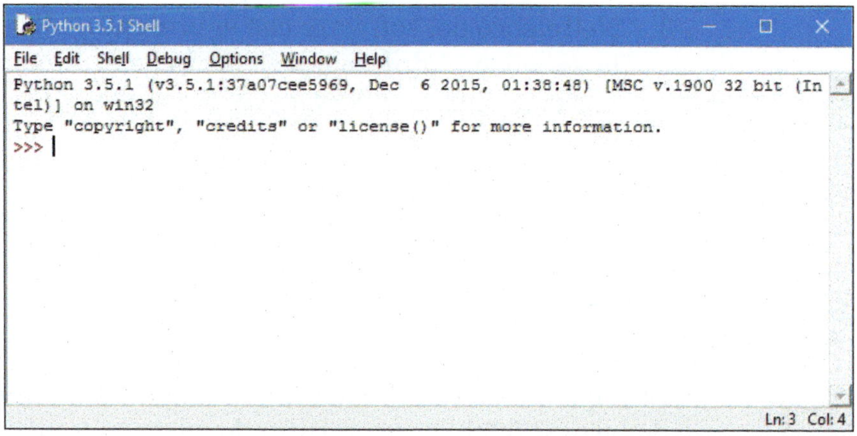

Questa è la *shell di Python*, che fa parte dell'ambiente di sviluppo integrato. I tre simboli "maggiore di" (>>>) sono il cosiddetto *prompt*.

Inseriamo qualche comando al prompt, cominciando con questo:

```
>>> print("Ciao mondo")
```

Fate attenzione a non dimenticare i doppi apici (" "). Premete Invio sulla tastiera, quando avete finito di scrivere questa riga.

Se avete inserito correttamente il comando, vedrete qualcosa di analogo a questo:

```
>>> print("Ciao Mondo")
Ciao Mondo
>>>
```

Sarà ricomparso il prompt, per farvi sapere che la shell di Python è pronta ad accettare altri comandi.

Congratulazioni! Avete appena creato il vostro primo programma in Python. La parola `print` fa parte di quel tipo di comandi Python che sono chiamati *funzioni*, e "stampa" qualsiasi cosa si trovi all'interno delle parentesi.

In sostanza, avete dato al computer l'istruzione di visualizzare le parole "Ciao mondo" – una istruzione comprensibile sia a voi che al computer.

SALVARE I PROGRAMMI PYTHON

I programmi Python non sarebbero molto utili se fosse necessario riscriverli ogni volta che li si vuole usare, oppure visualizzare in modo da poterli consultare. Certo, un programma molto breve si potrebbe anche riscrivere, ma un programma di grandi dimensioni, come un elaboratore di testo, può essere costituito da milioni di righe di codice. Stampatele tutte e vi ritroverete magari con un malloppo da oltre 100.000 pagine. Difficile portarlo a casa sotto braccio – sperando che non arrivi una folata di vento.

Per fortuna, è possibile salvare i programmi per poterli riusare in futuro. Per salvare un nuovo programma, in IDLE scegliete **File**, **New File**. Si aprirà una nuova finestra, con il nome **Untitled** nella barra del titolo. Nella nuova finestra della shell scrivete questo codice:

```
print("Ciao mondo")
```

Ora scegliete **File**, **Save**. Quando viene chiesto il nome del file, scrivete *ciao.py* e salvate il file sul desktop. Poi scegliete **Run**, **Run Module**. Se non avete commesso errori, il programma verrà eseguito, con questo risultato:

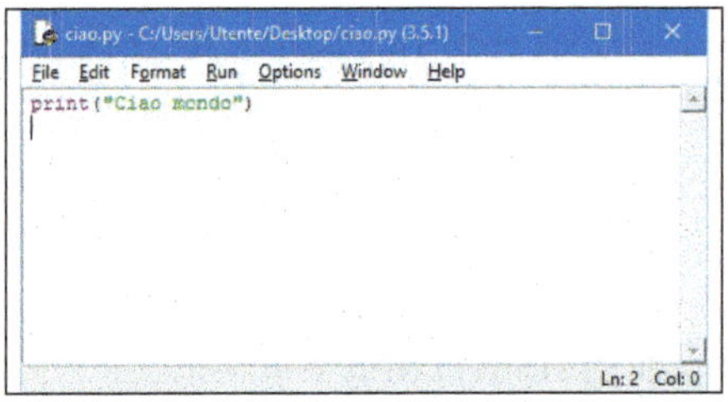

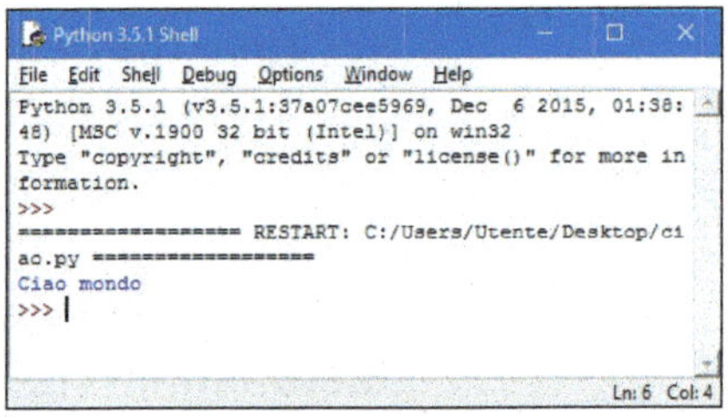

Ora, se chiudete la finestra della shell ma lasciate aperta la finestra ciao.py e scegliete di nuovo **Run**, **Run Module**, ricomparirà la shell di Python e il vostro programma verrà nuovamente eseguito.

(Per riaprire la shell di Python senza eseguire il programma, scegliete **Run**, **Python Shell**.

Dopo aver eseguito il codice, sul desktop troverete una nuova icona, con il nome *hello.py*. Se fate un doppio clic su quell'icona, apparirà brevemente una finestra con lo sfondo nero, e subito dopo svanirà. Che cosa è successo?

Avete visto la console da riga di comando di Python (analoga alla shell) che si avviava, stampava "Ciao mondo" e poi si chiudeva. Ecco quello che vi apparirebbe, se aveste una vista ultrarapida da supereroe e riusciste a vedere la finestra prima che si chiuda:

Oltre ai menu, potete usare i tasti di scelta rapida per creare una nuova finestra della shell, salvare un file ed eseguire un programma:

- In Windows e Ubuntu, usate Ctrl-N per creare una nuova finestra della shell, Ctrl-S per salvare il file dopo che avete finito di scriverlo, F5 per eseguire il programma.
- In Mac OS X, usate Opzione-N per creare una nuova finestra della shell, Opzione-S per salvare il file, mentre per eseguire il programma premete e tenuto premuto il tasto funzione (FN) e premete F5.

CHE COSA AVETE IMPARATO

Abbiamo iniziato in questo capitolo con un'applicazione Ciao mondo, il programma con cui praticamente tutti iniziano quando cominciano a studiare la programmazione. Nel prossimo capitolo, faremo qualche altra cosa utile con la shell di Python.

2 CALCOLI E VARIABILI

Ora che avete installato Python e sapete come avviare la shell, siete pronti per fare qualcosa. Inizieremo con qualche semplice calcolo e poi passeremo alle variabili.

Le *variabili* sono un modo per conservare le cose in un programma e permettono di scrivere programmi utili.

CALCOLARE CON PYTHON

Normalmente, se vi chiedessero di calcolare il prodotto di due numeri, per esempio 8 × 3.57 (useremo il punto al posto della virgola, nei numeri decimali, come nell'uso anglosassone: è così che li vuole scritti Python), usereste una calcolatrice o carta e penna. Beh, che ne dite di usare la shell di Python per fare questo calcolo? Proviamo.

Avviate la shell di Python con un doppio clic sull'icona IDLE sul desktop o, se usate Ubuntu, facendo clic sull'icona IDLE nel Software Center. Al prompt, inserite l'espressione:

```
>>> 8 * 3.57
28.56
```

Notate che, per chiedere a Python di effettuare una moltiplicazione, si usa il simbolo dell'asterisco (*), invece del tradizionale segno "per" (×).

E se provassimo con un calcolo un po' più utile?

Supponiamo che, scavando in giardino, troviate un sacchetto con 20 monete d'oro. Il giorno dopo, vi intrufolate in cantina e infilate le monete nella macchina replicatrice a vapore del nonno (per fortuna, riuscite giusto a infilarci tutte le venti monete). Sentite un risucchio e uno schiocco e, dopo qualche ora, ecco che ne escono altre 10 monete luccicanti.

Quante monete avreste nella cassa del vostro tesoro se faceste la stessa cosa ogni giorno per un anno? Sulla carta, le espressioni potrebbero essere queste:

10 × 365 = 3650

20 + 3650 = 3670

Certo, è facile fare questi calcoli con la calcolatrice o su carta, ma possiamo farli anche con la shell di Python. Prima, moltiplichiamo le 10 monete per i 365 giorni in un anno, poi al risultato sommiamo le 20 monete originali.

```
>>> 10 * 365
3650
>>> 20 + 3650
3670
```

Un corvo vede le belle monete d'oro nella vostra camera da letto e ogni settimana entra e riesce a portarsene via tre.

Quante monete vi rimarranno alla fine dell'anno? Ecco come si presenterebbe il calcolo nella shell:

```
>>> 3 * 52
156
>>> 3670 - 156
3514
```

Prima, moltiplichiamo 3 monete per 52 settimane. Il risultato è 156. Sottraiamo questo numero dal nostro totale (3670) e scopriamo che a fine anno vi rimarranno 3514 monete.

Questo è un programma molto semplice. Nel corso del libro, vedrete come sviluppare queste idee per scrivere programmi molto più utili.

GLI OPERATORI DI PYTHON

Nella shell di Python potete eseguire le quattro operazioni aritmetiche fondamentali (somma, sottrazione, moltiplicazione e divisione), oltre a molte altre che per il momento non affrontiamo. I simboli fondamentali utilizzati da Python per le operazioni matematiche sono chiamati *operatori* e sono elencati nella Tabella 2.1.

Tabella 2.1. Gli operatori fondamentali di Python.

Simbolo	Operazione
+	Somma
-	Sottrazione
*	Moltiplicazione
/	Divisione

Si usa la *barra per la divisione* perché è simile alla linea che si scrive per indicare le frazioni. Per esempio, se avete 100 pirati e 10 grandi botti e volete calcolare quanti pirati dovete sistemare in ciascuna botte, potete dividere 100 pirati per 20 botti (100 : 20) scrivendo `100 / 20` nella shell di Python.

L'ORDINE DELLE OPERAZIONI

In un linguaggio di programmazione si usano le parentesi per controllare l'ordine di esecuzione delle operazioni. Una *operazione* è un'istruzione che usa un operatore. La moltiplicazione e la divisione hanno la precedenza su somma e sottrazione, cioè vengono eseguite per prime. In altre parole, se inserite un'espressione in Python, le moltiplicazioni e le divisioni vengono eseguite prima delle somme e delle sottrazioni. Per esempio, in questo caso, prima vengono moltiplicati 30 e 20, poi al prodotto viene sommato 5.

```
>>> 5 + 30 * 20
605
```

Questa espressione è il nostro modo di dire "moltiplica 30 per 20, poi somma 5 al risultato". Il totale è 605. Possiamo modificare l'ordine in cui vengono eseguite le operazioni inserendo le parentesi, per esempio così, per sommare 5 e 30 prima che venga eseguita la moltiplicazione per 20:

```
>>> (5 + 30) * 20
700
```

Il risultato di questo calcolo è 700 (non 605) perché le parentesi dicono a Python di calcolare prima la somma fra parentesi e solo dopo eseguire l'operazione indicata fuori dalle parentesi. L'esempio dice "somma 5 a 30, poi moltiplica il risultato per 20".

Le parentesi possono essere annidate, cioè possono esserci parentesi dentro parentesi, come in questo caso:

```
>>> ((5 + 30) * 20) / 10
70.0
```

In questo caso, Python svolge prima l'operazione indicata dalle parentesi più interne, poi quella dentro le parentesi esterne, infine quella fuori dalle parentesi (la divisione).

In altre parole, questa espressione dice "somma 5 a 30, poi moltiplica il risultato per 20 e dividi il nuovo risultato per 10". Ecco che cosa succede:

- Sommando 5 e 30 si ottiene 35.
- Moltiplicando 35 per 20 si ottiene 700.
- Dividendo 700 per 10 si ottiene il risultato finale, 70.

Se non avessimo usato le parentesi, il risultato sarebbe stato leggermente diverso:

```
>>> 5 + 30 * 20 / 10
65.0
```

In questo caso, prima 30 viene moltiplicato per 20 (risultato: 600), poi 600 viene diviso per 10 (risultato: 60) e infine viene sommato 5, il che dà come risultato finale 65.

ATTENTI *Ricordate che moltiplicazione e divisione vengono eseguite prima di somma e sottrazione, a meno che vengano usate le parentesi per controllare l'ordine di esecuzione delle operazioni.*

LE VARIABILI SONO COME ETICHETTE

La parola *variabile* nella programmazione descrive un luogo in cui conservare informazioni come numeri, testo, elenchi di numeri e testi e così via. Si può considerare una variabile anche come un'etichetta che indica qualcosa.

Per esempio, per creare una variabile che si chiama `fred`, possiamo usare un segno di uguale (`=`) e poi dire a Python per che tipo di informazione quella variabile debba essere l'etichetta. Qui creiamo la variabile `fred` e diciamo a Python che è l'etichetta del numero 100 (notate che questo non esclude che anche un'altra variabile possa avere lo stesso valore):

```
>>> fred = 100
```

Per scoprire di quale valore una variabile sia l'etichetta, nella shell scrivete `print`, seguito dal nome della variabile fra parentesi, in questo modo:

```
>>> print(fred)
100
```

Possiamo anche dire a Python di modificare la variabile `fred` in modo che indichi qualcos'altro. Per esempio, ecco come cambiare il valore di `fred` in 200:

```
>>> fred = 200
>>> print(fred)
200
```

Nella prima riga, diciamo che `fred` è un'etichetta del numero 200. Nella seconda, chiediamo che cosa etichetta `fred`, tanto per essere sicuri della variazione. Python stampa il risultato sull'ultima riga.

Possiamo usare anche più di un'etichetta (più di una variabile) per indicare la stessa cosa:

```
>>> fred = 200
>>> john = fred
>>> print (john)
200
```

In questo esempio, diciamo a Python che vogliamo che il nome (la variabile) `john` etichetti la stessa cosa di `fred` utilizzando il segno di uguale fra `john` e `fred`.

Ovviamente, `fred` probabilmente non è un nome molto utile per una variabile, perché non ci dice nulla di quello per cui quella variabile viene utilizzata. Chiamiamo allora la nostra variabile `numero_di_monete` anziché `fred`, così:

```
>>> numero_di_monete = 200
>>> print(numero_di_monete)
200
```

In questo modo è chiaro che parliamo di 200 monete.

I nomi delle variabili possono essere costituiti da lettere, numeri e dal carattere underscore (`_`), ma non possono iniziare con un numero. Potete usare anche una singola lettera (per esempio `a`), così come una lunga frase, come nome di variabile. (Una variabile non può contenere spazi, perciò usate l'underscore per separare le parole.) A volte, se dovete fare qualcosa rapidamente, nomi brevi per le variabili sono la soluzione migliore. Il nome che scegliete dipende da quanto volete che sia significativo.

Ora che sapete come creare variabili, vediamo in che modo usarle.

USARE LE VARIABILI

Ricordate la nostra espressione per calcolare quante monete avreste avuto alla fine dell'anno, potendo magicamente creare nuove monete con la folle invenzione del nonno in cantina? Abbiamo queste espressioni:

```
>>> 20 + 10 * 365
3670
>>> 3 * 52
156
>>> 3670 - 156
3514
```

Possiamo trasformarle in un'unica riga di codice:

```
>>> 20 + 10 * 365 - 3 * 52
3514
```

Ora, che ne dite di trasformare i numeri in variabili? Provate:

```
>>> monete_trovate = 20
>>> monete_magiche = 10
>>> monete_rubate = 3
```

Queste righe creano le variabili `monete_trovate`, `monete_magiche` e `monete_rubate`.

Ora possiamo riscrivere la nostra espressione in questo modo:

```
>>> monete_trovate + monete_magiche * 365 - monete_rubate * 52
3514
```

Come si può vedere, si ottiene sempre la stessa risposta. E allora, perché darsi tanto da fare? Ah, ma qui sta la magia delle variabili. Che cosa succede se mettete uno spaventapasseri alla finestra e il corvo ruba solo due monete invece di tre? Se usiamo una variabile, possiamo semplicemente

modificarla in modo che contenga il nuovo numero, e così il cambiamento si comunicherà in tutti i punti in cui quel numero era usato nell'espressione. Possiamo cambiare la variabile `monete_rubate` in questo modo:

```
>>> monete_rubate = 2
```

Poi possiamo copiare e incollare l'espressione, per calcolare nuovamente il totale, in questo modo:

1. Selezionate il testo da copiare facendo clic con il mouse e poi trascinando dall'inizio alla fine della riga:

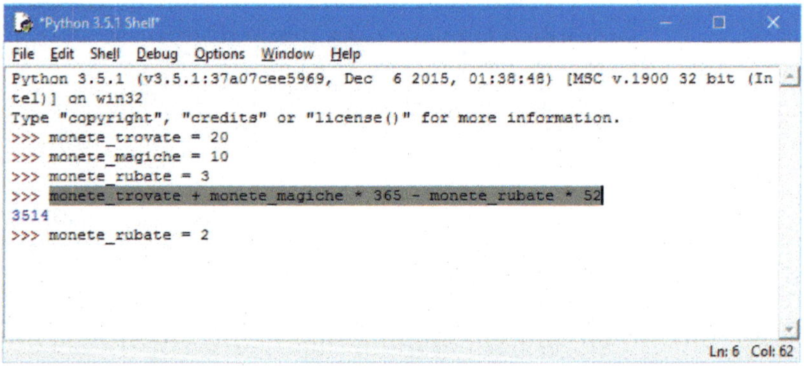

2. Tenete premuto il tasto Ctrl (o il tasto Opzione, se usate un Mac) e premete C per copiare il testo selezionato. (D'ora in poi, scriveremo semplicemente Ctrl-C.)
3. Fate clic sull'ultima riga di prompt (dopo `monete_rubate = 2`).
4. Tenete premuto il tasto Ctrl e premete V per incollare il testo selezionato. (D'ora in poi scriveremo semplicemente Ctrl-V).
5. Premete Invio per vedere il nuovo risultato.

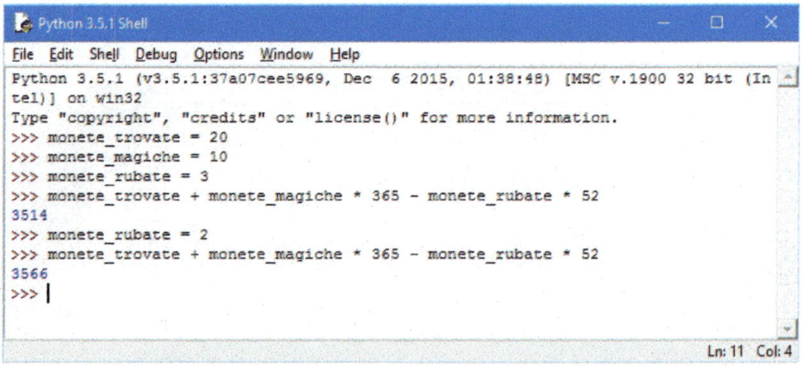

Non è molto più facile che riscrivere tutta l'espressione?

Potete provare a modificare le altre variabili, poi copiate (Ctrl-C) e incollate (Ctrl-V) l'espressione per vedere l'effetto dei cambiamenti. Per esempio, se assestando un colpo al momento opportuno sul fianco dell'invenzione del nonno questa emette ogni volta 3 monete in più, vi ritroverete alla fine dell'anno con 4661 monete:

```
>>> monete_magiche = 13
>>> monete_trovate + monete_magiche * 365 - monete_rubate * 52
4661
```

Ovviamente, usare le variabili per un'espressione semplice come questa non è di *grande* utilità: non siamo ancora arrivati a qualcosa di *veramente* utile. Per il momento, ricordate solo che le variabili sono un modo per etichettare cose, in modo da poterle riutilizzare in seguito.

CHE COSA AVETE IMPARATO

In questo capitolo avete imparato come calcolare semplici espressioni matematiche con gli operatori di Python e come usare le parentesi per controllare l'ordine di esecuzione delle operazioni (cioè l'ordine in cui Python calcola le diverse parti di un'espressione). Poi abbiamo creato delle variabili per etichettare dei valori e abbiamo usato quelle variabili nei nostri calcoli.

3

STRINGHE, LISTE, TUPLE E MAPPE

Nel Capitolo 2, abbiamo eseguito qualche semplice calcolo con Python, e avete scoperto che cosa sono le variabili. In questo capitolo, lavoreremo con alcuni degli altri elementi nei programmi Python: stringhe, liste, tuple e mappe. Userete le stringhe per presentare dei messaggi nei vostri programmi (per esempio "Preparatevi" o "Game over" in un gioco). Scoprirete anche come liste, tuple e mappe vengano utilizzate per conservare insiemi di cose.

STRINGHE

Nella programmazione, si dice *stringa* una successione di caratteri. Una stringa può contenere tutte le lettere, i numeri e i simboli di questo libro, oppure il vostro nome e indirizzo. In effetti, il primo programma Python creato nel Capitolo 1 usava una stringa: "Ciao mondo".

CREARE STRINGHE

In Python, si crea una stringa mettendo doppi apici all'inizio e alla fine di un testo, perché i linguaggi di programmazione devono distinguere tipi di valori diversi. (Dobbiamo dire se un valore è un numero, una stringa o altro.) Per esempio, prendiamo la variabile `fred` del Capitolo 2 e usiamola per etichettare una stringa:

```
fred = "Perché i gorilla hanno narici grandi? Dita grandi!!"
```

Poi, per vedere che cosa c'è dentro `fred`, possiamo scrivere:

```
>>> print (fred)
Perché i gorilla hanno narici grandi? Dita grandi!!
```

Si possono usare anche apici singoli, per creare una stringa, in questo modo:

```
>>> fred = 'Trentatre trentini entrarono in Trento'
>>> print(fred)
Trentatre trentini entrarono in Trento
```

Però, se cercate di inserire più righe di testo per una stringa usando solo un apice singolo (') o doppio (") o se iniziate con un tipo di apice e finite con l'altro, la shell di Python vi mosterà un messaggio di errore. Per esempio, provate a inserire questa riga:

```
>>> fred = "Come fanno i dinosauri a pagare le bollette?
```

Vedrete questo risultato:

```
SyntaxError: EOL while scanning string literal
```

La scritta è un messaggio di errore che lamenta un errore di sintassi, perché non avete osservato la regola, che prescrive la chiusura di una stringa con un apice singolo o doppio. [La scritta significa: Errore di sintassi: raggiunta la fine della riga nell'analizzare la stringa.]

Sintassi significa il modo in cui sono disposte e ordinate le parole in una frase o, in questo caso, il modo in cui sono disposti e ordinati parole e simboli in un programma. `SyntaxError` quindi significa che avete fatto qualcosa in un ordine che Python non si aspettava, o che Python si aspettava qualcosa che invece mancava. *EOL* significa *end-of-line* (fine riga), perciò il resto del messaggio di errore dice che Python ha raggiunto la fine della riga e non ha trovato un doppio apice di chiusura della stringa.

Per usare più di una riga di testo nella stringa (che si chiama allora *stringa multilinea*), iniziate la stringa con tre apici singoli (''') e premete `Invio` fra una riga e l'altra, così:

```
>>> fred = '''Come fanno i dinosauri a pagare le bollette?
Con assegni da tirannosauro!'''
```

Proviamo ora a stampare i contenuti di `fred` per vedere se è andato tutto bene:

```
>>> print(fred)
Come fanno i dinosauri a pagare le bollette?
Con assegni da tirannosauro!
```

TRATTARE PROBLEMI CON LE STRINGHE

Prendiamo questo esempio di stringa, che provoca un messaggio di errore in Python:

```
>>> stringa = 'Ha detto l'altra sera: "l'ora è ora".'
SyntaxError: invalid syntax
```

Nella prima riga, abbiamo cercato di creare una stringa (definita con il nome molto fantasioso di `stringa`), racchiusa fra apici singoli, ma contenente una combinazione di apici e anche di doppi apici. Un bel pasticcio!

Ricordate che Python non è intelligente quanto un essere umano, perciò tutto quello che vede è una stringa contenente `Ha detto l'`, seguito da una serie di altri caratteri che non si aspettava. Quando Python vede un apice (singolo o doppio) si aspetta una stringa che inizia con il primo apice (singolo o doppio) e che si conclude con il successivo apice corrispondente. Qui, l'inizio della stringa è indicato dal primo apice singolo prima di `Ha`, e la fine della stringa, per quel che consta a Python, è l'apice singolo dopo la `l` di `l'altra sera`. IDLE evidenzia dove le cose iniziano a non quadrare:

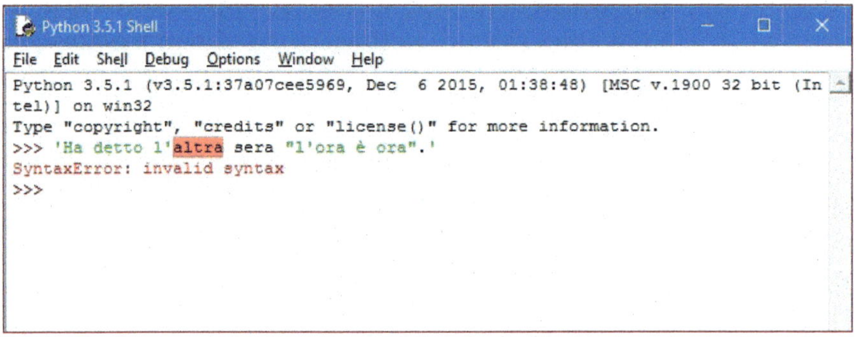

L'ultima riga di IDLE ci dice che tipo di errore si è verificato: in questo caso un errore di sintassi non valida.

L'uso di apici doppi al posto di quelli singoli produce ancora un errore:

```
>>> stringa = "Ha detto l'altra sera "l'ora è ora"."
SyntaxError: invalid syntax
```

Qui, Python vede una stringa delimitata da apici doppi e interpreta correttamente gli apici singoli come caratteri (e non come delimitatori), ma poi, dopo `sera`, incontra un doppio apice che interpreta come fine della stringa – seguito da altri caratteri che non sa più come interpretare:

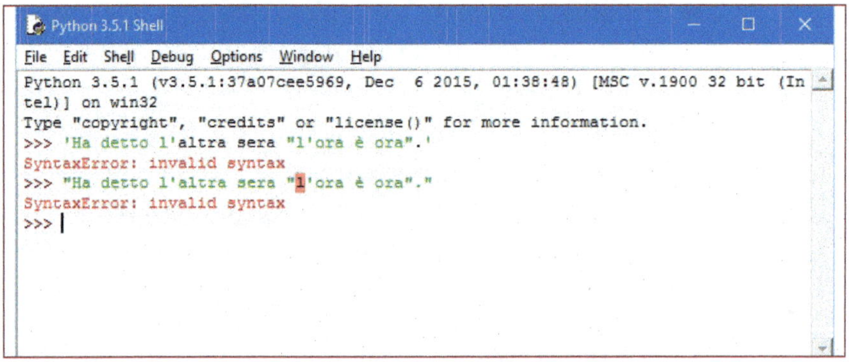

Tutto questo perché, dal punto di vista di Python, tutti quei caratteri ulteriori semplicemente non dovrebbero esserci.

Python cerca il tipo di apice corrispondente a quello di apertura e, quando lo incontra, pensa che la stringa sia finita e non sa che cosa farsene di quello che segue sulla stessa riga.

La soluzione è una stringa multilinea, come abbiamo visto, con l'uso di tre apici singoli ('''), che permettono di combinare apici singoli e doppi nella stringa senza provocare errori. In effetti, se si usano come delimitatori i tre apici singoli, nella stringa si può mettere qualsiasi combinazione di apici singoli e doppi (basta non tentare di inserire tre apici singoli in fila). Questa è la versione priva di errori della nostra stringa:

```
stringa = '''Ha detto l'altra sera "l'ora è ora".'''
```

Ma aspettate, non è finita. Se volete proprio usare un apice singolo o doppio per delimitare una stringa in Python, invece di usare i tre apici singoli, potete aggiungere una barra rovesciata (\) davanti a ciascun apice all'interno della stringa. Questa tecnica si chiama *escaping* e la barra rovesciata è chiamata *carattere di escape*. È un modo per dire a Python "Sì, lo so, ho degli apici dentro la mia stringa, e voglio che tu li ignori finché non vedi l'apice finale".

Le stringhe con i caratteri di escape possono essere più difficili da leggere, perciò è meglio, in generale, usare le stringhe multilinea. Può capitare però di imbattersi in qualche frammento di codice che usa i caratteri di escape, perciò è bene sapere che cosa sono quelle barre rovesciate.

Ecco qualche esempio della tecnica dell'escaping:

```
❶ >>> apice_singolo = 'Ha detto l\'altra sera "l\'ora è ora".'
❷ >>> doppio_apice = "Ha detto l'altra sera \"l'ora è ora\"."
>>> print(apice_singolo)
Ha detto l'altra sera "l'ora è ora".
>>> print(doppio_apice)
Ha detto l'altra sera "l'ora è ora".
```

Prima, in ❶, abbiamo creato una stringa con l'apice singolo come delimitatore, mettendo la barra rovesciata di fronte agli apici singoli all'interno della stringa. In ❷, abbiamo creato una stringa con il doppio apice e usato la barra rovesciata davanti ai doppi apici dentro la stringa. Nelle righe successive, abbiamo stampato le variabili appena create. Notate che il carattere della barra rovesciata non compare nelle stringhe, quando vengono stampate.

INCORPORARE VALORI NELLE STRINGHE

Se volete visualizzare un messaggio che usi i contenuti di una variabile, potete incorporare i valori in una stringa con `%s`, che è una sorta di indicatore di un valore da aggiungere in seguito (si parla di *incorporare valori* o di *sostituzione di stringa*, nel gergo dei programmatori). Per esempio, perché Python calcoli o ricordi il numero di punti fatti in un gioco e poi li inserisca in una frase come "Ho totalizzato ___ punti", usate `%s` nella frase al posto di quel valore, poi dite a Python il valore, per esempio così:

```
>>> miopunteggio = 1000
>>> messaggio = 'Ho totalizzato %s punti'
>>> print(messaggio % miopunteggio)
Ho totalizzato 1000 punti
```

Abbiamo creato la variabile `miopunteggio` con valore `1000` e la variabile `messaggio` con una stringa che contiene le parole "Ho totalizzato `%` punti", dove `%s` è un "segnaposto" per il numero di punti, Nella riga successiva, chiamiamo `print(messaggio)` con il simbolo `%` per dire a Python di sostituire `%s` con il valore della variabile `miopunteggio`. Il risultato è la visualizzazione del messaggio `Ho totalizzato 1000 punti`. Non è necessario usare una variabile per il valore: avremmo ottenuto lo stesso risultato utilizzando (`messaggio % 1000`).

Possiamo anche passare valori diversi per il segnaposto `%s`, utilizzando variabili diverse, come in questo esempio:

```
>>> battuta = '%s: uno strumento per trovare i mobili al buio'
>>> parte_del_corpo1 = 'Ginocchio'
>>> parte_del_corpo2 = 'Stinco'
>>> print(battuta % parte_del_corpo1)
Ginocchio: uno strumento per trovare i mobili al buio
>>> print(battuta % parte_del_corpo2)
Stinco: uno strumento per trovare i mobili al buio
```

Qui abbiamo creato tre variabili. La prima, `battuta`, conserva la stringa con il segnaposto `%s`. Le altre due variabili sono `parte_del_corpo1` e `parte_del_corpo2`. Possiamo stampare la variabile `battuta` e usare nuovamente l'operatore `%` che verrà sostituito dai contenuti delle variabili `parte_del_corpo1` e `parte_del_corpo2` per generare messaggi diversi.

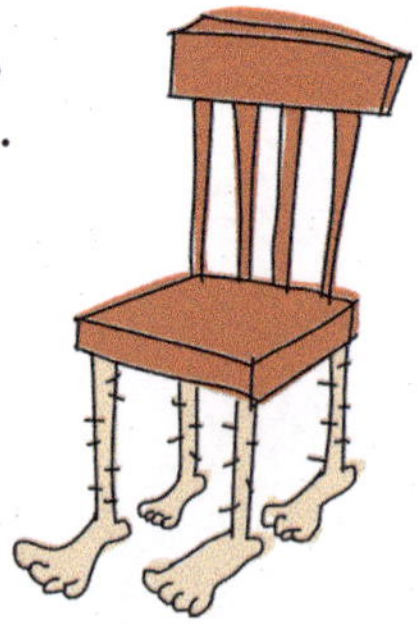

3

Potete usare anche più di un segnaposto in una stringa, per esempio in questo modo:

```
>>> numeri = 'Che cosa ha detto il numero %s al numero %s? Bella
cintura!'
>>> print(numeri % (0, 8))
Che cosa ha detto il numero 0 al numero 8? Bella cintura!
```

Quando si usa più di un segnaposto, bisogna ricordare di inserire i valori sostitutivi fra parentesi, come nell'esempio. L'ordine in cui i valori compaiono fra le parentesi sarà anche l'ordine in cui verranno usati nella stringa.

MOLTIPLICARE STRINGHE

Quanto fa 10 moltiplicato per 5? La risposta, ovviamente, è 50. Ma che cosa fa 10 moltiplicato per a? Questa è la risposta di Python:

```
>>> print(10 * 'a')
Aaaaaaaaaa
```

Programmando in Python si può usare questo metodo per allineare le stringhe con un numero specifico di spazi, quando si visualizzano messaggi nella shell, per esempio. Potremmo stampare una lettera nella shell: selezionate **File > New File** e inserite questo codice:

```
spazi = ' '* 25
print('%s Dottor Morelli' % spazi)
print('%s Via Foresta Nera 33' % spazi)
print('%s Costa Sbadiglio' % spazi)
print()
print()
print('Egregio Signore')
print()
print ('Vorrei segnalare che mancano delle tegole dal tetto')
print ('del gabinetto esterno.')
print ('Penso che siano volate via per il vento di lunedì.')
print ()
print ('Ossequi')
print ('Merlino Veggenti')
```

Scritto il codice nella finestra della shell, selezionate **File > Save As**. Date al file il nome *mialettera.py*.
Potete poi eseguirlo selezionando **Run > Run Module**.

NOTA *Da questo momento, quando vedrete* Save As: unnomedifile.py *al di sopra di un brano di codice, saprete che dovete selezionare* **File > New File**, *inserire il codice nella finestra che si apre e poi salvarlo come abbiamo fatto in questo esempio.*

Nella prima riga di questo esempio abbiamo creato la variabile `spazi` assegnandole come valore un carattere spazio moltiplicato per 25. Poi abbiamo usato quella variabile, nelle tre righe successive, per allineare il testo rientrato sulla destra della finestra della shell. Potete vedere il risultato di questi enunciati `print` qui sotto:

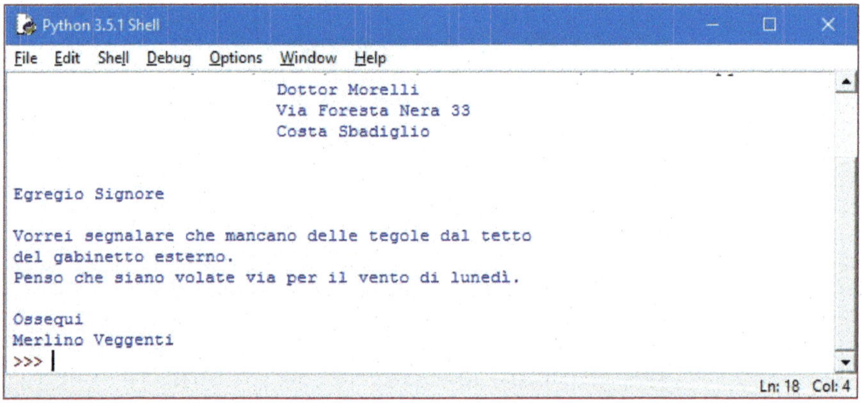

Oltre a usarla per l'allineamento, possiamo usare la moltiplicazione per riempire lo schermo di messaggi irritanti. Potete provare da soli questo esempio.

```
>>> print(1000 * 'snirt')
```

LE LISTE SONO PIÙ POTENTI DELLE STRINGHE

"Zampe di ragno, dito di rana, occhio di girino, ala di pipistrello, bava di lumacone e forfora di serpente": non è proprio una lista della spesa normale (a meno che non siate maghi), ma la useremo come primo esempio per illustrare le differenze fra stringhe e liste.

Potremmo conservare questa lista nella variabile `mago_lista` con una stringa come questa:

```
>>> mago_lista = 'zampe di ragno, dito di rana, occhio di girino,
ala di pipistrello, bava di lumacone, forfora di serpente'
>>> print(mago_lista)
zampe di ragno, dito di rana, occhio di girino, ala di
pipistrello, bava di lumacone, forfora di serpente
```

Potremmo però anche creare una lista, un tipo di oggetto un po' magico di Python, che si può manipolare meglio. Ecco come si presenterebbero i nostri ingredienti in forma di lista:

```
>>> mago_lista = [ìzampe di ragnoì, ìdito di ranaì, 'occhio di
girino', 'ala di pipistrello', 'bava di lumacone', 'forfora di
serpente']
>>> print(mago_lista)
['zampe di ragno', 'dito di rana', 'occhio di girino', 'ala di
pipistrello', 'bava di lumacone', 'forfora di serpente']
```

Per creare una lista bisogna scrivere un po' di caratteri in più che per creare una stringa, ma una lista è più utile perché può essere manipolata. Per esempio, potremmo stampare il terzo elemento della `mago_lista` (occhio di girino) indicando la sua posizione nella lista (il suo *indice*) fra parentesi quadre (`[]`), in questo modo:

```
>>> print(mago_lista[2])
occhio di girino
```

Cosa? Ma non era il terzo elemento della lista? Vero, ma le liste iniziano con la posizione 0, perciò il primo elemento di una lista è 0, il secondo 1, il terzo 2. Forse non avrà molto senso per gli esseri umani, ma ne ha per i computer.

Possiamo anche modificare un elemento in una lista molto più facilmente che in una stringa. Magari, anziché un occhio di girino avevamo bisogno di una lingua di chiocciola. Ecco come potremmo fare con la nostra lista:

```
>>> mago_lista[2] = 'lingua di chiocciola'
>>> print(mago_lista)
['zampe di ragno', 'dito di rana', 'lingua di chiocciola', 'ala
di pipistrello', 'bava di lumacone', 'forfora di serpente']
```

In questo modo abbiamo modificato l'elemento di indice 2: prima era "occhio di girino", ora è "lingua di chiocciola".

Altra possibilità è visualizzare un sottoinsieme degli elementi nella lista. Lo si può fare usando un segno di due punti (:) dentro le parentesi quadre. Per esempio, per vedere gli elementi dal terzo al quinto della lista:

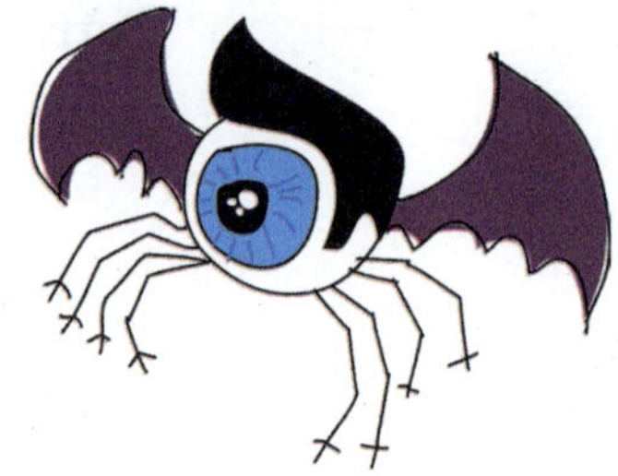

```
>>> print(mago_lista[2:5])
['lingua di chiocciola', 'ala di pipistrello', 'bava di
lumacone']
```

Scrivere [2:5] equivale a dire "mostrami gli elementi dalla posizione di indice 2 fino a quella (esclusa) di indice 5" – in altre parole, gli elementi 2, 3 e 4.

Le liste possono essere utilizzate per conservare elementi di qualsiasi genere, per esempio numeri:

```
>>> qualche_numero = [1, 2, 5, 10, 20]
```

Possono contenere anche stringhe:

```
>>> qualche_stringa = ['Quale', 'strega', 'è', 'cattiva']
```

Possono contenere anche numeri e stringhe alla rinfusa:

```
>>> numeri_e_stringhe = ['Perché', 'avevo', 6, 'paura', 'di', 7,
"per colpa", 7, 8, 9]
>>> print(numeri_e_stringhe)
['Perché', 'avevo', 6, 'paura', 'di', 7, 'per colpa', 7, 8, 9]
```

Le liste poi possono contenere anche altre liste:

```
>>> numeri = [1, 2, 3, 4]
>>> stringhe = ['Ho', 'pestato', 'il', 'ditone', 'e', 'adesso',
'mi', 'fa', 'male']
>>> mialista = [numeri, stringhe]
>>> print(mialista)
[[1, 2, 3, 4], ['Ho', 'pestato', 'il', 'ditone', 'e', 'adesso',
'mi', 'fa', 'male']]
```

In quest'ultimo esempio, abbiamo creato tre variabili: `numeri` che contiene quattro numeri, `stringhe` che contiene nove stringhe e `mialista` utilizzando numeri e stringhe. La terza lista (`mialista`) ha solo due elementi, perché è una lista di nomi di variabili, non dei contenuti delle variabili stesse.

AGGIUNGERE ELEMENTI A UNA LISTA

Per aggiungere elementi a una lista, si usa la funzione append. Una funzione è un blocco di codice che dice a Python di fare qualcosa. In questo caso, append aggiunge un elemento alla fine di una lista.

Per esempio, per aggiungere un rutto di orso (sono sicuro che esiste una cosa del genere) alla lista della spesa del mago:

```
>>> mago_lista.append('rutto di orso')
>>> print(mago_lista)
['zampe di ragno', 'dito di rana', 'lingua di chiocciola', 'ala
di pipistrello', 'bava di lumacone', 'forfora di serpente',
'rutto di orso']
```

Potete continuare ad aggiungere elementi magici alla lista, sempre nello stesso modo:

```
>>> mago_lista.append('mandragora')
>>> mago_lista.append('cicuta')
>>> mago_lista.append('gas di palude')
```

Ora la lista del mago sarà diventata questa:

```
>>> print(mago_lista)
['zampe di ragno', 'dito di rana', 'lingua di chiocciola', 'ala
di pipistrello', 'bava di lumacone', 'forfora di serpente',
'rutto di orso', 'mandragora', 'cicuta', 'gas di palude']
```

Il mago è pronto per compiere qualche magia importante!

ELIMINARE ELEMENTI DA UNA LISTA

Per eliminare elementi da una lista, si usa il comando del (abbreviazione di delete, che significa "cancella"). Per esempio, per eliminare il sesto elemento nella lista del mago, la forfora di serpente, si può fare in questo modo:

```
>>> del mago_lista[5]
>>> print(mago_lista)
['zampe di ragno', 'dito di rana', 'lingua di chiocciola',
'ala di pipistrello', 'bava di lumacone', 'rutto di orso',
'mandragora', 'cicuta', 'gas di palude']
```

NOTA *Ricordate che nelle liste le posizioni partono dall'indice zero, perciò* mago_lista[5] *indica in effetti il sesto elemento della lista.*

Ed ecco come eliminare gli elementi che abbiamo appena aggiunto (mandragora, cicuta e gas di palude):

```
>>> del mago_lista[8]
>>> del mago_lista[7]
>>> del mago_lista[6]
>>> print(mago_lista)
['zampe di ragno', 'dito di rana', 'lingua di chiocciola', 'ala
di pipistrello', 'bava di lumacone', 'rutto di orso']
```

ARITMETICA DELLE LISTE

Possiamo unire (il termine più preciso è concatenare) due o più liste semplicemente sommandole, come faremmo con i numeri, mediante un segno più (+). Per esempio, supponiamo di avere due liste: `lista1`, che contiene i numeri da 1 a 4, e `lista2`, che contiene alcune parole.
Possiamo unirle usando `print` e il segno +, in questo modo:

```
>>> lista1 = [1, 2, 3, 4]
>>> lista2 = ['Sono', 'inciampato', 'e', 'ho', 'pestato', 'il',
'naso']
>>> print(lista1 + lista2)
[1, 2, 3, 4, 'Sono', 'inciampato', 'e', 'ho', 'pestato', 'il',
'naso']
```

È possibile anche unire (concatenare) due liste e assegnare il risultato a un'altra variabile:

```
>>> lista1 = [1, 2, 3, 4]
>>> lista2 = ['Ho', 'ancora', 'voglia', 'di', 'cioccolato']
>>> lista3 = lista1 + lista2
>>> print(lista3)
[1, 2, 3, 4, 'Ho', 'ancora', 'voglia', 'di', 'cioccolato']
```

Possiamo anche moltiplicare una lista per un numero. Per esempio, per moltiplicare `lista1` per 5, scriviamo `lista1 * 5`:

```
>>> lista1 = [1, 2]
>>> print(lista1 * 5)
[1, 2, 1, 2, 1, 2, 1, 2, 1, 2]
```

Questo equivale in effetti a dire a Python di ripetere `lista1` per cinque volte.

Non si può invece dividere una lista per un numero o sottrarre un numero da una lista: si ottengono solo messaggi di errore, come in questi esempi:

```
>>> lista1 / 20
Traceback (most recent call last):
  File "<pyshell#74>", line 1, in <module>
    lista1 / 20
TypeError: unsupported operand type(s) for /: 'list' and 'int'
>>> lista1 - 20
Traceback (most recent call last):
  File "<pyshell#75>", line 1, in <module>
    lista1 - 20
TypeError: unsupported operand type(s) for -: 'list' and 'int'
```

Perché? Beh, concatenare due liste con un + e ripetere una lista con un * sono operazioni abbastanza immediate. Questi concetti hanno un senso anche nel mondo reale. Per esempio, se vi porgessi due foglietti con due liste della spesa e vi dicessi, "Sommate queste due liste", potreste scrivere le due liste su un altro foglio di carta in ordine, prima l'una e poi l'altra. Allo stesso modo, se vi dicessi "Moltiplicate questa lista per 3", potreste immaginarvi di scrivere tutti gli elementi della lista per tre volte di fila su un altro foglietto.

Ma come si potrebbe dividere una lista? Per esempio, pensate a come potreste dividere una lista di sei numeri (da 1 a 6) in due. Questi sono solo tre modi diversi:

```
[1, 2, 3]      [4, 5, 6]
[1]     [2, 3, 4, 5, 6]
[1, 2, 3, 4]  [5, 6]
```

Dividereste la lista a metà, dopo il primo elemento o scegliereste un punto a caso in cui dividerla? Non esiste una risposta semplice e, se gli chiedete di dividere una lista, anche Python non sa che cosa fare. Per questo risponde con un messaggio di errore.

Lo stesso vale se si tenta di sommare a una lista qualche cosa che non sia un'altra lista. Non si può fare neanche questo. Per esempio, ecco che cosa succede se tentiamo di sommare il numero 50 alla `lista1`:

```
>>> lista1 + 50
Traceback (most recent call last):
  File "<pyshell#77>", line 1, in <module>
    lista1 + 50
TypeError: can only concatenate list (not "int") to list
```

Perché otteniamo un errore, in questo caso? Beh, che cosa vuol dire sommare 50 a una lista? Significa sommare 50 a ciascun elemento? Ma se gli elementi non sono numeri? Significa concatenare il numero 50 alla fine della lista o inserirlo all'inizio?

Nella programmazione, i comandi devono funzionare esattamente nello stesso modo ogni volta che li si inserisce. Nella sua "stupidità", il computer vede le cose solo in bianco e nero. Chiedetegli di prendere una decisione complicata, e lui alza le mani e dichiara un errore.

TUPLE

Una *tupla* è come una lista che usa le parentesi tonde, come in questo esempio:

```
>>> fib = (0, 1, 1, 2, 3)
>>> print(fib[3])
2
```

Qui abbiamo definito la variabile `fib` come contenente i numeri 0, 1, 1, 2 e 3. Poi, come nel caso di una lista, possiamo stampare l'elemento nella posizione di indice 3 nella tupla mediante `print(fib[3])`.

La differenza principale fra una tupla e una lista è che una tupla non può essere modificata, una volta che è stata creata. Per esempio, se tentiamo di sostituire il primo valore nella tupla `fib` con il numero 4 (come abbiamo sostituito valori nella nostra `mago_lista`), otteniamo un messaggio di errore:

```
>>> fib[0] = 4
Traceback (most recent call last):
  File "<pyshell#81>", line 1, in <module>
    fib[0] = 4
TypeError: 'tuple' object does not support item assignment
```

Perché mai allora usare una tupla invece di una lista? Fondamentalmente perché a volte torna comodo usare qualcosa che si sa che non cambierà mai. Se si crea una tupla con due elementi, conterrà sempre quei due elementi.

LE MAPPE DI PYTHON NON VI AIUTERANNO A TROVARE LA STRADA

In Python, una *mappa* (qualche volta viene chiamata anche *dict*, abbreviazione di *dictionary*, ovvero dizionario) è un insieme di cose, come le liste e le tuple; la differenza è che in una mappa ogni elemento ha una chiave (*key*) e un corrispondente *valore*.

Per esempio, supponiamo di avere un elenco di persone con il loro sport preferito. Potremmo inserire tutte queste informazioni in una lista di Python, con il nome della persona seguito dallo sport preferito, per esempio in questo modo:

```
>>> sport_preferito = ['Ralph Williams, Football',
                       'Michael Tippett, Basketball',
                       'Edward Elgar, Baseball',
                       'Rebecca Clarke, Netball',
                       'Ethel Smyth, Badminton',
                       'Frank Bridge, Rugby']
```

Se vi chiedessi qual è lo sport preferito di Rebecca Clarke, potreste scorrere la lista e trovare la risposta: netball. Ma se la lista comprendesse cento persone (o molte di più)?

Se invece inseriamo le stesse informazioni in una mappa, con il nome della persona come chiave e il suo sport preferito come valore, il codice Python sarebbe come questo:

```
>>> sport_preferito = {'Ralph Williams' : 'Football',
                       'Michael Tippett' : ' Basketball',
                       'Edward Elgar' : 'Baseball',
                       'Rebecca Clarke' : 'Netball',
                       'Ethel Smyth' : 'Badminton',
                       'Frank Bridge' : 'Rugby'}
```

Usiamo il segno di due punti per separare ciascuna chiave dal suo valore; ciascuna chiave e ciascun valore sono racchiusi fra apici singoli. Notate, inoltre, che gli elementi di una mappa sono racchiusi fra parentesi graffe ({}), non tonde o quadre.

Il risultato è una mappa (ciascuna chiave viene "mappata", ovvero fatta corrispondere a un particolare valore), come indicato nella Tabella 3.1.

Tabella 3.1. Le chiavi puntano ai valori, in una mappa di sport preferiti.

Chiave	Valore
Ralph Williams	Football
Michael Tippett	Basketball
Edward Elgar	Baseball
Rebecca Clarke	Netball
Ethel Smyth	Badminton
Frank Bridge	Rugby

Ora, per scoprire quale sia lo sport preferito di Rebecca Clarke, possiamo accedere alla nostra mappa `sport_preferito` utilizzando il suo nome come chiave, in questo modo:

```
>>> print(sport_preferito['Rebecca Clarke'])
Netball
```

E la risposta è "netball".

Per cancellare un valore in una mappa, si usa la chiave corrispondente. Per esempio, per eliminare Ethel Smyth:

```
>>> del sport_preferito['Ethel Smyth']
>>> print(sport_preferito)
{'Rebecca Clarke': 'Netball', 'Ralph Williams': 'Football',
'Frank Bridge': 'Rugby', 'Michael Tippett': ' Basketball',
'Edward Elgar': 'Baseball'}
```

Anche per sostituire un valore in una mappa si usa la chiave corrispondente:

```
>>> sport_preferito['Ralph Williams'] = 'Hockey'
>>> print(sport_preferito)
{'Rebecca Clarke': 'Netball', 'Ralph Williams': 'Hockey', 'Frank
Bridge': 'Rugby', 'Michael Tippett': ' Basketball', 'Edward
Elgar': 'Baseball'}
```

Abbiamo sostituito `Hockey` a `Football` come sport preferito di `Ralph Williams` usando il suo nome come chiave.

3

Lavorare con le mappe è un po' come lavorare con liste e tuple, ma non si possono unire le mappe con l'operatore somma (+). Se ci provate, riceverete un messaggio di errore:

```
>>> sport_preferito = {'Ralph Williams' : 'Football',
                  'Michael Tippett' : 'Basketball',
                  'Edward Elgar' : 'Baseball',
                  'Rebecca Clarke' : 'Netball',
                  'Ethel Smyth' : 'Badminton',
                  'Frank Bridge' : 'Rugby'}
>>> colore_preferito = {'Malcolm Warner' : 'Pallini rosa',
                   'James Baxter' : 'Strisce arancione',
                   'Sue Lee' : 'Viola pastello'}
>>> sport_preferito + colore_preferito
Traceback (most recent call last):
  File "<pyshell#101>", line 1, in <module>
    sport_preferito + colore_preferito
TypeError: unsupported operand type(s) for +: 'dict' and 'dict'
```

Il messaggio di errore dice che l'operatore + non può avere come operandi due mappe (*dict*). L'unione di due mappe non ha senso per Python, perciò come al solito alza le mani.

CHE COSA AVETE IMPARATO

In questo capitolo, avete imparato come Python usa le stringhe per conservare del testo e come usa liste e tuple per gestire più elementi. Avete visto che gli elementi nelle liste si possono modificare, e che si può accodare una lista a un'altra, mentre i valori in una tupla non si possono modificare.
Avete imparato anche come usare le mappe per conservare valori identificati da chiavi.

ROMPICAPO DI PROGRAMMAZIONE

Quelli che seguono sono alcuni esperimenti che potete provare a fare da voi. Potete trovare le risposte all'indirizzo *http://python-for-kids.com/*.

1. PREFERITI

Fate una lista degli hobby che preferite e date alla lista il nome di variabile `games`. Ora fate una lista dei vostri cibi preferiti e chiamate `foods` la variabile. Accodate le due liste e date al risultato il nome `favorites`. Infine, stampate la variabile `favorites`.

2. CONTARE I COMBATTENTI

Ci sono tre edifici con 25 ninja nascosti su ciascun tetto e due tunnel con 40 samurai nascosti in ciascuno. Quanti ninja e quanti samurai stanno per affrontarsi in battaglia? (Potete fare il calcolo con una formula nella shell di Python.)

3. SALUTI!

Create due variabili: una che punti al vostro cognome e una che punti al vostro nome. Ora create una stringa e usate i segnaposto per stampare il vostro nome con un messaggio, utilizzando quelle due variabili, per esempio "Buona giornata, Brando Ickett!".

4 DISEGNARE CON LE TARTARUGHE

In Python, una tartaruga (*turtle*, in inglese) è un po' come una tartaruga nel mondo reale. Sappiamo che una tartaruga è un rettile che si sposta molto lentamente e porta la sua "casa" sul dorso. Nel mondo di Python, una tartaruga è una freccina nera che si sposta sullo schermo. In realtà, visto che una tartaruga di Python lascia una traccia spostandosi sullo schermo, assomiglia più a una chiocciola o a una lumaca.

La tartaruga è un modo elegante per imparare gli elementi fondamentali della grafica al calcolatore, perciò in questo capitolo useremo una tartaruga di Python per disegnare linee e figure semplici.

USARE IL MODULO TURTLE DI PYTHON

Un *modulo* in Python è un modo per mettere a disposizione un blocco di codice utile, che potrà essere utilizzato da un altro programma (fra le altre cose, il modulo può contenere funzioni che si possono impiegare liberamente). Parleremo meglio dei moduli nel Capitolo 7, ma intanto Python ha un modulo speciale, denominato turtle, che possiamo utilizzare per imparare come i computer disegnano immagini su uno schermo. Il modulo turtle permette di programmare grafica vettoriale, che fondamentalmente significa solo disegnare con linee, punti e curve semplici.

Vediamo come funziona turtle. Innanzitutto, avviate la shell di Python facendo clic sull'icona sul desktop (oppure, se usate Ubuntu, selezionate **IDLE** nel Software Center). Poi, dite a Python di usare la tartaruga importando il modulo `turtle`, in questo modo:

```
>>> import turtle
```

L'importazione di un modulo dice a Python che volete usarlo.

NOTA *Se usate Ubuntu e a questo punto vi si presenta un messaggio di errore, dovete probabilmente installare* `tkinter`*. Aprite il Software Center di Ubuntu e scrivete* python-tk *nella casella di ricerca. Nella finestra dovrebbe apparire la scritta "Tkinter – Writing Tk Applications with Python". Fate clic su Install per installare questo pacchetto.*

CREARE UN CANVAS

Ora che abbiamo importato il modulo `turtle`, dobbiamo creare un canvas (è il termine inglese per indicare una tela, cioè uno spazio su cui disegnare, come la tela di un pittore). Per crearlo, chiamiamo la funzione Pen del modulo turtle, che crea automaticamente un canvas (vedremo meglio più avanti che cosa sia una funzione). Inserite nella shell di Python quanto segue:

```
>>> t = turtle.Pen()
```

Dovrebbe comparire una finestra vuota (il canvas) con una freccia al centro, simile a questa:

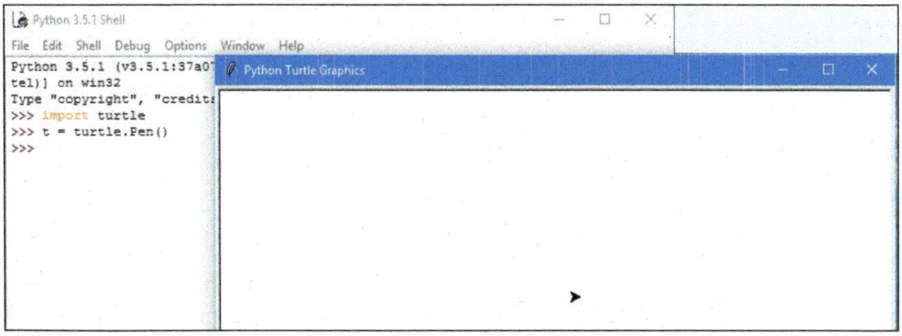

La freccia al centro dello schermo è la tartaruga e sì, avete ragione, non assomiglia molto a una tartaruga.

Se la finestra *Turtle Graphics* si presenta dietro quella della Shell di Python, potrebbe darsi che non sembri funzionare correttamente. Se spostate il mouse sulla finestra Turtle Graphics, il cursore si trasforma in una clessidra:

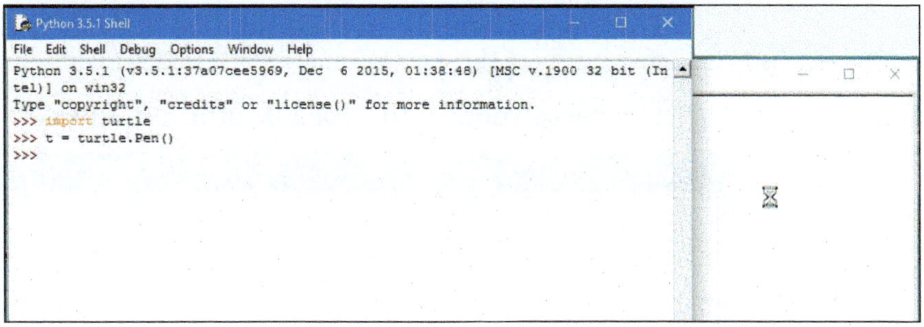

Questo può succedere per varie ragioni: non avete avviato la shell dall'icona sul desktop (se usate Windows o un Mac), avete fatto clic su *IDLE (Python GUI)* nel menu Start di Windows, oppure IDLE non è stato installato correttamente. Provate a uscire e riavviare la shell dall'icona sul desktop.

Se ancora non funziona tutto correttamente, provate a usare la console di Python invece della shell, in questo modo:

- In Windows, selezionate **Start > Tutti i programmi** (o Tutte le app) e poi, nel gruppo **Python 3.5**, fate clic su **Python 3.5**.
- In Mac OS X, fate clic sull'icona Spotlight nell'angolo superiore destro dello schermo e scrivete *Terminale* nella casella di input. Poi scrivete *python* quando si apre il terminale.
- In Ubuntu, aprite il terminale dal menu **Applications** e inserite *python*.

SPOSTARE LA TARTARUGA

Si inviano istruzioni alla tartaruga utilizzando le funzioni disponibili, applicate alla variabile `t` appena creata, come abbiamo usato la funzione `Pen` nel modulo `turtle`. Per esempio, l'istruzione `forward` dice alla tartaruga di spostarsi in avanti. Per dire alla tartaruga di avanzare di 50 pixel, inserite questo comando:

```
>>> t.forward(50)
```

Dovreste vedere qualcosa di simile a questo:

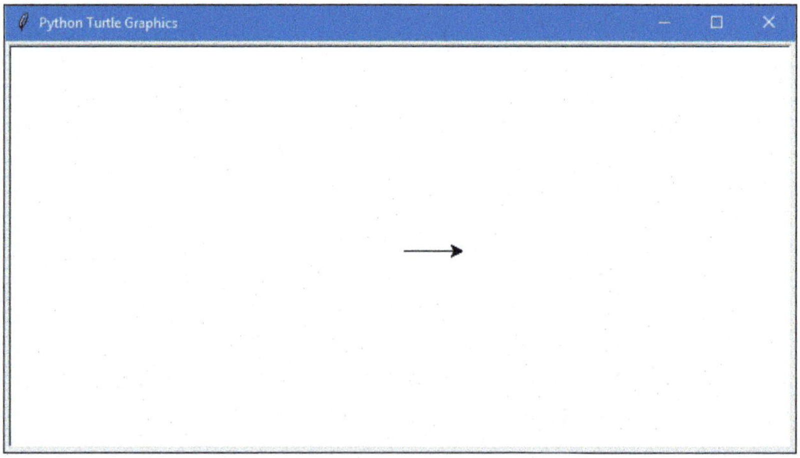

La tartaruga si è spostata in avanti di 50 pixel. Un pixel è un singolo punto sullo schermo, l'elemento più piccolo che può essere rappresentato. Tutto quello che vedete sul monitor del vostro computer è costituito da pixel, che sono piccoli punti quadrati. Se poteste ingrandire il canvas e il segmento disegnato dalla tartaruga, potreste vedere che la freccia che rappresenta il percorso della tartaruga è solo una serie di pixel. Questa è semplice grafica al computer.

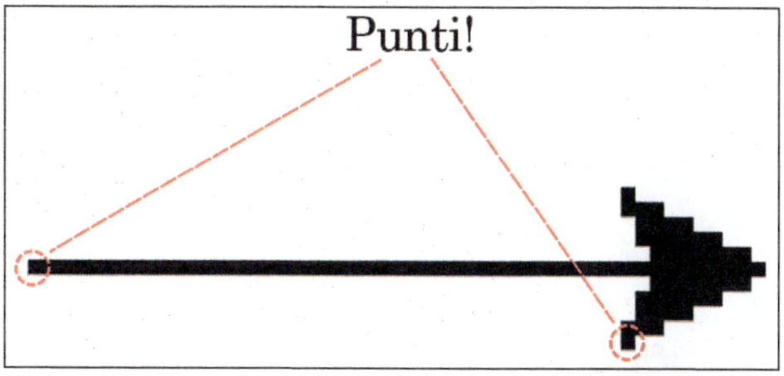

Ora dite alla tartaruga di ruotare a sinistra di 90 gradi con questo comando:

```
>>> t.left(90)
```

Se non avete ancora studiato i gradi, immaginatevi di essere in piedi al centro di un cerchio.

- La direzione in cui siete rivolti è 0 gradi.
- Se estendete il braccio sinistro, quelli sono 90 gradi (90°) a sinistra.
- Se estendete il braccio destro, quelli sono 90 gradi (90°) a destra.

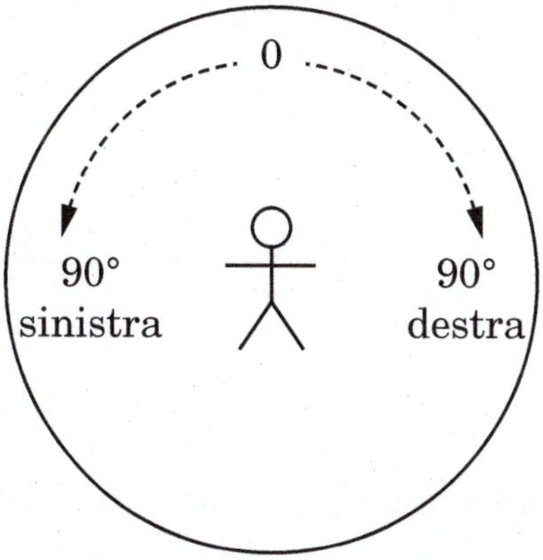

Continuando a procedere lungo il cerchio a destra, dal punto indicato dal vostro braccio destro, 180 gradi sono direttamente alle vostre spalle, 270 gradi sono la direzione in cui punta il vostro braccio sinistro e 360 gradi vi riportano al punto di partenza: i gradi vanno da 0 a 360. Ecco qui sotto i gradi in un cerchio completo, ruotando verso destra (in senso orario), riportati per incrementi di 45 gradi.

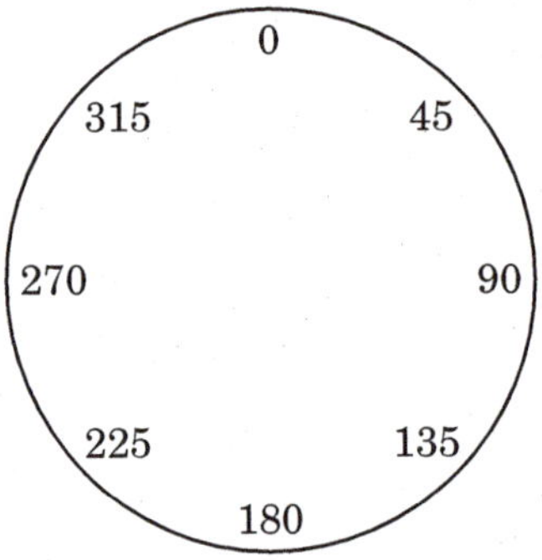

Quando la tartaruga di Python si gira a sinistra, si dispone in modo da puntare verso la nuova direzione (come avete ruotato il vostro corpo per vedere dove puntava il vostro braccio esteso, 90 gradi a sinistra).

Il comando `t.left(90)` fa sì che la freccia punti verso l'alto (dato che inizialmente puntava verso destra).

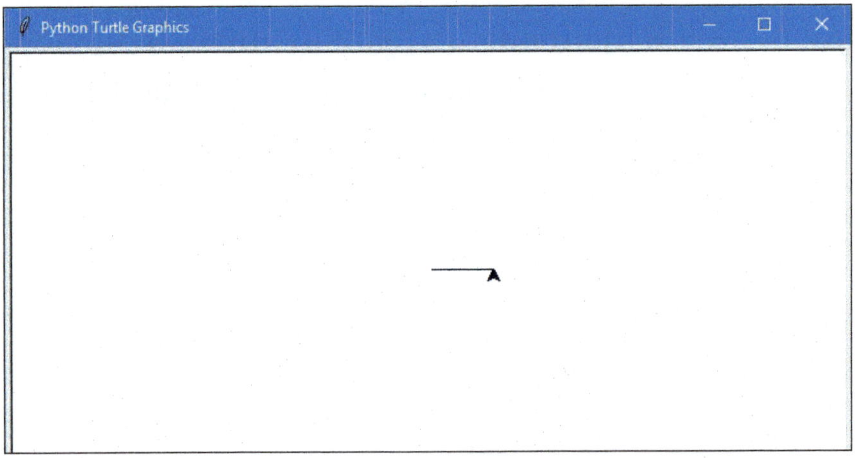

NOTA *Il comando* `t.left(90)` *equivale a* `t.right(270)`. *Analogamente,* `t.right(90)` *equivale a* `t.left(270)`. *Immaginatevi il cerchio e seguite la sua circonferenza con i gradi.*

Ora disegneremo un quadrato. Aggiungete questo codice alle righe che avete già inserito:

```
>>> t.forward(50)
>>> t.left(90)
>>> t.forward(50)
>>> t.left(90)
>>> t.forward(50)
>>> t.left(90)
```

La vostra tartaruga ha disegnato un quadrato e ora sarà rivolta nella stessa direzione dell'inizio.

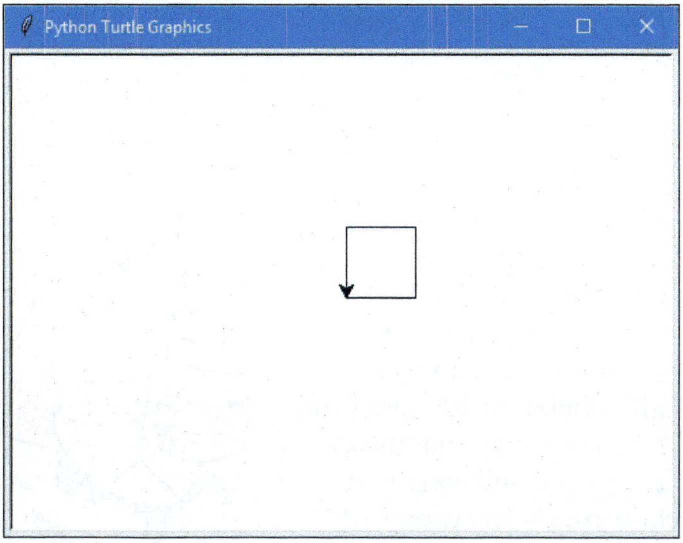

Per cancellare il canvas, scrivete `reset`. Questo pulisce la tela e riporta la tartaruga nella sua posizione iniziale.

```
>>> t.reset()
```

Potete usare anche la funzione `clear`, che si limita a cancellare tutto nella finestra e lascia la tartaruga nello stesso punto in cui si trova.

```
>>> t.clear()
```

Si può far girare la tartaruga anche a destra (`right`) o farla muovere a ritroso (`backward`). Si può usare `up` (su) per sollevare la penna dalla pagina (in altre parole, per dire alla tartaruga di smettere di disegnare) e `down` (giù) per iniziare a disegnare. Queste funzioni sono scritte nello stesso modo delle altre che abbiamo già usato.

Proviamo a fare un altro disegno utilizzando alcuni di questi comandi. Questa volta, faremo disegnare alla tartaruga due segmenti.

Inserite questo codice:

```
>>> t.reset()
>>> t.backward(100)
>>> t.up()
>>> t.right(90)
>>> t.forward(20)
>>> t.left(90)
>>> t.down()
>>> t.forward(100)
```

Come prima cosa abbiamo reinizializzato la tela e riportato la tartaruga al suo punto di partenza con `t.reset()`; poi abbiamo spostato la tartaruga all'indietro di 100 pixel con `t.backward(100)`, poi usato `t.up()` per sollevare la penna e smettere di disegnare.

Poi, con il comando `t.right(90)`, abbiamo fatto ruotare la tartaruga a destra di 90 gradi, in modo che si orientasse verso il basso sullo schermo, poi con `t.forward(20)` l'abbiamo fatta spostare in avanti di 20 pixel. Non è stato disegnato nulla in questo passo, perché avevamo dato il comando `up` nella terza riga.

Poi abbiamo fatto ruotare la tartaruga a sinistra di 90 gradi, con `t.left(90)` in modo che fosse orientata verso destra sullo schermo; abbiamo dato il comando `down` per dire alla tartaruga di riabbassare la penna e ricominciare a disegnare. Infine, abbiamo disegnato un segmento in avanti, parallelo al primo segmento disegnato, con `t.forward(100)`. I due segmenti paralleli che abbiamo disegnato si presenteranno così:

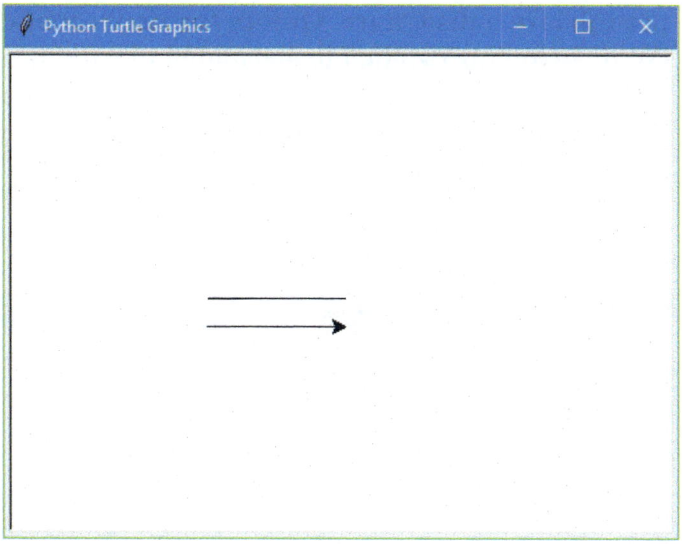

CHE COSA AVETE IMPARATO

In questo capitolo, avete imparato come usare il modulo `turtle` di Python. Abbiamo disegnato alcuni semplici segmenti di retta, utilizzando i comandi `left` (sinistra) e `right` (destra), `forward` (avanti) e `backward` (indietro). Avete visto come dire alla tartaruga di non disegnare, con il comando `up` (su) e di ricominciare a disegnare, con il comando `down` (giù). Avete anche scoperto che la tartaruga si gira per gradi.

ROMPICAPO DI PROGRAMMAZIONE

Provate a disegnare con la tartaruga qualcuna delle forme seguenti. Potete trovare le risposte all'indirizzo *http://python-for-kids.com/*.

1. UN RETTANGOLO

Create un nuovo canvas con la funzione `Pen` del modulo `turtle` e poi disegnate un rettangolo.

2. UN TRIANGOLO

Create un altro canvas e questa volta disegnate un triangolo. Riguardate il diagramma del cerchio su cui avevamo riportato i gradi (a pagina 48) per stabilire in quale direzione far ruotare la tartaruga utilizzando i gradi.

3. UN RIQUADRO SENZA ANGOLI

Scrivete un programma che disegni i quattro segmenti mostrati qui (non sono importanti le dimensioni, quello che conta è la forma):

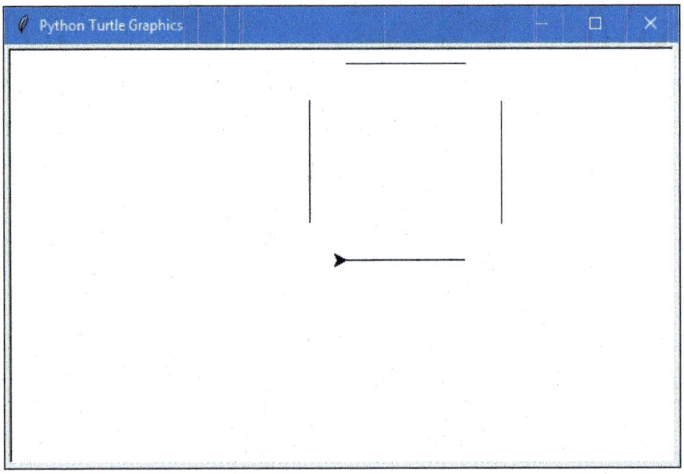

5

PORRE DOMANDE CON IF E ELSE

Nella programmazione, si pongono spesso domande a cui si può rispondere con un sì o un no, e si decide di fare qualcosa a seconda della risposta.
Per esempio, potremmo chiedervi: “Avete più di 20 anni?” e, se la risposta fosse sì, rispondervi con un “Siete troppo vecchi!”.
Questi tipi di domande si definiscono *condizioni* e condizioni e risposte si combinano in *enunciati* `if` (in inglese, *if* corrisponde al nostro se).
Le condizioni possono essere più complesse di una singola domanda e gli enunciati `if` si possono combinare con più domande e differenti decisioni a seconda della risposta a ciascuna domanda.

In questo capitolo, vedremo come usare gli enunciati `if` nella costruzione di programmi.

ENUNCIATI IF

Un enunciato `if` può essere scritto in Python in questo modo:

```
>>> età = 13
>>> if età > 20:
        print('Sei troppo vecchio!')
```

Un enunciato `if` è costituito dalla parola chiave `if`, seguita da una condizione e da un segno di due punti (:), come in `if età > 20:`. Le righe che seguono i due punti devono essere in un blocco e, se la risposta alla domanda è sì (o *vero*, come si dice di solito quando si programma in Python), i comandi presenti nel blocco vengono eseguiti. Ora, esploriamo come scrivere blocchi e condizioni.

UN BLOCCO È UN GRUPPO DI ENUNCIATI DI PROGRAMMAZIONE

Un *blocco* di codice è un insieme di enunciati di programmazione raggruppati. Per esempio, se `if età > 20:` è vero, potreste volere fare qualcosa di più che stampare semplicemente la frase "Sei troppo vecchio!". Potreste per esempio stampare qualche altra frase opportuna, come in questo caso:

```
>>> if età > 20:
        print('Sei troppo vecchio!')
        print ('Che cosa ci fai qui?')
        print ('Perché non sei a pulire il giardino?')
```

Questo blocco di codice è costituito da tre enunciati `print` che vengono eseguiti solo se la condizione `età > 20` è vera. Ciascuna riga nel blocco inizia con quattro spazi, se la confrontate con l'enunciato `if` precedente. Riguardiamo il codice, questa volta visualizzando gli spazi:

```
>>> if età > 20:
        □□□□print('Sei troppo vecchio!')
        □□□□print ('Che cosa ci fai qui?')
        □□□□print ('Perché non sei a pulire il giardino?')
```

In Python, lo spazio bianco (*whitespace*), per esempio una tabulazione (che si inserisce premendo il tasto TAB) o uno spazio (inserito quando si preme la barra spaziatrice), è dotato di significato. Il codice che si trova nella stessa posizione (rientrato dello stesso numero di spazi rispetto al margine sinistro) è raggruppato in un blocco e, ogni volta che si inizia una nuova riga con più spazi della precedente, si inizia un nuovo blocco che fa parte del precedente, in questo modo:

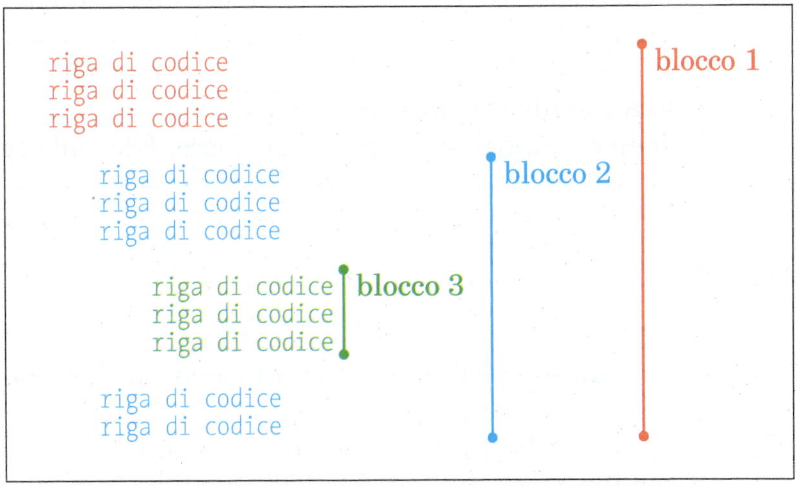

Si raggruppano enunciati in blocchi perché sono in relazione fra loro e devono essere eseguiti insieme.

Quando si cambia il rientro (in gergo si chiama anche indentazione), in genere si creano nuovi blocchi. L'esempio seguente mostra tre blocchi separati che vengono creati semplicemente modificando il rientro.

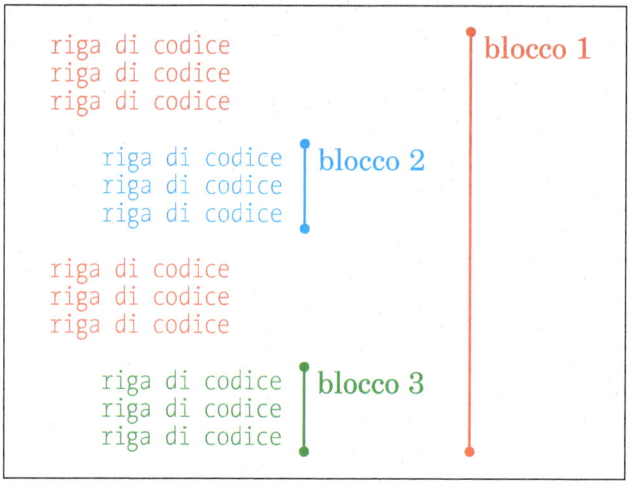

Qui, anche se i blocchi 2 e 3 hanno lo stesso rientro, sono considerati blocchi diversi perché in mezzo vi è un blocco con un rientro minore (meno spazi bianchi iniziali).

Un blocco con quattro spazi in una riga e sei nella successiva genererà un errore (*indentation error*), quando lo si esegue, perché Python si aspetta che venga usato lo stesso numero di spazi per tutte le righe di un blocco. Così, se iniziate un blocco con quattro spazi, dovete usare sempre quattro spazi per quel blocco. Ecco un esempio:

```
>>> età = 25
>>> if età > 20:
        □□□□print('Sei troppo vecchio!')
        □□□□□□print('Che cosa ci fai qui?')
```

Ho reso visibili gli spazi in modo che possiate vedere le differenze: notate che la terza riga ha sei spazi e non quattro.

Quando si prova a eseguire questo codice, IDLE evidenzia con un rettangolo rosso la riga in cui vede un problema e mostra un messaggio `SyntaxError` con la spiegazione (*unexpected indent*, ovvero "rientro inatteso"):

```
>>> età = 25
>>> if età > 20:
        print('Sei troppo vecchio!')
          print('Che cosa ci fai qui?')
SyntaxError: unexpected indent
```

Python non si aspettava di vedere due spazi in più all'inizio della seconda riga `print`.

NOTA

L'uso di spazi coerenti rende più facile la lettura del codice. Se cominciate a scrivere un programma e inserite quattro spazi all'inizio di un blocco, continuate a usare quattro spazi all'inizio degli altri blocchi. Inoltre, fate attenzione a rientrare ogni riga di uno stesso blocco con lo stesso numero di spazi.

LE CONDIZIONI AIUTANO A FARE CONFRONTI

Una *condizione* è un enunciato che confronta cose e ci dice se ciò che è indicato nel confronto è `True` (vero, sì) oppure `False` (falso, no). Per esempio, `età > 10` è una condizione, ed è un modo per chiedere "Il valore della variabile `età` è maggiore di 10?". Anche questa è una condizione: `colore_capelli == 'rosso'`, ovvero: "Il valore della variabile `colore_capelli` è `rosso`?".

In Python usiamo dei simboli (chiamati *operatori*) per creare le condizioni, come "maggiore di", "uguale a", "minore di". La Tabella 5.1 elenca alcuni di questi simboli.

Tabella 5.1 Simboli per le condizioni.

Simbolo	Definizione
==	Uguale a
!=	Non uguale a (diverso da)
>	Maggiore di
<	Minore di
>=	Maggiore o uguale a
<=	Minore o uguale a

Per esempio, se avete 10 anni, la condizione `tua_età == 10` restituirebbe `True`; altrimenti restituirebbe `False`. Se avete 12 anni, la condizione `tua_età > 10` restituirebbe `True`.

ATTENTI

State attenti a usare un doppio segno di uguale (==) quando definite una condizione "uguale a".

Vediamo qualche altro esempio. Qui, poniamo la vostra età a 10 anni e poi scriviamo un enunciato condizionale che stamperà "Sei troppo vecchio per le mie battute!" se l'età è maggiore di 10.

```
>>> età = 10
>>> if età > 10:
        print('Sei troppo vecchio per le mie battute!')
```

Che cosa succede quando lo scriviamo in IDLE e poi premiamo INVIO?

Niente, perché il valore della variabile `età` non è maggiore di 10, quindi Python non esegue il blocco `print`. Se avessimo invece impostato la variabile `età` al valore 20, il messaggio sarebbe stato stampato.

Ora cambiamo l'esempio precedente utilizzando una condizione "maggiore o uguale a" (`>=`):

```
>>> età = 10
>>> if età >= 10:
        print('Sei troppo vecchio per le mie battute!')
```

Questa volta vedrete stampato "Sei troppo vecchio per le mie battute!" sullo schermo, perché il valore della variabile età è uguale a 10.

Ora proviamo utilizzando una condizione "uguale a" (`==`);

```
>>> età = 10
>>> if età == 10:
        print('Che cos\'è marrone e appiccicoso?')
```

Questa volta il messaggio comparirà sullo schermo.

ENUNCIATI IF-THEN-ELSE

Oltre a usare enunciati `if` per fare qualcosa quando viene soddisfatta (è `True`) una condizione, possiamo usarli anche per fare qualcosa quando una condizione non è vera. Per esempio, potremmo stampare sullo schermo un messaggio se l'età è 12 (`True`) e un altro se non è 12 (`False`). Il trucco sta nell'usare un enunciato `if-then-else` (se-allora-altrimenti), che sostanzialmente dice: "Se (*if*) una certa cosa è vera, allora (*then*) fa questo; altrimenti (*else*) fai quest'altro".

Creiamo un enunciato `if-then-else`. Scrivete quanto segue nella shell:

```
>>> print('Vuoi sentire una barzelletta sporca?')
Vuoi sentire una barzelletta sporca?
```

```
>>> age = 12
>>> if age == 12:
        print('Un maialino è cascato nel fango!')
else:
        print('Shh. È un segreto!')

Un maialino è cascato nel fango!
```

Dato che abbiamo impostato la variabile età al valore 12 e la condizione chiede se l'età sia uguale a 12, dovreste vedere sullo schermo il messaggio del primo `print`. Ora provate a cambiare il valore dell'età in un numero diverso da 12, per esempio:

```
>>> print('Vuoi sentire una barzelletta sporca?')
Vuoi sentire una barzelletta sporca?
>>> age = 8
>>> if age == 12:
        print('Un maialino è cascato nel fango!')
else:
        print('Shh. È un segreto!')

Shh. È un segreto.
```

Questa volta vedrete stampato il secondo messaggio.

ENUNCIATI IF ED ELIF

Possiamo estendere ulteriormente un enunciato `if` con `elif` (che è una abbreviazione di `else-if`, "altrimenti-se"). Per esempio, possiamo controllare se l'età di una persona è 10, 11 o 12 anni (e così via) e fare in modo che il programma faccia qualcosa di diverso a seconda della risposta. Questi enunciati sono diversi dagli `if-then-else`, perché possono esserci più `elif` nello stesso enunciato:

```
  >>> età = 12
❶ >>> if età == 10:
❷         print ('Che cosa fa un orso nella steppa?')
          print ('Cammina!')
```

```
❸ elif età == 11:
        print('Che cosa dice l\'uva bianca all\'uva blu?')
        print('Respira! Respira!')
❹ elif età == 12:
❺       print('Che cosa ha detto lo 0 a 8?')
        print('Ciao, ragazzi!')
  elif età == 13:
        print('Perché 10 non ha paura di 7?')
        print('Perché 9 qui non piove!')
  else:
        print('Beh?')

Che cosa ha detto lo 0 a 8? Ciao, ragazzi!
```

In questo esempio, l'enunciato `if` nella seconda riga controlla se il valore della variabile `età` è uguale a 10 in ❶. L'enunciato `print` che segue in ❷ viene eseguito se `età` è uguale a 10. Però, poiché abbiamo attribuito a `età` il valore 12, il computer salta al successivo enunciato `if` in ❸ e controlla se il valore di `età` è uguale a 11. Non lo è, perciò salta al successivo enunciato `if` in ❹ e vede se `età` è uguale a 12. Lo è, perciò questa volta esegue il comando `print` in ❺.

Quando inserite questo codice in IDLE, viene automaticamente rientrato, perciò ricordate di premere il tasto CANC o il BACKSPACE dopo aver scritto gli enunciati `print`, in modo che gli `if`, `elif` ed `else` inizino dal margine sinistro. Questa è la stessa posizione in cui sarebbe l'enunciato `if` se non ci fosse il prompt (>>>).

COMBINARE LE CONDIZIONI

Le condizioni si possono combinare utilizzando le parole chiave `and` e `or` (che corrispondono rispettivamente alla congiunzione "e" e alla disgiunzione "o"): così il codice può essere più breve e più semplice. Ecco un esempio con `or`:

```
>>> if età == 10 or età == 11 or età == 12 or età == 13:
        print('Cosa fa 13 + 49 + 84 + 155 + 97? Un mal di testa!')
else:
        print('Cosa?')
```

In questo codice, se una qualsiasi delle condizioni nella prima riga è vera (in altre parole, se la variabile `età` ha valore 10, 11, 12 *o* 13), viene eseguito il blocco di codice che inizia con `print` nella riga successiva. Se nessuna delle condizioni nella prima riga è vera (`else`), Python passa al blocco dell'ultima riga, e visualizza sullo schermo `Cosa?`.

Per compattare di più, potremmo usare `and` e gli operatori "maggiore o uguale a" (`>=`) e "minore o uguale a" (`<=`):

```
>>> if età >=10 and età <=13:
        print('Cosa fa 13 + 49 + 84 + 155 + 97? Un mal di testa!')
else:
        print('Cosa?')
```

Qui, se `età` è maggiore o uguale a 10 e (*and*) minore o uguale a 13 (condizione definita nella prima riga con l'enunciato `if età >= 10 and età <= 13:`), viene eseguito il blocco di codice che inizia con `print` sulla riga successiva. Per esempio, se il valore di `età` è 12, verrà stampato sullo schermo `Cosa fa 13 + 49 + 84 + 155 + 97? Un mal di testa!`, perché 12 è maggiore di 10 e minore di 13.

VARIABILI SENZA VALORE: NONE

A una variabile, come abbiamo visto, si possono assegnare valori, stringhe e liste, ma si può anche assegnare un valore vuoto, nullo. In Python un valore vuoto è indicato come None ("niente"), e indica l'assenza di valore. È importante notare che il valore None è diverso dal valore 0 perché indica l'assenza di un valore, non un numero con valore 0. L'unico valore che una variabile ha quando le si assegna il valore vuoto None è... niente. Ecco un esempio:

```
>>> mioval = None
>>> print(mioval)
None
```

Assegnare un valore None a una variabile è un modo per dire che quella variabile non contiene più alcun valore (o meglio, che non è più l'etichetta di un valore). Impostare una variabile a None è anche un modo per definire una variabile senza indicarne il valore. Lo si può fare quando si sa che si avrà bisogno di una variabile in seguito nel corso del programma, ma si vuole definire inizialmente tutte le variabili. I programmatori definiscono spesso le loro variabili all'inizio di un programma perché, collocate in quella posizione, è facile vedere i nomi di tutte le variabili utilizzate in un certo frammento di codice.

Si può anche controllare se una variabile non ha valore in un enunciato if, come in questo esempio:

```
>>> mioval = None
>>> if mioval == None:
        print('La variabile mioval non ha alcun valore')

La variabile mioval non ha alcun valore
```

Un'istruzione del genere è utile quando si vuole calcolare un valore per una variabile solo se non è stato già calcolato.

LA DIFFERENZA FRA STRINGHE E NUMERI

Input dell'utente è quello che una persona scrive alla tastiera – non importa se si tratta di un carattere, della pressione di un tasto freccia o di INVIO o di qualsiasi altra cosa.

L'input dell'utente viene recepito da Python come una stringa, il che significa che, se scrivete sulla tastiera il numero 10, Python salva il 10 in una variabile come stringa e non come numero.

Qual è la differenza fra il numero 10 e la stringa '10'? A noi sembrano la stessa cosa, con l'unica differenza che la seconda è racchiusa fra apici. Per un computer, però, si tratta di due cose molto diverse.

Per esempio, supponiamo di confrontare il valore della variabile età con un numero in un enunciato if:

```
>>> if età == 10:
        print("Qual è il modo migliore per parlare a un mostro?")
        print("Da più lontano possibile!")
```

Poi impostiamo la variabile età al numero 10:

```
>>> età = 10
>>> if età == 10:
        print("Qual è il modo migliore per parlare a un mostro?")
        print("Da più lontano possibile!")

Qual è il modo migliore per parlare a un mostro?
Da più lontano possibile!
```

Come potete vedere, l'enunciato print viene eseguito.

Ora impostiamo la variabile età alla stringa '10' (con gli apici), in questo modo:

```
>>> età = '10'
>>> if età == 10:
        print("Qual è il modo migliore per parlare a un mostro?")
        print("Da più lontano possibile!")
```

Ora il codice nell'enunciato print non viene eseguito, perché Python non vede il numero fra apici (una stringa) come un numero. Per fortuna, Python possiede alcune funzioni magiche che trasformano stringhe in numeri e numeri in stringhe. Per esempio, si può convertire la stringa '10' in un numero con la funzione int:

```
>>> età = '10'
>>> età_convertita = int(età)
```

La variabile età_convertita ora contiene il numero 10.

Per convertire un numero in una stringa si usa invece la funzione `str`:

```
>>> età = 10
>>> età_convertita = str(età)
```

In questo caso, `età_convertita` conterrà la stringa `'10'` anziché il numero 10.

Ricordate che l'enunciato `if età == 10` non ha stampato nulla quando la variabile aveva come valore una stringa (`età = '10'`)? Se però prima convertiamo la variabile, otteniamo un risultato del tutto diverso:

```
>>> età = '10'
>>> età_convertita = int(età)
>>> if età_convertita == 10:
        print("Qual è il modo migliore per parlare a un mostro?")
        print("Da più lontano possibile!")

Qual è il modo migliore per parlare a un mostro?
Da più lontano possibile!
```

Ma fate attenzione: se tentate di convertire un numero decimale, otterrete un errore, perché la funzione `int` si aspetta un intero:

```
>>> età = '10.5'
>>> età_convertita = int(età)
Traceback (most recent call last):
  File "<pyshell#37>", line 1, in <module>
    età_convertita = int(età)
ValueError: invalid literal for int() with base 10: '10.5'
```

`ValueError` è il modo che usa Python per dirvi che il valore che avete tentato di utilizzare non è appropriato. In casi del genere dovete usare la funzione `float` al posto di `int`. La funzione `float` può trattare numeri che non sono interi.

```
>>> età = '10.5'
>>> età_convertita = float(età)
>>> print(età_convertita)
10.5
```

Otterrete un `ValueError` anche se tentate di convertire in cifre una stringa che non contiene un numero:

```
>>> età = 'dieci'
>>> età_convertita = int(età)
Traceback (most recent call last):
  File "<pyshell#45>", line 1, in <module>
    età_convertita = int(età)
ValueError: invalid literal for int() with base 10: 'dieci'
```

CHE COSA AVETE IMPARATO

In questo capitolo, avete imparato come lavorare con gli enunciati `if` per creare blocchi di codice che vengono eseguiti solo quando determinate condizioni sono vere. Avete visto come estendere gli enunciati `if` con `elif` in modo da eseguire sezioni diverse di codice a seconda del risultato di condizioni diverse, e come usare la parola chiave `else` per eseguire del codice quando nessuna delle condizioni risulta vera. Avete imparato anche a combinare condizioni utilizzando le parole chiave `and` e `or`, in modo da vedere per esempio se un numero ricade entro un certo intervallo, e come trasformare stringhe in numeri (e viceversa) con `int`, `str` e `float`. E avete scoperto che il nulla (`None`) ha un significato in Python e può essere utilizzato per riportare le variabili al loro stato iniziale, vuoto.

ROMPICAPO DI PROGRAMMAZIONE

Provate a risolvere questi rompicapo utilizzando l'enunciato `if` e le condizioni. Potete trovare le risposte all'indirizzo *http://python-for-kids.com/*.

1. SEI RICCO?

Che cosa pensate che faccia, il codice seguente? Provate a dare una risposta senza scriverlo nella shell, poi controllate la vostra risposta.

```
>>> denaro = 2000
>>> if denaro > 1000:
        print('Sono ricco!')
else:
        print('Non sono ricco!!')
          print('Ma magari in futuro...')
```

2. TWINKIES!

Create un enunciato `if` che verifichi se il numero di Twinkies (nella variabile `twinkies`) è minore di 100 o maggiore di 500. Il programma dovrà stampare il messaggio "Troppo pochi o troppo tanti" se la condizione è vera. (Che cosa sono i Twinkies? Dategli voi un significato...)

3. IL NUMERO GIUSTO

Create un enunciato `if` che verifichi se la quantità contenuta nella variabile denaro sia compresa fra 100 e 500 *o* fra 1000 e 5000.

4. POSSO COMBATTERE CONTRO I NINJA

Create un enunciato `if` che stampi la stringa "Sono troppi" se la variabile `ninja` contiene un numero minore di 50, stampi "Sarà una bella lotta, ma posso farcela", se il valore è inferiore a 30 e stampi "Posso combattere contro quei ninja!" se è inferiore a 10. Potete provare il vostro codice con:

```
>>> ninja = 5
```

6

GIRARE IN TONDO

Non c'è niente di peggio che dover fare la stessa cosa più e più volte. C'è un motivo per cui qualcuno si mette a contare le pecore quando ha difficoltà ad addormentarsi e non ha nulla a che fare con supposte doti "dormitive" di questi ovini: è perché ripetere senza fine qualche cosa è noioso, e la nostra mente può cadere nel sonno più facilmente se non ci si concentra su qualcosa di interessante.

Neanche i programmatori amano particolarmente ripetersi, a meno che non stiano cercando di addormentarsi. Per fortuna, la maggior parte dei linguaggi di programmazione mette a disposizione quello che è chiamato ciclo `for` (*for* è l'equivalente dell'italiano "per"), che ripete altri enunciati e blocchi di codice automaticamente.

In questo capitolo, vedremo i cicli `for` e un altro tipo di ciclo che ci mette a disposizione Python: il ciclo `while` (parola che corrisponde all'italiano "mentre").

USARE I CICLI FOR

Per stampare cinque volte "ciao" in Python, si potrebbe scrivere:

```
>>> print('ciao')
ciao
>>> print('ciao')
ciao
>>> print('ciao')
ciao
>>> print('ciao')
ciao
>>> print('ciao')
ciao
```

Sarebbe un po' noioso. Si può usare un ciclo `for` per scrivere di meno e ridurre le ripetizioni, in questo modo:

```
❶ >>> for x in range(0, 5):
❷         print('ciao')

ciao
ciao
ciao
ciao
ciao
```

La funzione `range` (intervallo) in ❶ si usa per creare un elenco di numeri che vanno da quello iniziale fino a quello che precede il numero finale. Può sembrare un po' confuso. Combiniamo la funzione range con la funzione list per vedere esattamente come funziona. La funzione range non crea in realtà una lista di numeri, ma restituisce un *iteratore*, che è un tipo di oggetto Python progettato specificamente per lavorare con i cicli. Se però combiniamo range con list, otteniamo una lista di numeri.

```
>>> print(list(range(10, 20)))
[10, 11, 12, 13, 14, 15, 16, 17, 18, 19]
```

Nel caso del ciclo for, il codice nella riga ❶ dice in sostanza a Python di fare quanto segue:

- Inizia a contare da 0 e fermati prima di raggiungere 5.
- Per ogni numero che conti, immagazzina il valore nella variabile x.

Poi Python esegue il blocco di codice in ❷. Notate che ci sono quattro spazi aggiuntivi all'inizio della riga ❷ (rispetto alla riga ❶). IDLE ha automaticamente rientrato questo blocco.

Quando premiamo INVIO dopo la seconda riga, Python stampa "ciao" cinque volte.

Potremmo anche usare la x nell'enunciato print per contare i "ciao":

```
>>> for x in range(0, 5):
        print('ciao %s' % x)
ciao 0
ciao 1
ciao 2
ciao 3
ciao 4
```

Se non avessimo usato il ciclo for, il nostro codice avrebbe dovuto essere qualcosa di questo genere:

```
>>> x = 0
>>> print('ciao %s' % x)
ciao 0
>>> x = 1
>>> print('ciao %s' % x)
```

```
ciao 1
>>> x = 2
>>> print('ciao %s' % x)
ciao 2
>>> x = 3
>>> print('ciao %s' % x)
ciao 3
>>> x = 4
>>> print('ciao %s' % x)
ciao 4
```

L'uso del ciclo perciò ci ha evitato di scrivere otto righe ulteriori di codice. I buoni programmatori odiano fare le cose più di una volta, perciò il ciclo `for` è uno degli enunciati più utilizzati in un linguaggio di programmazione.

Non è necessario usare solo le funzioni `range` e `list` per creare cicli `for`. Potete usare anche una lista già creata, come la lista della spesa del Capitolo 3, in questo modo:

```
>>> mago_lista = ['zampe di ragno', 'dito di rana', 'lingua di
chiocciola', 'ala di pipistrello', 'bava di lumacone', 'rutto di
orso']
>>> for i in mago_lista:
        print(i)
zampe di ragno
dito di rana
lingua di chiocciola
ala di pipistrello
bava di lumacone
rutto di orso
```

Questo codice significa "Per ogni elemento presente nella `mago_lista`, memorizza quel valore nella variabile `i`, poi stampa i contenuti di quella variabile". Anche in questo caso, se volessimo fare a meno del ciclo `for`, dovremmo fare qualcosa di questo genere:

```
>>> mago_lista = ['zampe di ragno', 'dito di rana', 'lingua di
chiocciola', 'ala di pipistrello', 'bava di lumacone', 'rutto di
orso']
```

```
>>> print(mago_lista[0])
zampe di ragno
>>> print(mago_lista[1])
dito di rana
>>> print(mago_lista[2])
lingua di chiocciola
>>> print(mago_lista[3])
ala di pipistrello
>>> print(mago_lista[4])
bava di lumacone
>>> print(mago_lista[5])
rutto di orso
```

Ancora una volta, quindi, il ciclo ci ha risparmiato un bel po' di lavoro.

Proviamo a creare un altro ciclo. Scrivete il codice seguente nella shell (il rientro sarà automatico):

```
❶ >>> grandipantalonipelosi = ['grandi', 'pantaloni', 'pelosi']
❷ >>> for i in grandipantalonipelosi:
❸         print(i)
❹         print(i)
❺
❻ grandi
  grandi
  pantaloni
  pantaloni
  pelosi
  pelosi
```

Nella prima riga ❶, abbiamo creato una lista contenente le parole `'grandi'`, `'pantaloni'` e `'pelosi'`. Nella riga successiva, ❷, abbiamo impostato un ciclo che percorre gli elementi della lista, assegnando ciascun elemento alla variabile `i`. Poi abbiamo stampato due volte i contenuti della variabile, nelle due righe successive (❸ e ❹). Premendo INVIO sulla successiva riga vuota ❺, abbiamo detto a Python che il blocco era completo; il codice è stato eseguito e ciascun elemento della lista è stato stampato due volte in ❻.

Ricordate che, se inserite un numero errato di spazi a inizio riga, vi ritroverete con un messaggio di errore.

Se aveste inserito il codice precedente con uno spazio in più sulla quarta riga ❹, Python avrebbe visualizzato un errore di rientro (*unexpected indent*):

```
>>> grandipantalonipelosi = ['grandi', 'pantaloni', 'pelosi']
>>> for i in grandipantalonipelosi:
        print(i)
         print(i)

SyntaxError: unexpected indent
```

Come abbiamo visto nel Capitolo 5, Python si aspetta che il numero degli spazi in un blocco sia sempre lo stesso. Non importa quanti spazi inserite, purché siano sempre nello stesso numero in ogni riga (il che rende anche più facile leggere il codice, per gli esseri umani).

Ecco un esempio più complicato di un ciclo `for` con due blocchi di codice:

```
>>> grandipantalonipelosi = ['grandi', 'pantaloni', 'pelosi']
>>> for i in grandipantalonipelosi:
        print(i)
        for j in grandipantalonipelosi:
                print(j)
```

Dove sono i blocchi in questo codice? Il primo blocco è il primo ciclo `for`:

```
grandipantalonipelosi = ['grandi', 'pantaloni', 'pelosi']
for i in grandipantalonipelosi:
    print(i)                         #
    for j in grandipantalonipelosi:  # Righe nel PRIMO blocco
        print(j)                     #
```

Il secondo blocco è costituito dalla singola riga `print` nel secondo ciclo `for`:

```
❶ grandipantalonipelosi = ['grandi', 'pantaloni', 'pelosi']
  for i in grandipantalonipelosi:
      print(i)
❷     for j in grandipantalonipelosi:
❸         print(j)      # Questa riga è anche il SECONDO blocco
```

Riuscite a immaginare che cosa combinerà questo piccolo frammento di codice?

Dopo che è stata creata una lista con il nome `grandipantalonipelosi` in ❶, dalle due righe successive possiamo capire che Python percorrerà in ciclo gli elementi della lista e stamperà ciascuno di essi. In ❷, però, deve effettuare un altro ciclo attraverso la lista, questa volta assegnando il valore alla variabile `j`, poi stamperà di nuovo ciascun elemento, come previsto dalla riga ❸. Il codice in ❷ e ❸ è sempre parte del primo ciclo `for`, il che significa che verrà eseguito per ciascun elemento della lista, nel procedere del primo ciclo `for` basato sulla variabile `i`.

Quando il codice viene eseguito, quindi, dovremmo vedere `grandi` seguito da `grandi`, `pantaloni`, `pelosi` e poi `pantaloni` seguito da `grandi`, `pantaloni`, `pelosi` e così via.

Inserite il codice nella shell di Python e vedetelo con i vostri occhi:

```
   >>> grandipantalonipelosi = ['grandi', 'pantaloni', 'pelosi']
   >>> for i in grandipantalonipelosi:
❶          print(i)
           for j in grandipantalonipelosi:
❷              print(j)

◈  grandi
   grandi
   pantaloni
   pelosi
◈  pantaloni
   grandi
   pantaloni
   pelosi
◈  pelosi
   grandi
   pantaloni
   pelosi
```

Python entra nel primo ciclo e stampa un elemento della lista in ❶. Poi entra nel secondo ciclo e stampa tutti gli elementi della lista in ❷. Poi continua con il comando `print(i)`, stampando l'elemento successivo della lista, quindi stampa di nuovo tutta la lista con `print(j)`. Nell'output, le righe evidenziate con il simbolo ◈ vengono stampate dall'enunciato `print(i)`, le altre da `print(j)`.

Che ne dite di qualcosa di più utile che stampare parole stupide? Ricordate il calcolo che abbiamo fatto nel Capitolo 2 per sapere quante monete d'oro avreste avuto alla fine dell'anno grazie alla folle invenzione del nonno che duplica monete? Era questo:

```
>>> 20 + 10 * 365 - 3 * 52
```

Ovvero: 20 monete trovate, più 10 monete magiche al giorno per 365 giorni in un anno, meno 3 monete alla settimana rubate dal corvo.

Potrebbe essere utile vedere come il vostro mucchietto di monete d'oro aumenti ogni settimana. Possiamo farlo con un altro ciclo `for`, ma prima dobbiamo cambiare il valore delle nostre `monete_magiche`, in modo che rappresenti il numero totale di monete magiche per settimana, cioè 10 monete magiche al giorno per 7 giorni alla settimana. Quindi `monete_magiche` deve essere 70:

```
>>> monete_trovate = 20
>>> monete_magiche = 70
>>> monete_rubate = 3
```

Possiamo vedere crescere il nostro tesoro ogni settimana creando un'altra variabile, che possiamo chiamare `monete`, e usando un ciclo:

```
  >>> monete_trovate = 20
  >>> monete_magiche = 70
  >>> monete_rubate = 3
❶ >>> monete = monete_trovate
❷ >>> for settimana in range(1, 53):
❸             monete = monete + monete_magiche - monete_rubate
❹             print('settimana %s = %s' % (settimana, monete))
```

In ❶, alla variabile `monete` viene assegnato il valore della variabile `monete_trovate`: questo è il numero di partenza. La riga successiva, ❷, imposta il ciclo `for`, che eseguirà i comandi nel blocco (costituito dalle righe ❸ e ❹). Ogni volta che viene eseguito il ciclo, la variabile assume come valore il numero successivo nell'intervallo fra 1 e 52.

La riga in ❸ è un po' più complicata. Fondamentalmente, ogni settimana vogliamo aggiungere il numero delle monete che abbiamo creato magicamente e sottrarre il numero delle monete rubate dal corvo. Potete pensare la variabile `monete` come il vostro forziere. Ogni settimana, le nuove monete vanno a finire nel forziere. Quindi questa riga significa "Sostituisci i contenuti della variabile `monete` con il numero delle monete che avevo, più quelle che ho creato questa settimana". Fondamentalmente, il segno (`=`) è una sorta di comando, che dice "Fai tutto quello che ti viene chiesto a destra, poi salvalo per il seguito, usando il nome qui a sinistra".

La riga ❹ è un enunciato `print` che usa dei segnaposto e stampa il numero della settimana e il numero totale delle monete accumulate fino a quel momento. (Se tutto questo non ha molto senso per voi, rileggete "Incorporare valori nelle stringhe" a pagina 30.) Se eseguite il programma, vedrete questo risultato:

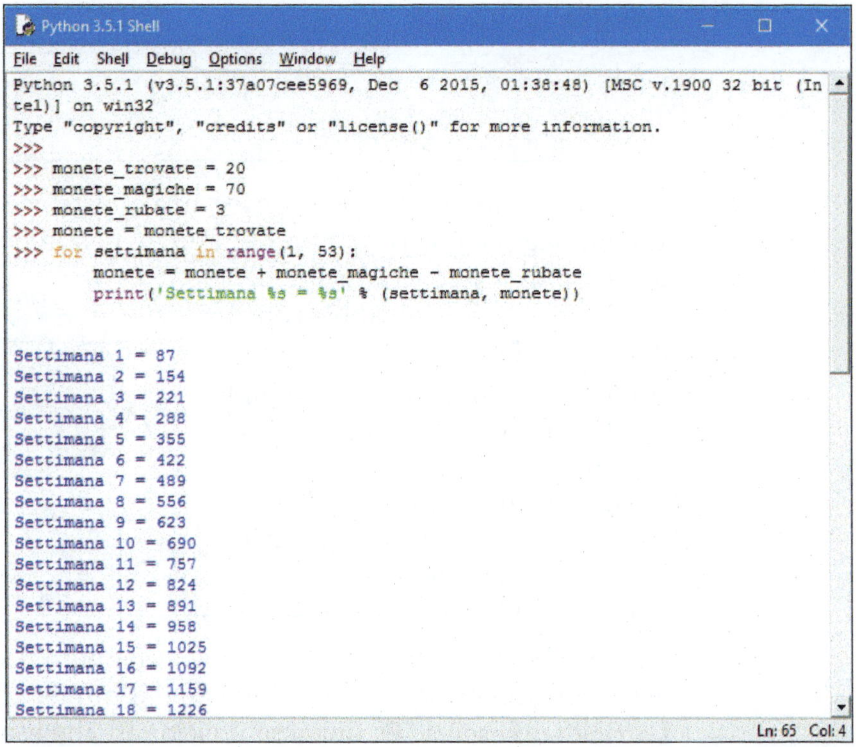
Python 3.5.1 Shell

File Edit Shell Debug Options Window Help

```
Python 3.5.1 (v3.5.1:37a07cee5969, Dec  6 2015, 01:38:48) [MSC v.1900 32 bit (In
tel)] on win32
Type "copyright", "credits" or "license()" for more information.
>>>
>>> monete_trovate = 20
>>> monete_magiche = 70
>>> monete_rubate = 3
>>> monete = monete_trovate
>>> for settimana in range(1, 53):
        monete = monete + monete_magiche - monete_rubate
        print('Settimana %s = %s' % (settimana, monete))


Settimana 1 = 87
Settimana 2 = 154
Settimana 3 = 221
Settimana 4 = 288
Settimana 5 = 355
Settimana 6 = 422
Settimana 7 = 489
Settimana 8 = 556
Settimana 9 = 623
Settimana 10 = 690
Settimana 11 = 757
Settimana 12 = 824
Settimana 13 = 891
Settimana 14 = 958
Settimana 15 = 1025
Settimana 16 = 1092
Settimana 17 = 1159
Settimana 18 = 1226
```

Ln: 65 Col: 4

A PROPOSITO DI CICLI...

Un ciclo `for` non è l'unico tipo di ciclo che si può creare in Python. Esiste anche il ciclo `while`. Un ciclo `for` è un ciclo di lunghezza specifica, mentre `while` è un ciclo usato quando non si sa in anticipo a che punto la ripetizione deve terminare.

Immaginatevi una scala con 20 gradini: è dentro casa e sapete di poter salire facilmente. Un ciclo `for` è di questo tipo.

```
>>> for gradino in range (0, 20):
        print(gradino)
```

Ora immaginate una scala che sale lungo una montagna. La montagna è alta, e potreste esaurire le forze prima di raggiungere la cima, o il tempo potrebbe mettersi al brutto, costringendovi a fermarvi. Questa è l'idea del ciclo `while`.

```
>>> gradino = 0
>>> while gradino < 10000:
    print(gradino)
    if stanco == True:
        break
    elif cattivotempo == True:
        break
    else:
        gradino = gradino + 1
```

Se provate a inserire e a eseguire questo codice, otterrete un messaggio di errore. Perché? Perché non abbiamo creato le variabili `stanco` e `cattivotempo`. Anche se qui non c'è abbastanza codice per farne un programma funzionante, questo è un esempio elementare di un ciclo `while`.

Iniziamo creando una variabile chiamata `gradino` con `gradino = 0`. Poi, creiamo un ciclo `while` che controlla se il valore della variabile `gradino` è inferiore a 10.000 (`gradino < 10000`), che è il numero totale dei gradini dalla base della montagna fino alla cima. Finché `gradino` è minore di 10.000, Python continuerà a eseguire il resto del codice.

Con print(gradino), stampiamo il valore della variabile e poi controlliamo se stanco è True con if stanco == True. (True è un "valore booleano", espressione che chiariremo nel Capitolo 8.) Se lo è, usiamo la parola chiave break (equivale a "interrompi") per uscire dal ciclo. La parola chiave break è un modo per uscire da un ciclo (in altre parole, interromperlo), e funziona sia per i cicli while che per quelli for. Qui ha l'effetto di farci uscire dal blocco e di passare agli enunciati che potrebbero comparire dopo la riga gradino = gradino + 1.

La riga elif cattivotempo == True: controlla se la variabile cattivotempo abbia il valore True. Se così è, break fa uscire dal ciclo. Se né stanco né cattivotempo sono True (caso else), sommiamo 1 al valore della variabile gradino, con l'enunciato gradino = gradino + 1, e il ciclo continua.

Quindi i passi di un ciclo while sono i seguenti:

1. Controlla la condizione.
2. Esegui il codice nel blocco.
3. Ripeti.

Più spesso, un ciclo while viene creato con una coppia di condizioni, invece che con una sola, come in questo esempio:

```
❶ >>> x = 45
❷ >>> y = 80
❸ >>> while x < 50 and y < 100:
        x = x + 1
        y = y + 1
        print (x, y)
```

Qui abbiamo creato una variabile x con il valore 45 in ❶ e una variabile y con valore 80 in ❷. Il ciclo controlla le due condizioni in ❸: se cioè x è minore di 50 e se y è minore di 100.

Finché entrambe le condizioni sono vere, vengono eseguite le righe seguenti, in cui si somma 1 a entrambe le variabili e poi le si stampa. Ecco l'output prodotto da questo codice:

```
46 81
47 82
48 83
49 84
50 85
```

Riuscite a stabilire come funziona?

Iniziamo a contare da 45 per la variabile x e da 80 per la variabile y, poi incrementiamo (sommiamo 1) ciascuna variabile ogni volta che viene eseguito il codice nel ciclo. Il ciclo andrà avanti finché x è minore di 50 e y è minore di 100. Dopo cinque passaggi nel ciclo (ogni volta a ciascuna variabile viene sommato 1), il valore in x raggiunge 50. Ora la prima condizione (x < 50) non è più vera, perciò Python sa di dover porre termine al ciclo.

Un altro uso comune di un ciclo while è la creazione di cicli "quasi eterni". Sono cicli che potrebbero continuare all'infinito, ma in realtà continuano finché non succede qualcosa nel codice che li interrompe. Ecco un esempio:

```
while True:
        qui una gran quantità di codice
        qui una gran quantità di codice
        qui una gran quantità di codice
        if qualche_valore == True:
                break
```

La condizione del ciclo while è semplicemente True, che è sempre vera, perciò il codice nel blocco continuerà a essere eseguito (in questo senso, il ciclo è eterno). Python esce dal ciclo solo se la variabile qualche_valore è vera. Potete vedere un esempio migliore di questo in "Usare randint per scegliere un numero a caso" a pagina134, ma forse è meglio che aspettiate di aver letto il Capitolo 7.

CHE COSA AVETE IMPARATO

In questo capitolo, abbiamo usato i cicli per eseguire attività ripetitive senza doverci ripetere. Abbiamo detto a Python che cosa volevamo fosse ripetuto scrivendo le relative attività all'interno di blocchi di codice, che abbiamo inserito all'interno di cicli. Abbiamo usato due tipi di cicli: for e while, che sono simili ma si possono usare in modi diversi. Abbiamo usato anche la parola chiave break per interrompere i cicli, cioè per uscire da un ciclo.

ROMPICAPO DI PROGRAMMAZIONE

Ecco qualche esempio di ciclo che potete provare a costruire voi stessi. Le risposte si possono trovare all'indirizzo *http://python-for-kids.com/*.

1. IL CICLO "CIAO"

Che cosa pensate che faccia il codice seguente? Prima provate ad arrivarci ragionando, poi scrivete il codice in Python ed eseguitelo, per vedere se avevate ragione.

```
>>> for x in range(0, 20):
        print('ciao %s' % x)
        if x < 9:
            break
```

2. NUMERI PARI

Create un ciclo che stampi i numeri pari finché non raggiunge il numero corrispondente alla vostra età oppure, se la vostra età è un numero dispari, che stampi i numeri dispari finché non raggiunge la vostra età. Per esempio, potrebbe stampare una cosa come questa:

```
2
4
6
8
10
12
14
```

3. I CINQUE INGREDIENTI PREFERITI

Create una lista che contenga cinque diversi ingredienti per un buon panino, per esempio:

```
>>> ingredienti = ['lumache', 'sanguisughe', 'ombelichi di
gorilla', 'ciglia di bruco', 'zampe di millepiedi']
```

Ora create un ciclo che stampi la lista (compresi i numeri):

```
1 lumache
2 sanguisughe
3 ombelichi di gorilla
4 ciglia di bruco
5 zampe di millepiedi
```

4. IL PESO SULLA LUNA

Se in questo momento vi trovaste sulla Luna, il vostro peso sarebbe pari al 16,5 per cento di quello che è sulla Terra. Potete calcolarlo moltiplicando il vostro peso terrestre per 0,165.

Se il vostro peso aumentasse di un chilogrammo ogni anno nei prossimi 15 anni, quale sarebbe il vostro peso se visitaste la Luna ogni anno e alla fine dei 15 anni? Scrivete un programma che usi un ciclo `for` e stampi il vostro peso lunare per ciascun anno.

7 RICICLARE IL CODICE CON FUNZIONI E MODULI

Pensate quante cose buttate via ogni giorno: bottiglie dell'acqua, lattine, confezioni di patatine, incarti di panini, sacchetti che contenevano filetti di carota o fette di mela, borse della spesa, giornali, riviste e così via. Ora immaginate che cosa succederebbe se tutta quella spazzatura venisse ammonticchiata davanti all'ingresso di casa vostra, senza separare carta, plastica, lattine e vetro.

Ovviamente, probabilmente riciclate il più possibile, che è una buona cosa, perché nessuno vorrebbe scalare una montagna di spazzatura sulla strada per andare a scuola. Anziché starsene in un'enorme pila alla rinfusa, le bottiglie di vetro che riciclate vengono fuse e trasformate in nuovi contenitori e nuove bottiglie; la carta viene macerata e trasformata in carta riciclata; la plastica viene trasformata in altri oggetti di plastica. Così riusiamo cose che altrimenti butteremmo semplicemente via.

Nel mondo della programmazione, il riuso è altrettanto importante. Ovviamente, il vostro programma non scomparirà sotto una montagna di rifiuti, ma se non riusate qualcosa di quello che fate, alla fine le dita vi si ridurranno a moncherini doloranti a furia di scrivere codice. La tecnica del riuso inoltre rende il codice più breve e più facile da leggere.

USARE LE FUNZIONI

Abbiamo già visto uno dei modi per riciclare codice in Python. Nel capitolo precedente, abbiamo usato le funzioni `range` e `list` per far "contare" Python.

```
>>> list(range(0, 5))
[0, 1, 2, 3, 4]
```

Se sapete contare, non è difficile creare una lista di numeri consecutivi scrivendoli direttamente, ma, più lunga è la lista, più dovrete scrivere. Invece, se usate le funzioni, potete creare con la massima facilità anche una lista di migliaia di numeri. Ecco un esempio che usa le funzioni `list` e `range` per produrre una lista di numeri:

```
>>> list(range(0, 1000))
[0, 1, 2, 3, 4, 5, 6, 7, 8, 9, 10, 11, 12, 13, 14, 15, 16..., 997, 998, 999]
```

Le *funzioni* sono pezzi di codice che dicono a Python di fare qualcosa. Sono un modo per riusare il codice: potete usare le funzioni molte volte all'interno dei vostri programmi.

Quando scrivete programmi semplici, le funzioni sono comode; quando comincerete a scrivere programmi lunghi e più complessi, come i giochi, le funzioni diventano essenziali (immaginando che vogliate finire di scrivere il vostro programma entro questo secolo).

PARTI DI UNA FUNZIONE

Una funzione ha tre parti: un *nome*, *parametri* e un *corpo*. Ecco un esempio di una funzione semplice:

```
>>> def funzprova(mionome):
        print('ciao %s' % mionome)
```

Il nome di questa funzione è `funzprova`. Ha un unico parametro, `mionome`, e il suo corpo è il blocco di codice che segue immediatamente la riga che inizia con `def` (abbreviazione di *define*, definisci).

Un *parametro* è una variabile che esiste solo quando viene usata una funzione.

Potete eseguire la funzione chiamandone il nome, racchiudendo poi fra parentesi il valore del parametro:

```
>>> funzprova('Maria')
ciao Maria
```

Una funzione può avere due, tre o un numero qualsiasi di parametri, non uno solamente:

```
>>> def funzprova(nome, cognome):
        print('ciao %s %s' % (nome, cognome))
```

I due valori per questi parametri devono essere separati da una virgola:

```
>>> funzprova('Maria', 'Rossi')
ciao Maria Rossi
```

Potremmo anche creare prima delle variabili e chiamare poi la funzione con quelle variabili:

```
>>> nome = 'Giorgio'
>>> cognome = 'Ruberti'
>>> funzprova(nome, cognome)
ciao Giorgio Ruberti
```

Si usa spesso una funzione per avere di ritorno un valore, attraverso un enunciato return. Per esempio, potreste scrivere una funzione che calcoli quanti soldi avete risparmiato:

```
>>> def risparmiati(paghetta, mancia, spese):
        return paghetta + mancia - spese
```

Questa funzione prende tre parametri: somma i primi due (paghetta e mancia) e sottrae l'ultimo (spese). Il risultato viene restituito e può essere assegnato a una variabile (analogamente a come abbiamo assegnato valori alle variabili in altri casi) oppure stampato:

```
>>> print(risparmiati(10, 10, 5))
15
```

VARIABILI E AMBITO

Una variabile che si trova all'interno del corpo di una funzione non può essere usata nuovamente, una volta terminata l'esecuzione della funzione, perché esiste solo al suo interno. Nel mondo della programmazione, si dice che quello è il suo ambito (*scope*, in inglese).

Vediamo una funzione che usa un paio di variabili ma non ha alcun parametro:

```
❶ >>> def test_variabile():
          prima_var = 10
          seconda_var = 20
❷         return prima_var * seconda_var
```

In questo esempio, in ❶ abbiamo creato una funzione che si chiama test_variabile, che moltiplica due variabili (prima_var e seconda_var) e restituisce il risultato in ❷.

```
>>> print(test_variabile())
200
```

Se chiamiamo questa funzione utilizzando print, otteniamo il risultato: 200. Se però tentiamo di stampare i contenuti di prima_var (o di seconda_var, poco importa) all’esterno del blocco di codice della funzione, otteniamo un messaggio di errore:

```
>>> print(prima_var)
Traceback (most recent call last):
  File "<pyshell#33>", line 1, in <module>
    print(prima_var)
NameError: name 'prima_var' is not defined
```

Se una variabile è definita all’esterno della funzione, ha un ambito diverso. Per esempio, definiamo una variabile prima di creare la funzione, poi cerchiamo di usarla dentro la funzione:

```
❶ >>> altra_var = 100
  >>> def test_variabile2():
          prima_var = 10
          seconda_var = 20
❷         return prima_var * seconda_var * altra_var
```

In questo caso, anche se le variabili `prima_var` e `seconda_var` non possono essere usate all’esterno della funzione, `altra_var` (che è stata creata esternamente alla funzione in ❶) può essere utilizzata al suo interno, in ❷.

Ecco il risultato che si ottiene chiamando questa funzione:

```
>>> print(test_variabile2())
20000
```

Ora, supponiamo che vogliate costruire una navicella spaziale con qualche materiale economico, per esempio lattine usate. Pensate di poter appiattire 2 lattine a settimana per creare le pareti curve della navicella, ma per finire la fusoliera vi serviranno 500 lattine. Possiamo scrivere facilmente una funzione che ci permetta di calcolare quanto ci vorrà per lavorare 500 lattine, se possiamo lavorare 2 lattine a settimana.

Creiamo una funzione che mostri quante lattine abbiamo appiattito in un anno (52 settimane). La nostra funzione prenderà come parametro il numero delle lattine:

```
>>> def costruzione_navicella(lattine):
        totale_lattine = 0
        for settimana in range(1, 53):
            totale_lattine = totale_lattine + lattine
            print('Settimana %s = %s lattine' % (settimana,
                  totale_lattine))
```

Nella prima riga della funzione, abbiamo creato una variabile, `totale_lattine`, e abbiamo impostato il suo valore a 0. Poi abbiamo creato un ciclo per le settimane dell'anno e sommato ogni settimana il numero delle lattine lavorate. Questo blocco di codice costituisce il contenuto della nostra funzione. In questa funzione però c'è anche un altro blocco di codice: le ultime due righe, che sono il blocco del ciclo `for`.

Proviamo a inserire questa funzione nella shell e a chiamarla con valori diversi per il numero delle lattine:

```
>>> costruzione_navicella(2)
Settimana 1 = 2 lattine
Settimana 2 = 4 lattine
Settimana 3 = 6 lattine
Settimana 4 = 8 lattine
Settimana 5 = 10 lattine
Settimana 6 = 12 lattine
Settimana 7 = 14 lattine
Settimana 8 = 16 lattine
Settimana 9 = 18 lattine
Settimana 10 = 20 lattine
(continua...)

>>> costruzione_navicella(13)
Settimana 1 = 13 lattine
Settimana 2 = 26 lattine
Settimana 3 = 39 lattine
Settimana 4 = 52 lattine
Settimana 5 = 65 lattine
(continua...)
```

Questa funzione può essere riutilizzata con valori diversi per il numero delle lattine lavorate ogni settimana, il che è un po' più efficiente che dover riscrivere il ciclo `for` ogni volta che si vuole provare la funzione con un numero diverso.

Le funzioni possono anche essere raggruppate in moduli: ed è qui che Python diventa davvero molto utile.

USARE I MODULI

I `moduli` raggruppano funzioni, variabili e altro ancora, utilizzabili per scrivere programmi più grandi e più potenti. Alcuni moduli sono già incorporati in Python; altri si possono scaricare separatamente.

Vedrete bene l'utilità dei moduli (come `tkinter`, incorporato, e `PyGame`, che invece non lo è) quando scriverete dei giochi, o per la manipolazione delle immagini (per esempio `PIL`, Python Imaging Library) o per creare grafica tridimensionale (per esempio `Panda3D`).

Si possono usare moduli per moltissime cose utili. Per esempio, se progettaate un gioco di simulazione, e desiderate che il mondo del gioco cambi realisticamente, potreste calcolare la data e l'ora correnti utilizzando un modulo incorporato che si chiama `time`:

```
>>> import time
```

In questo caso si usa il comando `import` per dire a Python che si vuole usare il modulo `time`. Poi, si possono chiamare le funzioni presenti in questo modulo, utilizzando il simbolo del punto. (Ricordate che abbiamo usato funzioni di questo genere per lavorare con il modulo `turtle` nel Capitolo 4, per esempio `t.forward(50)`.) Per esempio, ecco come potremmo chiamare la funzione `asctime` con il modulo `time`:

```
>>> print(time.asctime())
'Tue May 24 11:17:39 2016'
```

La funzione `asctime` fa parte del modulo `time` e restituisce la data e l'ora correnti, sotto forma di stringa (in inglese: *Tue* sta per *Tuesday*, martedì, *May* è maggio, in questo esempio).

Ora supponiamo che vogliate chiedere a qualcuno che usa il vostro programma di inserire un valore, magari la data di nascita o l'età. Potete farlo utilizzando un enunciato `print` per visualizzare un messaggio, e il modulo `sys` (abbreviazione di *system*, sistema), che contiene funzioni di servizio per interagire con il sistema Python stesso. Prima di tutto, importiamo il modulo `sys`:

```
>>> import sys
```

All'interno del modulo `sys` si trova un *oggetto* speciale chiamato `stdin` (sta per *standard input*), che mette a disposizione una funzione molto utile, `readline`. Questa funzione viene utilizzata per leggere (*read*) una riga di testo scritta alla tastiera fino alla pressione del tasto INVIO. (Vedremo come funzionano gli oggetti nel Capitolo 8.) Per provare `readline`, inserite questo codice nella shell:

```
>>> import sys
>>> print(sys.stdin.readline())
```

Se poi scrivete qualche parola e premete INVIO, quelle parole verranno stampate nella shell.

Ripensate al codice che abbiamo scritto nel Capitolo 5, utilizzando un enunciato `if`.

Anziché creare la variabile `età` e attribuirle un valore specifico prima dell'enunciato `if`, ora possiamo chiedere a qualcuno di inserire quel valore. Prima, però, trasformiamo quel codice in una funzione:

```
>>> def battuta_stupida(età):
        if età >= 10 and età <= 13:
            print('Cosa fa 13 + 49 + 84 + 155 + 98? Emicrania!')
        else:
            print('Cosa?')
```

Ora potete chiamare la funzione scrivendo il suo nome e poi dicendole che numero usare inserendo quel numero fra parentesi. Funziona?

```
>>> battuta_stupida(9)
Cosa?
>>> battuta_stupida(10)
Cosa fa 13 + 49 + 84 + 155 + 98? Emicrania!
```

Funziona! Ora facciamo in modo che la funzione chieda l'età della persona. (Potete modificare o aggiungere qualcosa a una funzione tutte le volte che volete.)

```
>>> def battuta_stupida():
        print('Quanti anni hai?')
❶       età = int(sys.stdin.readline())
❷       if età >= 10 and età <= 13:
            print('Cosa fa 13 + 49 + 84 + 155 + 98? Emicrania!')
        else:
            print('Cosa?')
```

Avete riconosciuto la funzione `int` nella riga ❶, che converte una stringa in un numero? L'abbiamo usata perché `readline()` restituisce tutto quello che viene scritto alla tastiera sotto forma di stringa, mentre noi vogliamo un numero, per poterlo confrontare con i numeri 10 e 13 nella riga ❷. Per provare, chiamate la funzione senza parametri, poi scrivete un numero quando appare la richiesta `Quanti anni hai?`:

```
>>> battuta_stupida()
Quanti anni hai?
10
Cosa fa 13 + 49 + 84 + 155 + 98? Emicrania!
>>> battuta_stupida()
Quanti anni hai?
15
Cosa?
```

CHE COSA AVETE IMPARATO

In questo capitolo, avete visto come creare pezzi di codice riusabile in Python con le funzioni e come usare le funzioni messe a disposizione dai moduli. Avete imparato che l'ambito delle variabili controlla se possono essere viste all'interno o all'esterno delle funzioni, e come creare funzioni con la parola chiave `def`. Avete anche scoperto come importare moduli, per poterne utilizzare i contenuti.

ROMPICAPO DI PROGRAMMAZIONE

Provate gli esempi seguenti, per sperimentare come si creano funzioni. Le risposte si possono trovare all'indirizzo *http://python-for-kids.com*.

1. FUNZIONE PER IL PESO SULLA LUNA

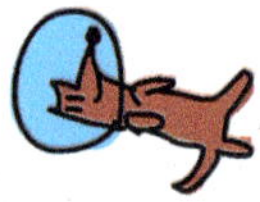

Nel Capitolo 6, uno dei rompicapo era come creare un ciclo `for` per determinare il vostro peso sulla Luna nell'arco di 15 anni. Quel ciclo `for` può essere trasformato facilmente in una funzione. Provate a creare una funzione che prenda un peso iniziale e lo aumenti ogni anno. Potete chiamare la nuova funzione per esempio in questo modo:

```
>>> peso_lunare(30, 0.25)
```

2. FUNZIONE PER IL PESO SULLA LUNA E GLI ANNI

Prendete la funzione appena creata e modificata in modo che permetta di stabilire il peso per periodi diversi, per esempio 5 o 20 anni. Fate attenzione a modificare la funzione in modo che prenda tre argomenti: il peso iniziale, il peso di cui si aumenta ogni anno e il numero degli anni:

```
>>> peso_lunare(90, 0.25, 5)
```

3. PROGRAMMA PER IL PESO SULLA LUNA

Anziché una semplice funzione, a cui passare i valori come parametri, potete creare un piccolo programma che richieda i valori all'utente mediante `sys.stdin.readline()`. In questo caso, chiamerete la funzione senza alcun parametro:

```
>>> peso_lunare()
```

La funzione presenterà un messaggio in cui vi chiede il peso di partenza, un secondo messaggio che vi chiede di quanto aumenta il peso ogni anno, infine un messaggio che vi chiede il numero degli anni. Dovreste poter vedere qualcosa di questo tipo:

```
Per favore inserisci il tuo peso terrestre attuale
45
Per favore inserisci di quanto eumenterà il tuo peso ogni anno
0.4
Per favore inserisci il numero degli anni
12
```

Ricordate di importare il modulo sys prima di creare la vostra funzione:

```
>>> import sys
```

8
COME SI USANO CLASSI E OGGETTI

Perché una giraffa è come un marciapiedi?

Perché entrambi sono *cose*, quelli che in italiano si definiscono *nomi* e in Python *oggetti*.

L'idea di *oggetto* è importante nel mondo informatico. Gli oggetti sono un modo per organizzare il codice in un programma e suddividere le cose, in modo da semplificare il ragionamento su idee complesse. (Abbiamo già usato un oggetto nel Capitolo 4, quando abbiamo lavorato con la tartaruga: era `Pen`.)

Per capire esattamente come funzionano gli oggetti in Python, dobbiamo pensare ai tipi di oggetti. Cominciamo con le giraffe e i marciapiedi.

Una giraffa è un tipo di mammifero, che è un tipo di animale. Una giraffa è anche una cosa animata (è viva).

Ora prendiamo un marciapiede. Non c'è molto da dire, se non che non è una cosa vivente. Chiamiamolo una cosa inanimata (cioè non è vivo). I termini *mammifero*, *animale*, *animata* e *inanimata* sono tutti termini per classificare le cose.

SUDDIVIDERE LE COSE IN CLASSI

In Python, gli oggetti sono definiti da *classi*, che possiamo pensare come un modo per classificare gli oggetti in gruppi. Ecco un diagramma ad albero delle classi a cui apparterrebbero giraffe e marciapiedi, in base alle nostre definizioni precedenti:

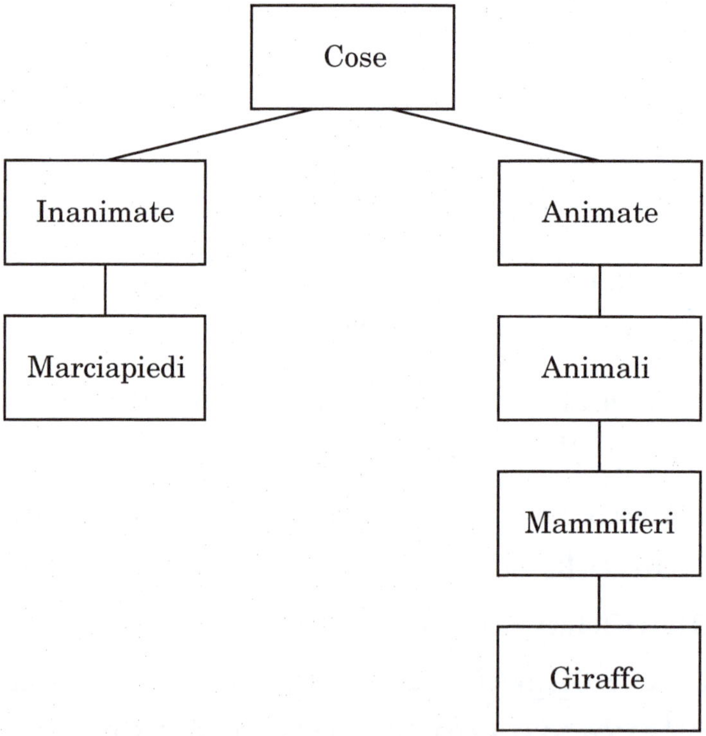

La classe principale è `Cose`. Sotto la classe `Cose` abbiamo `Inanimate` e `Animate`. Queste sono a loro volta articolate in `Marciapiedi` per `Inanimate`, `Animali`, `Mammiferi` e `Giraffe` per `Animate`.

Possiamo usare le classi per organizzare pezzi di codice di Python. Per esempio, prendiamo il modulo `turtle`. Tutte le cose che può fare questo modulo (per esempio andare avanti, indietro, girare a sinistra, a destra) sono funzioni contenute nella classe `Pen`. Si più pensare un oggetto come membro di una classe, e si può creare qualsiasi numero di oggetti per una classe – come faremo fra breve.

Ora creiamo lo stesso insieme di classi rappresentato nel diagramma ad albero, partendo dalla cima. Le classi si definiscono usando la parola chiave `class` seguita da un nome. Poiché `Cose` è la classe più ampia, partiamo da questa:

```
>>> class Cose:
        pass
```

Chiamiamo `Cose` questa classe, poi usiamo l'enunciato `pass` per far sapere a Python che non gli forniremo ulteriori informazioni: si usa `pass` quando si vuol creare una classe o una funzione, ma non si vogliono specificare per il momento i suoi dettagli.

Poi, aggiungeremo le altre classi e costruire alcune relazioni fra di esse.

FIGLI E GENITORI

Se una classe è contenuta in un'altra classe, si dice che è *figlia* di quella classe (che sarà la sua *genitrice*). Una classe può essere figlia di qualche classe e genitrice di altre. Nel nostro diagramma, la classe che sta sopra una certa classe è la sua genitrice. Per esempio, `Inanimate` e `Animate` sono entrambe figlie della classe `Cose`, che quindi è la loro genitrice.

Per dire a Python che una classe è figlia di un'altra, aggiungiamo il nome della classe genitrice fra parentesi dopo il nome della nuova classe, in questo modo:

```
>>> class Inanimate(Cose):
        pass
>>> class Animate(Cose):
        pass
```

Abbiamo creato una classe, chiamata `Inanimate`, e abbiamo detto a Python che la sua genitrice è `Cose`, mediante il codice `class Inanimate(Cose)`. Poi abbiamo creato una classe chiamata `Animate` e abbiamo detto che anche in questo caso la genitrice è `Cose`, mediante il codice `class Animate(Cose)`. Proviamo a fare la stessa cosa con la classe `Marciapiede`, figlia di `Inanimate`:

```
>>> class Marciapiede(Inanimate):
        pass
```

Possiamo poi analogamente organizzare le classi `Animali`, `Mammiferi` e `Giraffe`, utilizzando le relative classi genitrici:

```
>>> class Animali(animate):
        pass
>>> class Mammiferi(Animali):
        pass
>>> class Giraffe(Mammiferi):
        pass
```

AGGIUNGERE OGGETTI ALLE CLASSI

Ora che abbiamo una serie di classi, che ne dite di inserire un po' di cose dentro quelle classi? Supponiamo di avere una giraffa che si chiama Reginald. Sappiamo che appartiene alla classe `Giraffe`, ma che cosa possiamo usare, in termini di programmazione, per descrivere quella giraffa che si chiama Reginald? Diciamo che Reginald è un oggetto della classe `Giraffe` (si dice anche a volte che è una istanza della classe).
Per "presentare" Reginald a Python, usiamo questa forma:

```
>>> reginald = Giraffe()
```

Questa riga di codice dice a Python di creare un oggetto nella classe `Giraffe` e di assegnarlo alla variabile `reginald`. Come nel caso di una funzione, il nome della classe è seguito dalle due parentesi. Nel seguito del capitolo vedremo come creare oggetti utilizzando dei parametri fra le parentesi.

Che cosa fa l'oggetto `reginald`? Beh, niente, per il momento. Per rendere utili i nostri oggetti, quando creiamo le nostre classi, dobbiamo definire anche delle funzioni che possano essere usate con gli oggetti di quella classe. Anziché usare la parola chiave `pass` subito dopo la definizione della classe, possiamo aggiungere definizioni di funzioni.

DEFINIRE FUNZIONI DI CLASSI

Nel Capitolo 7 abbiamo presentato le funzioni come un modo per riusare codice. Una funzione associata a una classe si definisce come qualsiasi altra funzione, solo che si scrive rientrata sotto la definizione della classe. Per esempio, ecco una funzione normale che non è associata a una classe:

```
>>> def una_funzione_normale():
        print('Io sono una funzione normale')
```

Ecco un paio di funzioni che appartengono a una classe:

```
>>> class ClasseBanale:
        def una_funzione_di_classe():
            print('Io sono una funzione di classe')
        def altra_funzione_di_classe():
            print("Anch'io sono una funzione di classe, vedi?")
```

CARATTERISTICHE COME FUNZIONI

Considerate le classi figlie della classe `Animate` definita a p. 95. Possiamo aggiungere *caratteristiche* a una classe per dire che cos'è e che cosa può fare. Una caratteristica è un tratto comune a tutti i membri della classe (e di tutte le classi figlie).

Per esempio, che cos'hanno in comune tutti gli animali? Tanto per cominciare, tutti respirano. Poi, tutti si muovono e mangiano. E i mammiferi? I mammiferi allattano i piccoli. E respirano, si muovono e mangiano. Sappiamo che le giraffe mangiano le foglie degli alberi e, come tutti i mammiferi, allattano, respirano, si muovono e mangiano. Aggiungiamo al nostro diagramma queste caratteristiche:

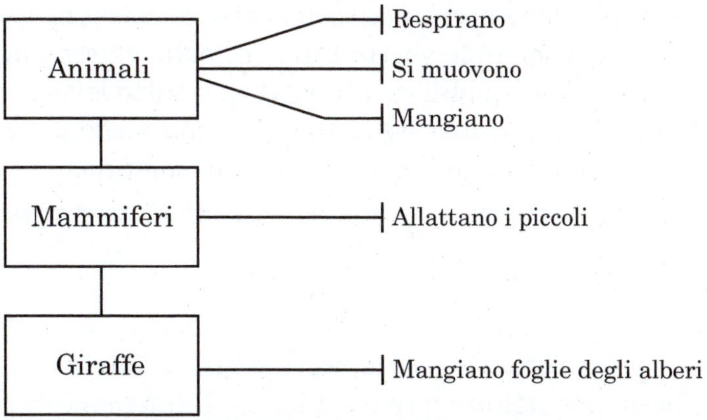

Queste caratteristiche possono essere considerate azioni, o *funzioni* – cose che un oggetto di quella classe può fare.

Per aggiungere una funzione a una classe, si usa la parola chiave `def`. La classe `Animali` si potrebbe definire quindi così:

```
>>> class Animali(Animate):
        def respira(self):
            pass
        def si_muove(self):
            pass
        def mangia(self):
            pass
```

Nella prima riga, definiamo la classe come in precedenza ma, invece di usare la parola chiave `pass` sulla riga successiva, definiamo una funzione `respira` e le assegniamo un parametro: `self` (letteralmente significa "sé"). Il parametro `self` è un modo per consentire a una funzione della classe di chiamare un'altra funzione nella stessa classe (e nella classe genitrice). Vedremo più avanti come viene usato questo parametro.

Sulla riga successiva, `pass` dice a Python che per il momento non gli forniremo altre informazioni sulla funzione `respira`, perché per ora non dovrà fare nulla. Poi aggiungiamo le funzioni `si_muove` e `mangia`, e anche queste per ora non fanno nulla. Ricreeremo le classi fra breve e inseriremo codice utile nelle funzioni. Questo è un modo molto diffuso di sviluppare i programmi: spesso i programmatori creano classi con funzioni che non fanno nulla, per stabilire che cosa le classi debbano fare, prima di entrare nei dettagli delle singole funzioni.

Possiamo aggiungere funzioni anche alle altre due classi, `Mammiferi` e `Giraffe`. Ciascuna classe sarà in grado di usare le caratteristiche (cioè le funzioni) della genitrice. Questo significa che non è necessario creare classi molto complicate: potete inserire le vostre funzioni nella classe più generale per cui vale quella caratteristica, e tutte le sue figlie la potranno usare. (Questo è un buon modo per rendere le classi più semplici e più facili da comprendere.)

```
>>> class Mammiferi(Animali):
        def allatta(self):
            pass
>>> class Giraffe(Mammiferi):
        def mangia_foglie_degli_alberi(self):
            pass
```

PERCHÉ USARE CLASSI E OGGETTI?

Abbiamo aggiunto funzioni alle nostre classi, ma perché usare classi e oggetti, quando si potrebbero semplicemente scrivere funzioni normali chiamate `respira`, `si_muove`, `mangia` e così via?

Per rispondere, useremo la nostra giraffa Reginald, creata come oggetto della classe `Giraffe`, in questo modo:

```
>>> reginald = Giraffe()
```

Poiché `reginald` è un oggetto possiamo chiamare (eseguire) le funzioni fornite dalla sua classe (`Giraffe`) e dalle antenate di questa. Si chiamano le funzioni su un oggetto usando l'operatore punto e il nome della funzione. Per dire a Reginald di muoversi o mangiare, possiamo chiamare le funzioni così:

```
>>> reginald = Giraffe()
>>> reginald.si_muove()
>>> reginald.mangia_foglie_degli_alberi()
```

Supponiamo che Reginald abbia un amico (sempre una giraffa) che si chiama Harold. Creiamo un altro oggetto della classe `Giraffe` con il nome `harold`:

```
>>> harold = Giraffe()
```

Poiché usiamo oggetti e classi, possiamo dire a Python esattamente di quale giraffa stiamo parlando quando vogliamo eseguire la funzione `si_muove`. Per esempio, se volessimo far muovere Harold, ma lasciare fermo Reginald, potremmo chiamare `si_muove` utilizzando l'oggetto `harold`, così:

```
>>> harold.si_muove()
```

In questo caso, si muoverà solo Harold.

Modifichiamo un po' le classi per renderlo più evidente. Aggiungiamo alle funzioni un enunciato `print`, invece di `pass`:

```
>>> class Animali(Animate):
        def respira(self):
            print('respira')
        def si_muove(self):
            print('si muove')
        def mangia(self):
            print('mangia')
```

```
>>> class Mammiferi(Animali):
        def allatta(self):
            print('allatta')
>>> class Giraffe(Mammiferi):
        def mangia_foglie_degli_alberi(self):
            print('mangia foglie degli alberi')
```

Ora, quando creiamo reginald e harold e chiamiamo delle funzioni su di essi, vediamo succedere qualcosa di concreto:

```
>>> reginald = Giraffe()
>>> harold = Giraffe()
>>> reginald.si_muove()
si muove
>>> harold.mangia_foglie_degli_alberi()
mangia foglie degli alberi
```

Nelle prime due righe, abbiamo creato le variabili reginald e harold, che sono oggetti della classe Giraffe. Poi, abbiamo chiamato la funzione si_muove per reginald, e Python ha stampato si muove sulla riga successiva. Analogamente, abbiamo chiamato la funzione mangia_foglie_degli_alberi per harold e Python ha stampato mangia foglie degli alberi. Se si trattasse di giraffe vere, anziché di oggetti in un computer, una giraffa starebbe camminando, l'altra starebbe mangiando.

OGGETTI E CLASSI NELLE IMMAGINI

E se usassimo un approccio più grafico a oggetti e classi? Torniamo al modulo turtle con cui abbiamo giocato nel Capitolo 4. Quando usiamo turtle.Pen(), Python crea un oggetto della classe Pen che è fornito dal modulo turtle (assomiglia un po' ai nostri oggetti reginald e harold della sezione precedente). Possiamo creare due oggetti tartaruga (Avery e Kate), esattamente come abbiamo creato due giraffe:

```
>>> import turtle
>>> avery = turtle.Pen()
>>> kate = turtle.Pen()
```

Ciascun oggetto tartaruga (avery e kate) è membro della classe Pen.

Qui gli oggetti cominciano a dimostrare la loro potenza. Avendo creato i nostri oggetti tartaruga, possiamo chiamare le funzioni per ciascuno di essi, e disegneranno in modo indipendente l'uno dall'altro. Provate con queste istruzioni:

```
>>> avery.forward(50)
>>> avery.right(90)
>>> avery.forward(20)
```

Con questa serie di istruzioni, diciamo ad Avery di procedere in avanti per 50 pixel, poi di girare a destra di 90 gradi e di procedere in avanti per 20 pixel, in modo che si arresti con la punta verso il basso. Ricordate che le tartarughe inizialmente sono sempre orientate verso destra.

Ora è il momento di spostare Kate.

Così diciamo a Kate di ruotare verso sinistra di 90 gradi, poi di andare avanti per 100 pixel: così si fermerà con la punta rivolta verso l'alto.

Fin qui, abbiamo ottenuto una linea con le frecce che si muovevano in direzioni diverse, dove ciascuna freccia rappresenta un diverso oggetto tartaruga: Avery che punta verso il basso, Kate che punta verso l'alto.

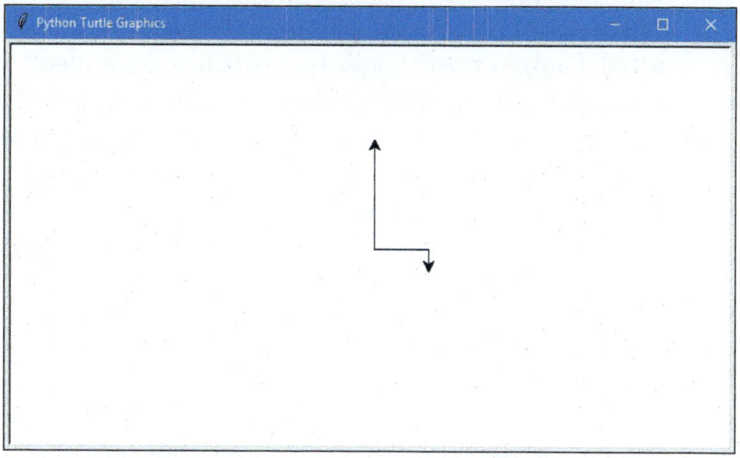

Ora aggiungiamo una terza tartaruga, Jacob, e spostiamola, senza andare a intralciare Kate o Avery.

```
>>> jacob = turtle.Pen()
>>> jacob.left(180)
>>> jacob.forward(80)
```

Abbiamo creato un nuovo oggetto `Pen` che si chiama `jacob`, poi lo abbiamo fatto ruotare di 180 gradi e spostare in avanti di 80 pixel. Il nostro disegno ora avrà questo aspetto, con tre tartarughe:

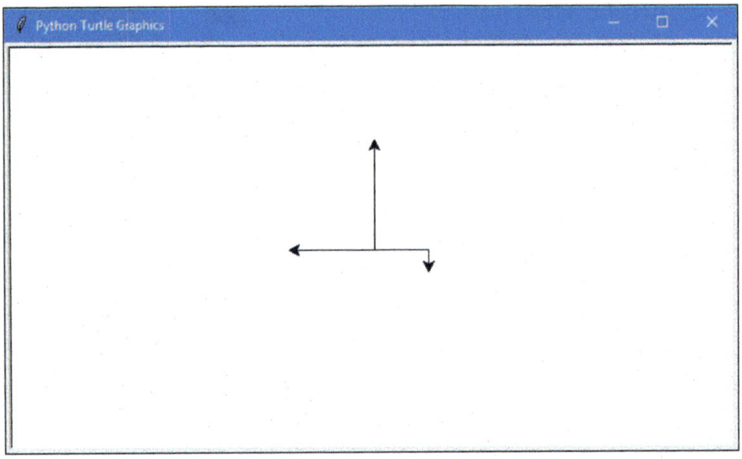

Ricordate che, ogni volta che si chiama `turtle.Pen()` per creare una tartaruga, si aggiunge un nuovo oggetto, indipendente dagli altri. Ciascun oggetto è ancora un'istanza della classe `Pen`, e si possono usare le stesse funzioni su ciascun oggetto, ma, poiché si stanno usando degli oggetti, ciascuna tartaruga si può spostare indipendentemente dalle altre. Come i nostri oggetti giraffa indipendenti (Reginald e Harold), Avery, Kate e Jacob sono tre oggetti tartaruga indipendenti. Se creiamo un nuovo oggetto con lo stesso nome di variabile di un oggetto già creato, il vecchio non necessariamente scomparirà. Provateci: create un'altra tartaruga Kate e provate a spostarla sullo schermo.

ALTRE CARATTERISTICHE UTILI DI OGGETTI E CLASSI

Classi e oggetti facilitano il raggruppamento di funzioni; sono anche estremamente utili quando si vuole ragionare su un programma per parti più piccole.

Per esempio, pensate a un'applicazione davvero molto grande, come un elaboratore di testi o un gioco in 3D. Per la maggior parte delle persone è quasi impossibile capire programmi di dimensioni simili nel loro complesso, perché sono costituiti da così tanto codice. Ma suddividete questi programmi mostruosi in parti più piccole, e ciascun pezzo comincerà ad avere un senso – purché conosciate il linguaggio, ovviamente!

Quando si scrive un programma di grandi dimensioni, suddividerlo in parti consente anche di dividere il lavoro fra più programmatori. I programmi più complicati che utilizzate (come il vostro browser web) sono stati scritti da molte persone, da squadre di persone che lavoravano contemporaneamente su parti diverse, magari in luoghi diversi in giro per il mondo.

Ora immaginate di voler espandere qualcuna delle classi create in questo capitolo (`Animali`, `Mammiferi` e `Giraffe`): avete troppo lavoro da fare, e volete che i vostri amici vi diano una mano. Potreste dividere il lavoro di scrittura del codice in modo che una persona lavori sulla classe `Animali`, un'altra sulla classe `Mammiferi` e un'altra ancora sulla classe `Giraffe`.

FUNZIONI EREDITATE

Se avete fatto attenzione, vi sarete resi conto che chiunque finisca per lavorare sulla classe `Giraffe` è fortunato, perché quella classe potrà utilizzare anche tutte le funzioni create da chi lavora sulle classi `Animali` e `Mammiferi`. Si dice che la classe `Giraffe` *eredita* le funzioni dalla classe `Mammiferi` che, a sua volta, eredita dalla classe `Animali`. In altre parole, quando creiamo un oggetto giraffa, possiamo usare funzioni definite nella classe `Giraffe`, ma anche quelle definite nelle classi `Mammiferi` e `Animali`.

Analogamente, se creiamo un oggetto mammifero, possiamo usare le funzioni definite nella classe `Mammiferi` e tutte quelle della classe genitrice `Animali`.

Date un'occhiata di nuovo alla relazione fra le classi `Animali`, `Mammiferi` e `Giraffe`. La classe `Animali` è la genitrice di `Mammiferi`, e questa è la genitrice di `Giraffe`.

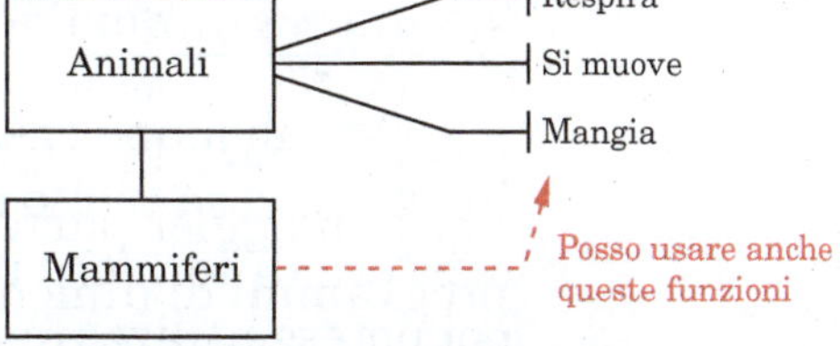

Anche se Reginald è un oggetto della classe `Giraffe`, possiamo comunque chiamare la funzione `si_muove` definita nella classe `Animali`, perché tutte le funzioni definite in una classe genitrice sono disponibili alle sue classi figlie:

```
>>> reginald = Giraffe()
>>> reginald.si_muove()
si muove
```

In effetti, tutte le funzioni definite nelle classi `Animali` e `Mammiferi` possono essere chiamate dal nostro oggetto `reginald`, perché vengono ereditate:

```
>>> reginald = Giraffe()
>>> reginald.respira()
respira
>>> reginald.mangia()
mangia
>>> reginald.allatta()
allatta
```

FUNZIONI CHE CHIAMANO ALTRE FUNZIONI

Quando chiamiamo funzioni su un oggetto, usiamo il nome di variabile di quell'oggetto. Per esempio, ecco come chiamiamo la funzione `si_muove` sull'oggetto giraffa Reginald:

```
>>> reginald.si_muove()
```

Perché una funzione della classe `Giraffe` chiami la funzione `si_muove`, bisogna usare invece il parametro `self`. Questo parametro è un modo per far sì che una funzione della classe chiami un'altra funzione. Per esempio, aggiungiamo alla classe `Giraffe` una nuova funzione, `cerca_cibo`:

```
>>> class Giraffe(Mammiferi):
        def cerca_cibo(self):
                self.si_muove()
                print('Ho trovato del cibo!')
                self.mangia
```

Ora abbiamo creato una funzione che combina altre due funzioni, cosa molto comune nella programmazione. Spesso, vi capiterà di scrivere una funzione che fa qualcosa di utile, che poi potete utilizzare all'interno di un'altra funzione.

(Lo faremo anche noi nel Capitolo 13, dove scriveremo funzioni più complesse per creare un gioco.)

Usiamo `self` per aggiungere qualche altra funzione alla classe `Giraffe`:

```
>>> class Giraffe(Mammiferi):
        def cerca_cibo(self):
                self.si_muove()
                print('Ho trovato del cibo!')
        def mangia_foglie_degli_alberi(self):
                self.mangia()
        def balla(self):
                self_si_muove()
                self_si_muove()
                self_si_muove()
                self_si_muove()
```

Usiamo le funzioni `mangia` e `si_muove` della classe genitrice `Animali` (funzioni ereditate) per definire le funzioni `mangia_foglie_degli_alberi` e `balla`, per la classe `Giraffe`. Aggiungendo funzioni che chiamano altre funzioni in questo modo, quando si creano oggetti di quelle classi, si può chiamare una singola funzione che faccia più di una cosa. Potete vedere qui sotto che cosa succede quando si chiama la funzione `balla`: la nostra giraffa si muove quattro volte (cioè, il testo "si muove" viene stampato quattro volte):

```
>>> reginald = Giraffe()
>>> reginald.balla()
si muove
si muove
si muove
si muove
```

INIZIALIZZARE UN OGGETTO

A volte, quando si crea un oggetto, si vogliono impostare anche dei valori (detti anche *proprietà*) che si utilizzeranno in futuro. Quando si *inizializza* un oggetto, lo si prepara all'uso.

Per esempio, supponiamo di voler indicare quante macchie ci sono sui nostri oggetti giraffa quando vengono creati – cioè quando vengono inizializzati. Per farlo, creiamo una funzione `__init__` (notate che ci sono due caratteri di sottolineatura da ciascuna parte, per un totale di quattro). Questo è un tipo speciale di funzione nelle classi Python e deve avere questo nome. La funzione `init` costituisce un modo per fissare le proprietà di un oggetto quando questo viene creato, e Python chiamerà automaticamente questa funzione quando si crea un nuovo oggetto. Ecco come si usa:

```
>>> class Giraffe:
        def __init__(self, macchie):
            self.macchie_giraffa = macchie
```

Qui come prima cosa abbiamo definito la funzione `init` con due parametri, `self` e `macchie`, con il codice `def __init__(self, macchie):`. Come le altre funzioni che abbiamo definito nella classe, anche la funzione `init` deve avere `self` come primo parametro. Poi abbiamo impostato il parametro `macchie` a una variabile di oggetto (la sua proprietà) chiamata `macchie_giraffa`, utilizzando il parametro `self`, con il codice `self.macchie_giraffa = macchie`. Potete immaginare che questa riga di codice dica "Prendi il valore del parametro `macchie` e salvalo per più tardi (utilizzando la variabile di oggetto `macchie_giraffa`)". Come una funzione in una classe può chiamare un'altra funzione utilizzando il parametro `self`, anche alle variabili della classe si può accedere con `self`.

Poi, se creiamo un paio di nuovi oggetti giraffa (Ozwald e Gertrude) e stampiamo il numero delle loro macchie, possiamo vedere la funzione di inizializzazione all'opera:

```
>>> ozwald = Giraffe(100)
>>> gertrude = Giraffe(150)
>>> print(ozwald.macchie_giraffa)
100
>>> print(gertrude.macchie_giraffa)
150
```

Come prima cosa, abbiamo creato un'istanza della classe `Giraffe`, utilizzando il valore di parametro `100`. Questo fa sì che venga chiamata la funzione `__init__` con il valore 100 per il parametro `macchie`. Poi abbiamo creato un'altra istanza della classe `Giraffe`, questa volta con il valore `150`. Infine, abbiamo stampato la variabile oggetto `macchie_giraffa` per ciascuno dei nostri oggetti giraffa, e possiamo vedere che i risultati sono 100 e 150. Ha funzionato!

Ricordate, quando si crea un oggetto di una classe, come ozwald qui sopra, si può far riferimento alle sue variabili o alle sue funzioni utilizzando l'operatore punto e il nome della variabile o della funzione che si vuole usare (per esempio, `ozwald.macchie_giraffa`). Quando invece si creano funzioni all'interno di una classe, si fa riferimento a quelle stesse variabili (e ad altre funzioni) utilizzando il parametro `self` (`self.macchie_giraffa`).

CHE COSA AVETE IMPARATO

In questo capitolo, abbiamo usato le classi per creare categorie di cose e abbiamo creato oggetti (istanze) di quelle classi. Avete visto come una classe figlia erediti le funzioni della sua genitrice e che, anche se due oggetti appartengono alla stessa classe, non sono necessariamente dei cloni. Per esempio, un oggetto giraffa può avere il suo numero di macchie. Avete imparato come chiamare (eseguire) funzioni su un oggetto e come le variabili oggetto siano un modo per salvare dei valori in quegli oggetti. Infine, abbiamo usato il parametro `self` nelle funzioni per far riferimento ad altre funzioni e variabili. Questi sono concetti fondamentali di Python, e li incontrerete ancora molte volte continuando a leggere questo libro.

ROMPICAPO DI PROGRAMMAZIONE

Alcune delle idee viste in questo capitolo acquisteranno maggiore significato quanto più le userete. Provate a svolgere gli esempi seguenti, poi cercate le risposte all'indirizzo *http://python-for-kids.com/*.

1. LA DANZA DELLA GIRAFFA

Aggiungete alla classe `Giraffe` delle funzioni per far spostare avanti e indietro lo zoccolo sinistro e destro della giraffa. Per esempio, una funzione per far spostare avanti la zampa sinistra potrebbe essere scritta in questo modo:

```
>>> def zampa_sinistra_avanti(self):
        print('zampa sinistra avanti')
```

Poi create una funzione danza per insegnare a Reginald come si balla (la funzione chiamerà le quattro funzioni appena create per le zampe). Il risultato della chiamata di questa nuova funzione sarà una danza molto semplice:

```
>>> reginald = Giraffe()
>>> reginald.danza
zampa sinistra avanti
zampa sinistra indietro
zampa destra avanti
zampa destra indietro
zampa sinistra indietro
zampa destra indietro
zampa destra avanti
zampa sinistra avanti
```

2. FORCONE PER TARTARUGHE

Create questo disegno di un forcone utilizzando quattro oggetti tartaruga Pen (la lunghezza esatta dei singoli segmenti non è importante). Ricordate, come prima cosa, di importare il modulo turtle!

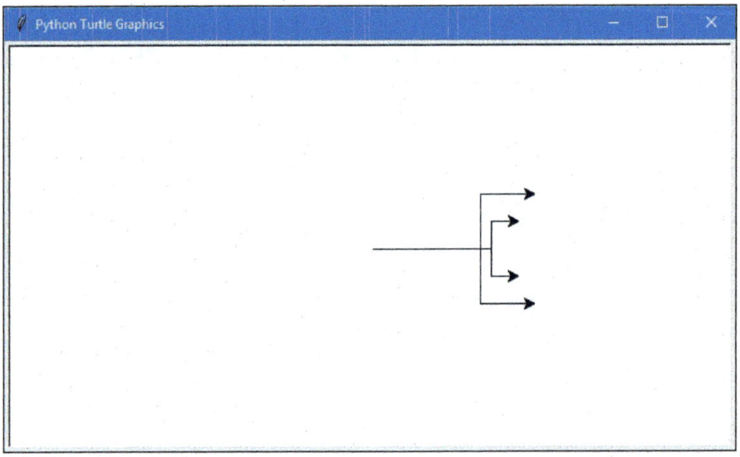

9 LE FUNZIONI INTERNE DI PYTHON

Python mette a disposizione una cassetta degli attrezzi per la programmazione ben fornita, in cui si trovano, fra le altre cose, molte funzioni e molti moduli già pronti all'uso. Come un martello fidato o una chiave inglese, questi strumenti incorporati (pezzi di codice, in realtà) possono rendere molto più facile scrivere programmi.

Come abbiamo visto nel Capitolo 7, i moduli devono essere importati, per poter essere utilizzati, mentre non c'è bisogno di importare le funzioni *interne*; sono disponibili appena la shell di Python si avvia.

In questo capitolo, esamineremo alcune delle funzioni interne più utili, poi ci concentreremo su una in particolare: la funzione open, che consente di aprire file per poterne leggere i contenuti e per poter scrivere al loro interno.

COME SI USANO LE FUNZIONI INTERNE

Considereremo qui dodici funzioni interne, usate spesso dai programmatori Python. Vedremo che cosa fanno e come si usano, e faremo qualche esempio di come possono aiutare nella scrittura di programmi.

LA FUNZIONE ABS

La funzione abs restituisce il *valore assoluto* di un numero, che è il valore di quel numero senza segno. Per esempio, il valore assoluto di 10 è 10, il valore assoluto di -10 è 10.

Per usare la funzione abs, basta chiamarla con un numero o una variabile come parametro:

```
>>> print(abs(10))
10
>>> print(abs(-10))
10
```

Potete usare la funzione abs per esempio per calcolare la quantità assoluta di movimento di un personaggio in un gioco, indipendentemente dalla direzione in cui si è spostato. Per esempio, supponiamo che il personaggio faccia tre passi a destra (3 positivo) e poi dieci passi a sinistra (10 negativo, ovvero -10). Se non ci interessa la direzione (positiva o negativa), il valore assoluto di questi numeri sarebbe 3 e 10, Potreste usare questi valori in un gioco da tavolo in cui lanciate due dadi e poi fate spostare il personaggio di un numero massimo di passi in qualsiasi direzione, sulla base del punteggio totale dei due dadi. Ora, se memorizzate quel numero di passi in una variabile, potete determinare se il personaggio si muove con il codice che segue. Vogliamo visualizzare qualche informazione quando il giocatore ha deciso di spostarsi (qui, visualizzeremo solo “Il personaggio si muove”):

```
>>> steps = -3
>>> if abs(steps) > 0:
        print('Il personaggio si muove')
```

Se non avessimo usato `abs`, l’enunciato `if` avrebbe dovuto essere di questo tipo:

```
>>> steps = -3
>>> if steps < 0 or steps > 0:
        print('Il personaggio si muove')
```

Come potete vedere, l’uso di `abs` rende l’enunciato `if` un po’ più breve e più facile da capire.

LA FUNZIONE BOOL

Il nome `bool` è abbreviazione di *booleano*, l’aggettivo che i programmatori usano per descrive un tipo di dati che può avere solo due valori, “vero” (*True*) o “falso” (*False*).

La funzione `bool` prende un unico parametro e restituisce o `True` o `False` a seconda del suo valore. Se si usa `bool` per i numeri, 0 restituisce `False`, mentre ogni altro numero restituisce `True`. Ecco qualche esempio:

```
>>> print(bool(0))
False
>>> print(bool(1))
True
>>> print(bool(1123.23))
True
>>> print(bool(-500))
True
```

Se si usa `bool` con altri valori, per esempio stringhe, restituisce `False` se la stringa non ha alcun valore (ovvero la parola chiave `None`, è una stringa vuota). In ogni altro caso restituisce `True`:

```
>>> print(bool(None))
False
>>> print(bool('a'))
True
```

```
>>> print(bool(' '))
True
>>> print(bool('Come definiresti un maiale che fa karate?'))
True
```

La funzione bool restituirà False anche per liste, tuple e mappe che non contengono alcun valore, True se invece contengono qualche valore:

```
>>> mia_lista_stupida = []
>>> print(bool(mia_lista_stupida))
False
>>> mia_lista_stupida = ['s', 't', 'u', 'p', 'i', 'd', 'a']
>>> print(bool(mia_lista_stupida))
True
```

Potete usare bool quando dovete decidere se un valore sia stato impostato o meno. Per esempio, se chiediamo a chi usa il nostro programma di inserire l'anno in cui è nato, un if potrebbe usare bool per verificare il valore inserito:

```
>>> anno = input('Anno di nascita: ')
Anno di nascita:
>>> if not bool(anno.rstrip()):
        print("Devi inserire un valore per l'anno di nascita")
Devi inserire un valore per l'anno di nascita
```

La prima riga usa input per immagazzinare nella variabile anno ciò che l'utente inserisce dalla tastiera. Premendo INVIO sulla riga successiva (senza scrivere nulla), nella variabile viene memorizzato il valore di INVIO. (Nel Capitolo 7 abbiamo usato sys.stdin.readline(), che è un altro modo per fare la stessa cosa.)

Sulla riga successiva, l'enunciato if controlla il valore booleano della variabile, dopo aver utilizzato la funzione rstrip (che elimina i caratteri spazio e INVIO alla fine della stringa). Dato che l'utente qui non ha inserito nulla, bool restituisce False. Poiché l'enunciato if usa la parola chiave not, il suo significato è "fai questo se la funzione non restituisce True", perciò il codice stampa Devi inserire un valore per l'anno di nascita sulla riga successiva.

LA FUNZIONE DIR

La funzione `dir` (abbreviazione di *directory*) restituisce informazioni su qualsiasi valore. Fondamentalmente, vi dice quali funzioni possono essere usate con quel valore, elencandole in ordine alfabetico.

Per esempio, per vedere quali funzioni siano disponibili per un valore lista, potete scrivere:

```
>>> dir(['una', 'breve', 'lista'])
['__add__', '__class__', '__contains__', '__delattr__',
'__delitem__', '__dir__', '__doc__', '__eq__', '__format__',
'__ge__', '__getattribute__', '__getitem__', '__gt__',
'__hash__', '__iadd__', '__imul__', '__init__', '__iter__',
'__le__', '__len__', '__lt__', '__mul__', '__ne__', '__new__',
'__reduce__', '__reduce_ex__', '__repr__', '__reversed__',
'__rmul__', '__setattr__', '__setitem__', '__sizeof__', '__
str__', '__subclasshook__', 'append', 'clear', 'copy', 'count',
'extend', 'index', 'insert', 'pop', 'remove', 'reverse', 'sort']
```

La funzione `dir` è utilizzabile su quasi tutto, in particolare per stringhe, numeri, funzioni, moduli, oggetti e classi. Qualche volta le informazioni che restituisce, però, possono essere poco utili. Per esempio, se chiamate `dir` per il numero 1, visualizza una serie di funzioni speciali (quelle che iniziano e terminano con gli underscore, i trattini di sottolineatura) usate da Python stesso, il che non è molto utile (di solito si può ignorare la maggior parte di queste funzioni):

```
>>> dir(1)
['__abs__', '__add__', '__and__', '__bool__', '__ceil__',
'__class__', '__delattr__', '__dir__', '__divmod__', '__doc__',
'__eq__', '__float__', '__floor__', '__floordiv__', '__for-
mat__', '__ge__', '__getattribute__', '__getnewargs__', '__gt__',
'__hash__', '__index__', '__init__', '__int__', '__invert__',
'__le__', '__lshift__', '__lt__', '__mod__', '__mul__', '__ne__',
'__neg__', '__new__', '__or__', '__pos__', '__pow__', '__radd__',
'__rand__', '__rdivmod__', '__reduce__', '__reduce_ex__',
'__repr__', '__rfloordiv__', '__rlshift__', '__rmod__',
'__rmul__', '__ror__', '__round__', '__rpow__', '__rrshift__',
'__rshift__', '__rsub__', '__rtruediv__', '__rxor__', '__
setattr__', '__sizeof__', '__str__', '__sub__',
'__subclasshook__', '__truediv__', '__trunc__', '__xor__',
'bit_length', 'conjugate', 'denominator', 'from_bytes', 'imag',
'numerator', 'real', 'to_bytes']
```

La funzione `dir` può essere utile quando si ha una variabile e si vuole capire rapidamente che cosa si può fare con quella variabile. Per esempio, eseguite `dir` con la variabile `popcorn` che contiene un valore stringa, e otterrete la lista delle funzioni messe a disposizione dalla classe `string` (tutte le stringhe appartengono alla classe `string`):

```
>>> popcorn = 'Amo il popcorn!'
>>> dir(popcorn)
['__add__', '__class__', '__contains__', '__delattr__',
'__dir__', '__doc__', '__eq__', '__format__', '__ge__',
'__getattribute__', '__getitem__', '__getnewargs__', '__gt__',
'__hash__', '__init__', '__iter__', '__le__', '__len__',
'__lt__', '__mod__', '__mul__', '__ne__', '__new__',
'__reduce__', '__reduce_ex__', '__repr__', '__rmod__',
'__rmul__', '__setattr__', '__sizeof__', '__str__',
'__subclasshook__', 'capitalize', 'casefold', 'center', 'count',
'encode', 'endswith', 'expandtabs', 'find', 'format',
'format_map', 'index', 'isalnum', 'isalpha', 'isdecimal',
'isdigit', 'isidentifier', 'islower', 'isnumeric', 'isprint-
able', 'isspace', 'istitle', 'isupper', 'join', 'ljust', 'lower',
'lstrip', 'maketrans', 'partition', 'replace', 'rfind', 'rindex',
'rjust', 'rpartition', 'rsplit', 'rstrip', 'split', 'splitlines',
'startswith', 'strip', 'swapcase', 'title', 'translate', 'upper',
'zfill']
```

A questo punto, potete usare `help` per vedere una breve descrizione di qualsiasi funzione nella lista. Ecco un esempio:

```
>>> help(popcorn.upper)
Help on built-in function upper:

upper(...) method of builtins.str instance
    S.upper() -> str
    Return a copy of S converted to uppercase.
```

Le informazioni restituite possono risultare poco chiare, perciò diamo un'occhiata più da vicino. I tre puntini (...) significano che `upper` è una funzione interna della classe `string` e, in questo caso, che non assume parametri (è il succo delle parole che seguono la parentesi con i tre puntini). La freccia (`->`) sulla riga successiva significa che la funzione restituisce una stringa (`str`). L'ultima riga dà una breve descrizione di quello che fa la funzione: restituisce una copia di `S` (la stringa) convertita in tutte maiuscole (*uppercase*).

LA FUNZIONE EVAL

La funzione eval (abbreviazione di *evalutation*, valutazione) prende come parametro una stringa, e la elabora come se fosse un'espressione Python. Per esempio, eval('print("wow")') esegue l'enunciato print("wow"). La funzione eval opera solo con espressioni semplici, come questa:

```
>>> eval('10*5')
50
```

Espressioni disposte su più righe (come gli enunciati if) in genere non verranno valutate, come in questo esempio:

```
>>> eval('''if True:
print("questo non funziona")''')
Traceback (most recent call last):
  File "<pyshell#48>", line 2, in <module>
    print("questo non funziona")''')
  File "<string>", line 1
    if True:
     ^
SyntaxError: invalid syntax
```

La funzione eval si usa spesso per convertire l'input dell'utente in espressioni Python. Per esempio, si potrebbe scrivere un semplice programma "calcolatrice" che legga espressioni matematiche e poi ne calcoli (valuti) la soluzione.

Dato che l'input dell'utente è letto come stringa, Python deve convertirlo in numeri e operatori, prima di eseguire qualsiasi calcolo. La funzione eval rende facile la conversione:

```
>>> tuo_calcolo = input('Inserisci un calcolo: ')
Inserisci un calcolo: 12*52
>>> eval(tuo_calcolo)
624
```

Nell'esempio, usiamo `input` per leggere quanto inserito dall'utente nella variabile `tuo_calcolo`. Nella riga successiva, inseriamo l'espressione `32*52`, poi usiamo `eval` per eseguire il calcolo; il risultato viene stampato sulla riga seguente.

LA FUNZIONE EXEC

La funzione `exec` è come `eval`, tranne che la si può usare per eseguire programmi più complessi. La differenza è che `eval` restituisce un valore (qualcosa che si può salvare in una variabile), mentre `exec` no. Ecco un esempio:

```
>>> programmino = '''print('panino')
print('al prosciutto')'''
>>> exec(programmino)
panino
al prosciutto
```

Nelle prime due righe, creiamo una variabile con una stringa multilinea che contiene due enunciati `print`, poi usiamo `exec` per eseguire la stringa.

Si potrebbe usare `exec` per eseguire piccoli programmi che un programma Python legge da file: programmi dentro programmi! Può essere molto utile, quando si scrivono applicazioni lunghe e complesse. Per esempio, si potrebbe creare un gioco Dueling Robots in cui due robot si spostano sullo schermo e cercano di attaccarsi a vicenda. I giocatori darebbero istruzioni ai loro robot sotto forma di miniprogrammi Python e il gioco leggerebbe le istruzioni e userebbe `exec` per eseguirle.

LA FUNZIONE FLOAT

La funzione `float` converte una stringa o un numero in un numero in virgola mobile (*floating point*), cioè un numero con posizioni decimali (che è anche un numero reale). Per esempio, il numero 10 è un *intero*, mentre 10.0, 10.1 e 10.253 (in Python si usa, come nel sistema anglosassone, il punto al posto della virgola) sono tutti numeri in virgola mobile. Si possono usare i numeri in virgola mobile (anziché gli interi)

per esempio quando si scrive un programma che comporti calcoli di somme di denaro, oppure nei programmi di grafica (giochi 3D, per esempio) per calcolare come e dove disegnare qualcosa sullo schermo.

Si può convertire una stringa in un numero in virgola mobile semplicemente chiamando float:

```
>>> float('12')
12.0
```

Si può usare anche il punto decimale nelle stringhe:

```
>>> float('123.456789')
123.456789
```

Si può usare float per convertire in numeri i valori inseriti nel programma, cosa particolarmente utile quando si deve confrontare il valore inserito dall'utente con qualche altro valore. Per esempio, per verificare se l'età di una persona è superiore a un certo numero, potremmo fare così:

```
>>> tua_età = input('Inserisci la tua età: ')
Inserisci la tua età: 20
>>> età = float(tua_età)
>>> if età > 13:
        print('Hai %s anni di troppo' % (età - 13))
Hai 7.0 anni di troppo
```

LA FUNZIONE INT

La funzione int converte una stringa o un numero qualsiasi in un intero, il che significa sostanzialmente che tutto ciò che eventualmente compariva dopo il punto decimale viene eliminato. Per esempio, ecco come convertire un numero in virgola mobile in un semplice intero:

```
>>> int(123.456)
123
```

Questo esempio converte una stringa in un intero:

```
>>> int('123')
123
```

Provate però a convertire in un intero una stringa contenente un numero in virgola mobile e otterrete un messaggio d'errore. Per esempio:

```
>>> int('123.456')
Traceback (most recent call last):
  File "<pyshell#71>", line 1, in <module>
    int('123.456')
ValueError: invalid literal for int() with base 10: '123.456'
```

Come potete vedere, il risultato è un messaggio ValueError.

LA FUNZIONE LEN

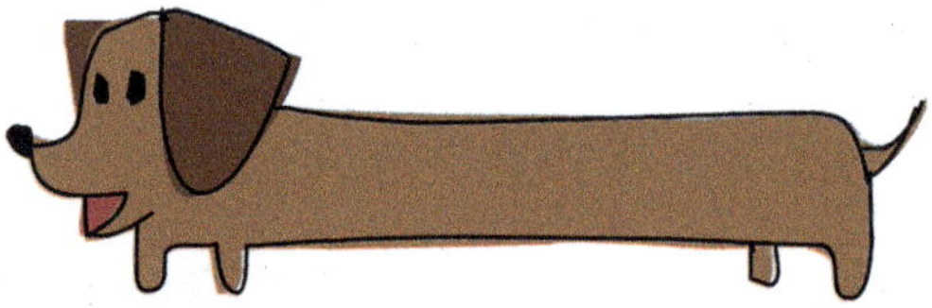

La funzione `len` restituisce la lunghezza di un oggetto o, nel caso di una stringa, il numero dei caratteri che la compongono. Per esempio, per avere la lunghezza di `questa è una stringa di prova`, si può fare così:

```
>>> len('questa è una stringa di prova')
29
```

Se usata con una lista o una tupla, `len` restituisce il numero degli elementi che la compongono:

```
>>> lista_creature = ['unicorni', 'ciclopi', 'fate', 'elfi',
'draghi', 'troll']
>>> print(len(lista_creature))
6
```

Anche quando è usata con una mappa, `len` restituisce il numero dei suoi elementi:

```
>>> mappa_nemici = {'Batman' : 'Joker',
                    'Superman' : 'Lex Luthor',
                    'Spiderman' : 'Green Goblin'}
>>> print(len(mappa_nemici))
3
```

La funzione len è particolarmente utile quando si lavora con i cicli. Per esempio, la si può usare per visualizzare l'indice della posizione degli elementi in una lista:

```
>>> frutta = ['mela', 'banana', 'mandarino', 'frutto del drago']
❶ >>> lunghezza = len(frutta)
❷ >>> for x in range(0, lunghezza):
❸         print('il frutto nella posizione %s è %s' % (x,
frutta[x]))

il frutto nella posizione 0 è mela
il frutto nella posizione 1 è banana
il frutto nella posizione 2 è mandarino
il frutto nella posizione 3 è frutto del drago
```

Qui, memorizziamo la lunghezza della lista nella variabile lunghezza in ❶, poi usiamo quella variabile nella funzione range per creare il ciclo in ❷. In ❸, mentre si procede ciclicamente lungo tutti gli elementi della lista, stampiamo un messaggio che indica la posizione e il valore dell'elemento considerato. Si potrebbe usare la funzione len anche, per esempio, se si avesse una lista di stringhe e si volesse stampare un elemento della stringa ogni due o ogni tre.

LE FUNZIONI MAX E MIN

La funzione max restituisce l'elemento più grande in una lista, una tupla o una stringa. Per esempio, eccola usata con una lista di numeri:

```
>>> numeri = [5, 4, 10, 30, 22]
>>> print(max(numeri))
30
```

La si può usare anche con una stringa separata da virgole o spazi:

```
>>> stringa = 's,t,r,i,n,g,a,S,T,R,I,N,G,A'
>>> print(max(stringa))
t
```

Come si vede in questo caso, le lettere vengono ordinate alfabeticamente, e le minuscole vengono dopo le maiuscole, perciò *t* è "più grande" di *T*.

Non è necessario comunque usare liste, tuple o stringhe. Si può usare `max` anche direttamente, e inserire gli elementi che si vogliono confrontare fra parentesi, come parametri:

```
>>> print(max(10, 300, 450, 50, 90))
450
```

La funzione `min` si comporta nello stesso modo, tranne che restituisce l'elemento più piccolo della lista, tupla o stringa. Eccola applicata alla nostra lista di numeri:

```
>>> numeri = [5, 4, 10, 30, 22]
>>> print(min(numeri))
4
```

Supponiamo di avere un gioco, con quattro giocatori, in cui ciascuno deve tirare a indovinare e indicare un numero minore del vostro. Se qualche giocatore propone un numero maggiore del vostro, tutti perdono, ma se tutti propongono numeri più bassi, vincono. Potremmo usare `max` per scoprire rapidamente se tutti i numeri che gli altri giocatori hanno proposto sono più bassi:

```
>>> indovina_il_numero = 61
>>> risposte_giocatori = [12, 15, 70, 45]
>>> if max(risposte_giocatori) > indovina_il_numero:
        print('Ahi! Avete perso tutti')
else:
        print('Avete vinto')

Ahi! Avete perso tutti
```

In questo esempio, memorizziamo il numero da indovinare usando la variabile `indovina_il_numero`. I numeri proposti dai giocatori sono memorizzati nella lista `risposte_giocatori`. L'enunciato `if` confronta la risposta più alta con il numero in `indovina_il_numero`, e se qualche giocatore ha proposto un numero più alto, viene stampato il messaggio "Ahi! Avete perso tutti".

LA FUNZIONE RANGE

La funzione range, come abbiamo già visto, viene usata soprattutto nei cicli for, per percorrere una sezione di codice uno specifico numero di volte. I primi due parametri passati a range sono chiamati *start* e *stop*. Abbiamo visto usata range con questi due parametri nell'esempio precedente, insieme alla funzione len, per effettuare un ciclo.

I numeri generati da range iniziano da quello dato come primo parametro e finiscono con quello passato come secondo parametro. Per esempio, ecco che cosa succede se stampiamo i numeri creati da range fra 0 e 5:

```
>>> for x in range(0, 5):
        print(x)

0
1
2
3
4
```

La funzione range in realtà restituisce un oggetto speciale, chiamato *iteratore*, che ripete un'azione per un certo numero di volte. In questo caso, restituisce il numero successivo, ogni volta che viene chiamata.

Si può convertire l'iteratore in una lista (mediante la funzione list). Se poi si stampa il valore restituito dalla chiamata a range, si vedranno i numeri che contiene:

```
>>> print(list(range(0, 5)))
[0, 1, 2, 3, 4]
```

Si può passare a range anche un terzo parametro, chiamato *step* (passo). Se il valore step non è incluso, viene utilizzato come passo 1.

Che cosa succede, invece, se si indica il numero 2 come passo?

```
>>> contare_per_due = list(range(0, 30, 2))
>>> print(contare_per_due)
[0, 2, 4, 6, 8, 10, 12, 14, 16, 18, 20, 22, 24, 26, 28]
```

Ogni numero nella lista è più grande di due unità rispetto al precedente, e la lista finisce con il numero 28, che è 30 – 2. Si può indicare anche un passo negativo:

```
>>> conto_alla_rovescia = list(range(40, 10, -2))
>>> print(conto_alla_rovescia)
[40, 38, 36, 34, 32, 30, 28, 26, 24, 22, 20, 18, 16, 14, 12]
```

LA FUNZIONE SUM

La funzione `sum` somma gli elementi di una lista e restituisce il totale. Ecco un esempio:

```
>>> lista_numeri = list(range(0, 500, 50))
>>> print(lista_numeri)
[0, 50, 100, 150, 200, 250, 300, 350, 400, 450]
>>> print(sum(lista_numeri))
2250
```

Sulla prima riga, creiamo una lista di numeri compresi fra 0 e 500, usando la funzione `range` con passo 50.
Poi stampiamo la lista per vedere il risultato.
Infine, passando la variabile `lista_numeri` alla funzione `sum` con `print(sum(lista_numeri))`, tutti gli elementi della lista vengono sommati e viene stampato il totale, 2250.

LAVORARE CON I FILE

I file di Python sono uguali ad altri file sul vostro computer: documenti, immagini, musica, giochi... in effetti, tutto nel vostro computer è salvato come file.

Vediamo come in Python si aprano i file, con la funzione `open`, per potervi lavorare. Prima però dobbiamo creare un nuovo file con cui fare le nostre prove.

CREARE UN FILE DI PROVA

Faremo qualche esperimento con un file di testo, che chiameremo *test.txt*. Seguite la procedura per il sistema operativo che utilizzate.

CREARE UN NUOVO FILE IN WINDOWS

Se usate Windows, seguite questi passi per creare *test.txt:*

1. Selezionate **Start > Tutti i programmi > Accessori > Blocco note**.
2. Scrivete qualche riga in un file vuoto.
3. Selezionate **File > Salva**.
4. Quando compare la finestra di dialogo, selezionate l'unità *C:* facendo un doppio clic su **Computer** e poi su **Disco locale (C:)**.
5. Fate un doppio clic sulla cartella *Utenti* e poi un doppio clic sul vostro nome utente.
6. Scrivete *test.txt* nella casella **Nome file**, in basso nella finestra di dialogo.
7. Infine, fate clic sul pulsante **Salva**.

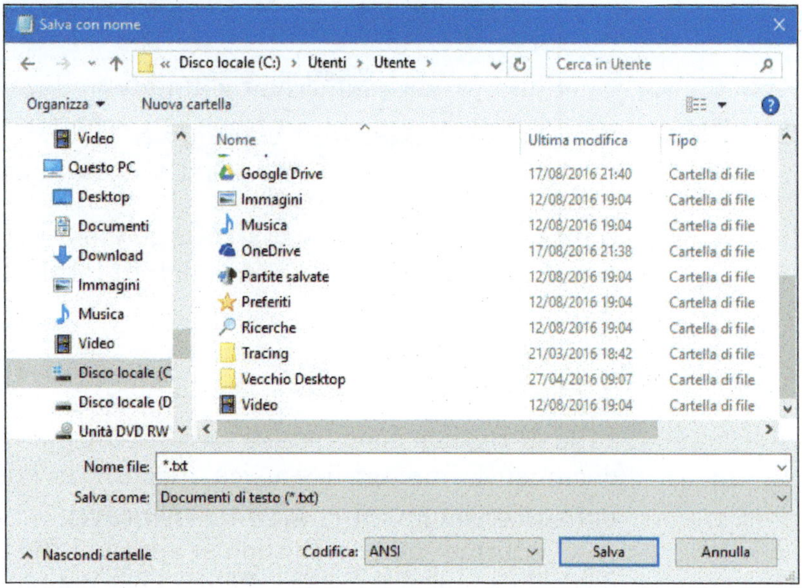

CREARE UN NUOVO FILE IN MAC OS X

Se usate un Mac, seguite questi passi per creare *test.txt:*

1. Fate clic sull'icona **Spotlight** nella barra dei menu nella parte superiore dello schermo.
2. Scrivete *TextEdit* nella casella di ricerca.
3. Nella sezione Applicazioni comparirà TextEdit. Fate un clic per aprire l'editor (potete trovare TextEdit anche nella cartella Applicazioni del Finder).
4. Scrivete qualche riga di testo nel file vuoto.
5. Selezionate **Formato > Solo testo**.
6. Selezionate **File > Salva**.
7. Nella casella **Salva con nome**, scrivete *test.txt*.
8. Nell'elenco **Situato in**, fate clic sul vostro nome utente (il nome con cui avete effettuato l'accesso, oppure il nome della persona che possiede il computer che state usando).
9. Infine, fate clic sul pulsante **Salva**.

CREARE UN NUOVO FILE IN UBUNTU

Se usate Ubuntu, seguite questi passi per creare *test.txt:*

1. Aprite il vostro editor, che può essere Text Editor o gedit o altro ancora. Nel caso, cercatelo nel Software Center.
2. Inserite qualche riga di testo nell'editor.

3. Selezionate **File > Salva** (in gedit il pulsante **Salva**)
4. Nella casella **Nome**, scrivete *test.txt* come nome di file. Come directory di salvataggio può darsi sia già selezionata la vostra directory Home, ma, se non lo è, selezionatela. (Eventualmente, la directory home è il nome utente con cui avete effettuato l'accesso.)
5. Fate clic sul pulsante **Salva**.

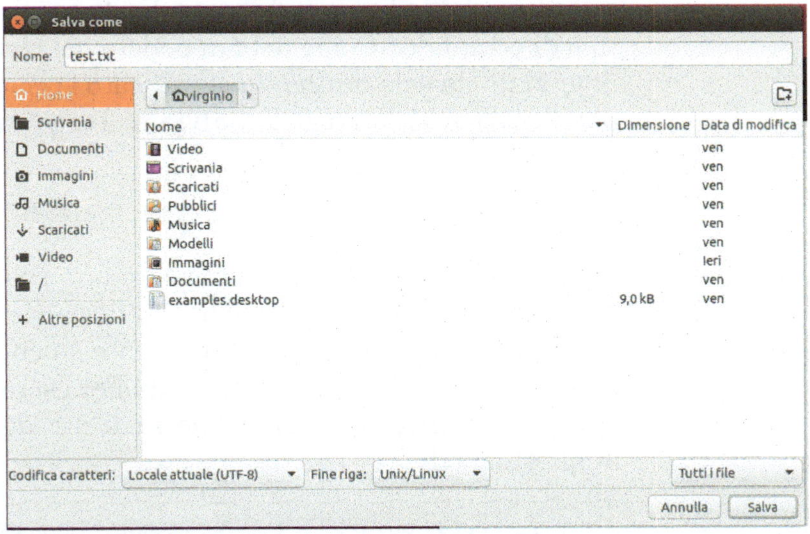

APRIRE UN FILE IN PYTHON

La funzione interna `open` apre un file nella shell di Python e ne visualizza i contenuti. Come dire alla funzione quale file aprire dipende dal sistema operativo. Guardate l'esempio per un file Windows, poi leggete i paragrafi specifici per Mac o Ubuntu, se usate uno di questi sistemi.

APRIRE UN FILE IN WINDOWS

Se usate Windows, inserite questo codice per aprire *test.txt:*

```
>>> test_file = open('C:\\Users\\<qui scrivete il vostro nome>\\
test.txt')
>>> text = test_file.read()
>>> print(text)
La vispa Teresa
avea tra l'erbetta
a volo sorpresa
gentil farfalletta
```

Nella prima riga, usiamo `open`, che restituisce un oggetto file con le funzioni per lavorare sui file. Il parametro utilizzato con la funzione `open` è una stringa che dice a Python dove trovare il file. Se usate Windows, avete salvato *test.txt* nella vostra directory home sull'unità *C:*, perciò dovete specificare la posizione del vostro file con la stringa `C:\\Users\\<qui scrivete il vostro nome>\\test.txt`.

Le due barre rovesciate nel nome del file Windows dicono a Python che la barra rovesciata è solo quello, non qualche tipo di comando. (Come abbiamo visto nel Capitolo 3, le barre rovesciate da sole hanno un significato speciale in Python, in particolare nelle stringhe.) Salviamo l'oggetto file nella variabile `test_file`.

APRIRE UN FILE IN MAC OS X

Se usate Mac OS X, dovrete inserire una posizione diversa nella prima riga dell'esempio di Windows, per aprire *test.txt*. Nella stringa, usate il nome utente su cui avete fatto clic quando avete salvato il file di testo. Per esempio, se il nome utente era *martarossi*, il parametro di `open` dovrà essere scritto in questo modo:

```
>>> test_file = open ('/Users/martarossi/test.txt')
```

APRIRE UN FILE IN UBUNTU

Se usate Ubuntu, dovrete inserire una posizione diversa nella prima riga dell'esempio di Windows, per aprire *test.txt*. Nella stringa, usate il nome utente su cui avete fatto clic quando avete salvato il file di testo. Per esempio, se il nome utente era *giacomo*, il parametro di `open` dovrà essere scritto in questo modo:

```
>>> test_file = open ('/home/giacomo/test.txt')
```

SCRIVERE NEI FILE

L'oggetto file restituito da `open` ha altre funzioni, oltre a `read`. Possiamo creare un nuovo file vuoto usando un secondo parametro, la stringa `'w'`, quando chiamiamo la funzione:

```
>>> test_file = open('C:\\miofile.txt', 'w')
```

Il parametro 'w' dice a Python che vogliamo scrivere nell'oggetto file, anziché leggere i suoi contenuti.

Adesso possiamo aggiungere delle informazioni in questo nuovo file, mediante la funzione write ("scrivi"):

```
>>> test_file = open('C:\\ miofile.txt', 'w')
>>> test_file.write('Questo è il mio file di prova')
29
```

Il numero che compare nella riga successiva è il numero dei caratteri che sono stati scritti nel file.

Infine, dobbiamo dire a Python che abbiamo finito di scrivere nel file, utilizzando la funzione close:

```
>>> test_file = open('C:\\ miofile.txt', 'w')
>>> test_file.write('Che cosa è verde e rumoroso? Una rana
urlatrice! ')
>>> test_file.close()
```

Ora, se aprite il file con il vostro text editor, vedrete che contiene il testo "Che cosa è grande e rumoroso? Una rana urlatrice!". Oppure, potete usare Python per leggerlo:

```
>>> test_file = open('C:\\ miofile.txt')
>>> print(test_file.read())
Che cosa è verde e rumoroso? Una rana
urlatrice!
```

CHE COSA AVETE IMPARATO

In questo capitolo, avete imparato a conoscere le funzioni interne di Python, come float e int, che possono convertire numeri con il punto decimale in interi e viceversa. Avete visto anche come la funzione len possa rendere più facili i cicli e come si possa usare Python per aprire file per leggerne i contenuti o per scrivere qualcosa al loro interno.

ROMPICAPO DI PROGRAMMAZIONE

Provate a realizzare gli esempi seguenti, per sperimentare le funzioni interne di Python. Trovate le risposte all'indirizzo *http://python-for-kids.com/*.

1. IL CODICE MISTERIOSO

Quale sarà il risultato dell'esecuzione di questo codice? Provate a ricostruirlo a mente, poi eseguite il codice per vedere se avete trovato la risposta giusta.

```
>>> a = abs(10) + abs(-10)
>>> print(a)
>>> b = abs(-10) + -10
>>> print(b)
```

2. IL MESSAGGIO NASCOSTO

Provate a usare `dir` e `help` per scoprire come suddividere una stringa in parole, poi create un programmino per stampare una parola sì e una no della stringa seguente, partendo con la prima parola (questo):

```
"questo se non tu è leggendo un questo modo cominciando molto
azzurro furbo sei per sette nascondere venti un rosso messaggio
tu"
```

3. COPIARE UN FILE

Create un programma in Python per copiare un file. (Suggerimento: dovete aprire il file che volete copiare, leggerlo e poi creare un nuovo file, la copia.) Verificate che il vostro programma funzioni visualizzando sullo schermo i contenuti del nuovo file.

10 MODULI UTILI DI PYTHON

Come abbiamo visto nel Capitolo 7, un modulo di Python è una combinazione di funzioni, classi e variabili. Python usa i moduli per raggruppare funzioni e classi per semplificarne l'uso. Per esempio, il modulo `turtle`, che abbiamo utilizzato nei capitoli precedenti, raggruppa funzioni e classi che si usano per creare una "tela" (un *canvas*) su cui una tartaruga può disegnare sullo schermo.

Se si importa un modulo in un programma, si possono utilizzare tutti i suoi contenuti. Per esempio, quando abbiamo importato, nel Capitolo 4, il modulo `turtle`, abbiamo avuto accesso alla classe `Pen`, che abbiamo utilizzato per creare un oggetto che rappresentasse il canvas della tartaruga:

```
>>> import turtle
>>> t = turtle.Pen()
```

Python ha parecchi moduli per fare molte cose diverse. In questo capitolo, esamineremo alcuni dei moduli più utili e proveremo alcune delle loro funzioni.

FARE COPIE CON IL MODULO COPY

Il modulo `copy` contiene funzioni per creare copie di oggetti. Di solito, quando si scrive un programma, si creano nuovi oggetti, ma a volte è utile creare una copia di un oggetto e poi usare la copia per crearne uno nuovo, in particolare se il procedimento di creazione richiede numerosi passaggi.

Per esempio, supponiamo di avere una classe `Animale`, con una funzione `__init__` che prende come parametri `specie`, `numero_zampe` e `colore`.

```
>>> class Animale:
        def __init__(self, specie, numero_zampe, colore):
            self.specie = specie
            self.numero_zampe = numero_zampe
            self.colore = colore
```

Potremmo creare un nuovo oggetto nella classe `Animale` utilizzando il codice che segue. Creiamo un ippogrifo rosa con sei zampe, che si chiama `harry`.

```
>>> harry = Animale('ippogrifo', 6, 'rosa')
```

E se volessimo un intero branco di ippogrifi rosa con sei zampe? Potremmo ripetere il codice precedente molte volte, oppure potremmo usare copy, che si trova nel modulo copy:

```
>>> import copy
>>> harry = Animale('ippogrifo', 6, 'rosa')
>>> harriet = copy.copy(harry)
>>> print(harry.specie)
ippogrifo
>>> print(harriet.specie)
ippogrifo
```

Abbiamo creato un oggetto e l'abbiamo etichettato con la variabile harry, poi abbiamo creato una copia di quell'oggetto, etichettandola come harriet. Sono due oggetti del tutto diversi, anche se appartengono alla stessa specie. Questo ci ha risparmiato solo qualche battuta alla tastiera, ma quando gli oggetti sono molto più complicati, poterli copiare è utile.

Si può anche create e copiare una lista di oggetti Animale.

```
>>> harry = Animale('ippogrifo', 6, 'rosa')
>>> carrie = Animale('chimera', 4, 'verde a pallini')
>>> billy = Animale('maiale_di_mare', 0, 'pezzato')
>>> miei_animali = [harry, carrie, billy]
>>> altri_animali = copy.copy(miei_animali)
>>> print(altri_animali[0].specie)
ippogrifo
>>> print(altri_animali[1].specie)
chimera
```

Nelle prime tre righe, abbiamo creato tre oggetti Animale e li abbiamo memorizzati nelle variabili harry, carrie e billy. Nella quarta riga, abbiamo aggiunto questi oggetti alla lista miei_animali. Poi abbiamo usato copy per creare altri_animali, una nuova lista. Infine, abbiamo stampato la specie dei primi due oggetti ([0] e [1]) della lista altri_animali e vediamo che sono della stessa specie di quelli nella lista originale: ippogrifo e chimera. Abbiamo fatto una copia della lista senza dover creare nuovamente gli oggetti.

Guardate ora che cosa succede se cambiamo la specie di uno dei nostri oggetti `Animale` nella lista originale `miei_animali` (da `ippogrifo` a `gul`).

```
>>> miei_animali[0].specie = 'gul'
>>> print(miei_animali[0].specie)
gul
>>> print(altri_animali[0].specie)
gul
```

Strano. Non avevamo cambiato la specie soltanto in `miei_animali`? Perché è cambiata in entrambe le liste?

La specie è cambiata perché `copy` effettua una cosiddetta *shallow copy* (o copia per indirizzo), il che significa che non copia gli oggetti all'interno degli oggetti copiati. In questo caso, ha copiato l'oggetto `list` principale, ma non i singoli oggetti all'interno della lista. Così ci ritroviamo con una nuova lista che non possiede propri nuovi oggetti – la lista `altri_animali` ha come membri gli stessi oggetti.

Invece, se aggiungiamo un nuovo animale alla prima lista (`miei_animali`), questo non appare nella copia (`altri_animali`). Per verificarlo, stampiamo la lunghezza di ciascuna lista dopo aver aggiunto un animale alla prima:

```
>>> sally = Animale('sfinge', 4, 'sabbia')
>>> miei_animali.append(sally)
>>> print(len(miei_animali))
4
>>> print(len(altri_animali))
3
```

Abbiamo aggiunto un nuovo animale alla prima lista, `miei_animali`, ma non è stato aggiunto anche alla copia della lista, `altri_animali`. Con la funzione `len`, abbiamo verificato che la prima lista ha quattro elementi e la seconda ne ha tre.

Un'altra funzione del modulo `copy`, `deepcopy`, crea effettivamente copie di tutti gli oggetti all'interno dell'oggetto copiato: è una *deep copy*, o copia profonda. Se usiamo `deepcopy` per copiare `miei_animali`, otteniamo una nuova lista con copie di tutti i suoi oggetti. Di conseguenza, i cambiamenti apportati a uno degli oggetti `Animale` originali non influiranno sugli oggetti della nuova lista. Ecco un esempio:

```
>>> altri_animali = copy.deepcopy(miei_animali)
```

```
>>> miei_animali[0].specie = 'wyrm'
>>> print(miei_animali[0].specie)
wyrm
>>> print(altri_animali[0].specie)
gul
```

Modificando la specie del primo oggetto nella lista originale da gul a wyrm, la copia non cambia, come si verifica stampando la specie del primo oggetto in ciascuna lista.

PAROLE CHIAVE CON IL MODULO KEYWORD

Una parola chiave o *keyword* è qualsiasi parola che fa parte del linguaggio Python, come if, else e for. Il modulo keyword ha una funzione iskeyword e una variabile kwlist. La funzione restituisce True se una stringa è una parola chiave di Python; la variabile mostra invece una lista di tutte le parole chiave.

Nel codice seguente, notate che la funzione iskeyword restituisce True per la stringa if e False per la stringa ozwald. Si può vedere la lista completa delle parole chiave stampando i contenuti della variabile, il che è utile perché le parole chiave non rimangono immutate nel tempo: nuove versioni (o vecchie versioni) di Python possono avere parole chiave differenti.

```
>>> import keyword
>>> print(keyword.iskeyword('if'))
True
>>> print(keyword.iskeyword('ozwald'))
False
>>> print(keyword.kwlist)
['False', 'None', 'True', 'and', 'as', 'assert', 'break',
'class', 'continue', 'def', 'del', 'elif', 'else', 'except',
'finally', 'for', 'from', 'global', 'if', 'import', 'in', 'is',
'lambda', 'nonlocal', 'not', 'or', 'pass', 'raise', 'return',
'try', 'while', 'with', 'yield']
```

Nell'Appendice sono descritte tutte le parole chiave.

NUMERI CASUALI CON IL MODULO RANDOM

Il modulo random contiene varie funzioni utili per generare numeri casuali – un po' come chiedere al computer di "scegliere un numero". Le funzioni più utili nel modulo random sono randint, choice e shuffle.

RANDINT PER SCEGLIERE NUMERI A CASO

La funzione `randint` prende un numero a caso all'interno di un certo intervallo, per esempio fra 1 e 100, fra 100 e 1000 oppure fra 1000 e 5000. Ecco un esempio:

```
>>> import random
>>> print(random.randint(1, 100))
5
>>> print(random.randint(100, 1000))
321
>>> print(random.randint(1000, 5000))
4446
```

Potreste usare `randint` per fare cose come creare un gioco semplice (e noioso) "indovina il numero", con un ciclo `while`, per esempio così:

```
  >>> import random
  >>> num = random.randint(1, 100)
❶ >>> while True:
❷         print('Indovina un numero fra 1 e 100')
❸         indovina = input()
❹         i = int(indovina)
❺         if i == num:
              print('Hai indovinato')
❻             break
❼         elif i < num:
              print('Prova con un numero più alto')
❽         elif i > num:
              print('Prova con un numero più basso')
```

Come prima cosa, importiamo il modulo `random`, poi impostiamo la variabile `num` a un numero casuale, utilizzando `randint` sull'intervallo fra 1 e 100. Poi creiamo in ❶ un ciclo `while` che continuerà indefinitamente (o finché il giocatore non indovina il numero).

Poi, stampiamo un messaggio in ❷, quindi usiamo `input` per ricevere quel che digita l'utente, che memorizziamo nella variabile `indovina` in ❸. Convertiamo l'input in un numero con `int`, e lo salviamo nella variabile `i` in ❹. Poi in ❺ lo confrontiamo con il numero scelto a caso.

Se l'input e il numero generato a caso sono uguali, stampiamo "Hai indovinato" e usciamo dal ciclo in ❻.

Se i numeri non sono uguali, vediamo se il numero del giocatore è più alto di quello casuale in ❼, o più basso in ❽ e stampiamo un messaggio di conseguenza.

Questo codice è abbastanza lungo, perciò forse è meglio scriverlo in una nuova finestra della shell o creare un documento di testo, salvarlo e poi eseguirlo in IDLE. Ricordiamo come aprire ed eseguire un programma salvato:

1. Avviate IDLE e scegliete **File > Open**.
2. Navigate fino alla directory in cui avete salvato il file, poi fate clic sul suo nome per selezionarlo.
3. Fate clic su **Open**.
4. Quando si apre la nuova finestra, scegliete **Run > Run Module**.

   Ecco che cosa succede quando si esegue il programma:

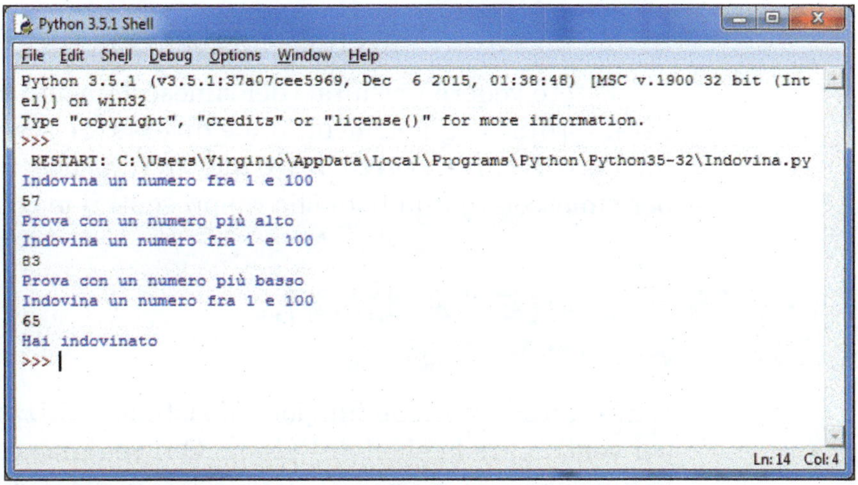

CHOICE PER SCEGLIERE UN ELEMENTO A CASO DA UNA LISTA

Se volete prendere un elemento a caso da una lista, anziché un numero a caso entro un certo intervallo, potete usare `choice`. Per esempio, potreste chiedere a Python di scegliere il dessert per voi.

```
>>> import random
>>> dessert = ['gelato', 'tiramisu', 'crostata', 'profiterol',
'macedonia']
```

```
>>> print(random.choice(dessert))
macedonia
```

Sembra che avrete la macedonia – non male.

SHUFFLE PER RIMESCOLARE UNA LISTA

La funzione `shuffle` "rimescola" una lista, cambiando la posizione dei suoi elementi. Se state seguendo in IDLE e avete appena importato `random` e creato la lista dei dessert nell'esempio precedente, potete saltare direttamente al comando `random.shuffle` nel codice seguente:

```
>>> import random
>>> dessert = ['gelato', 'tiramisu', 'crostata', 'profiterol',
'macedonia']
>>> random.shuffle(dessert)
>>> print(dessert)
['tiramisu', 'profiterol', 'gelato', 'crostata', 'macedonia']
```

Potete vedere i risultati del rimescolamento stampando la lista: l'ordine degli elementi ora è diverso. Se scriverete un gioco di carte, potete usare questa funzione per rimescolare una lista che rappresenti il mazzo di carte.

CONTROLLARE LA SHELL CON IL MODULO SYS

Il modulo `sys` contiene funzioni di sistema utilizzabili per controllare la shell di Python. Qui vediamo come usare la funzione `exit`, gli oggetti `stdin` e `stdout` e la variabile `version`.

USCIRE DALLA SHELL CON LA FUNZIONE EXIT

La funzione `exit` permette di chiudere la shell o la console di Python. Inserite il codice seguente e comparirà una finestra di dialogo che vi chiederà se volete uscire. Fate clic su **Yes** e la shell si chiuderà.

```
>>> import sys
>>> sys.exit()
```

Non funzionerà, se non usate la versione modificata di IDLE impostata nel Capitolo 1; otterrete invece un errore, come questo:

```
>>> import sys
>>> sys.exit()
Traceback (most recent call last):
File "<pyshell#1>", line 1, in <module>
sys.exit()
SystemExit
```

LEGGERE CON L'OGGETTO STDIN

L'oggetto `stdin` (abbreviazione di *standard input*) nel modulo `sys` chiede all'utente di inserire informazioni che verranno lette nella shell e utilizzate dal programma. Come abbiamo visto nel Capitolo 7, questo oggetto ha una funzione `readline`, che si usa per leggere una riga di testo scritta alla tastiera, fino a che l'utente non preme INVIO. Funziona come la funzione `input` che abbiamo usato nel gioco "indovina il numero" in precedenza in questo capitolo. Per esempio:

```
>>> import sys
>>> v = sys.stdin.readline()
ride bene chi ride ultimo
```

Python memorizzerà la stringa `ride bene chi ride ultimo` nella variabile `v`. Per verificarlo, stampate i contenuti di `v`:

```
>>> print(v)
ride bene chi ride ultimo
```

Una delle differenze fra `input` e la funzione `readline` è che con quest'ultima si può specificare il numero dei caratteri da leggere come parametro (al momento però questo funziona solo se si usa la console, non nella shell). Per esempio:

```
>>> s = sys.stdin.readline(13)
ride bene chi ride ultimo
>>> print(v)
ride bene chi
```

SCRIVERE CON L'OGGETTO STDOUT

L'oggetto `stdout` (abbreviazione di *standard out*) ,a differenza di `stdin`, si può usare per scrivere messaggi nella shell (o nella console), invece che per leggerli. Per certi versi, è uguale a `print`, ma `stdout` è un oggetto file, perciò ha le stesse funzioni che abbiamo usato nel Capitolo 9, con `write`. Ecco un esempio:

```
>>> import sys
>>> sys.stdout.write("Che cosa dice un pesce quando incontra una
parete? Diga.")
Che cosa dice un pesce quando incontra una parete? Diga.56
```

Notate che, quando `write` finisce il suo lavoro, restituisce il numero dei caratteri scritti. A fine messaggio, nella shell è stampato `56`. Potete salvare questo valore in una variabile per tener traccia, nel tempo, di quanti caratteri avete scritto.

CHE VERSIONE DI PYTHON STO USANDO?

La variabile `version` visualizza la versione di Python che state usando, il che può essere utile se volete essere sicuri di avere una versione aggiornata. Ad alcuni programmatori piace stampare questa informazione quando i loro programmi si avviano. Per esempio, potreste inserire la versione di Python in una finestra "About" del vostro programma, così:

```
>>> import sys
>>> print(sys.version)
3.5.1 (v3.5.1:37a07cee5969, Dec  6 2015, 01:38:48) [MSC v.1900 32
bit (Intel)]
```

TEMPO, CON IL MODULO TIME

Il modulo `time` di Python contiene funzioni per visualizzare l'ora, anche se non proprio come vi aspettereste. Provate così:

```
>>> import time
>>> print(time.time())
1465314731.4695692
```

Il numero restituito dalla chiamata di `time()` è in realtà il numero dei secondi trascorsi dalle 00:00:00 dell'1 gennaio 1970. Da sola, questa indicazione può non sembrare molto interessante, ma può avere la sua utilità. Per esempio, per scoprire quanto tempo richiede l'esecuzione di parti abbastanza lunghe del vostro programma, potete prender nota dell'ora all'inizio e alla fine, e confrontare i valori. Proviamo a scoprire quanto tempo ci vuole per stampare tutti i numeri da 0 a 999.

Per prima cosa, create una funzione come questa:

```
>>> def tanti_numeri(max):
        for x in range(0, max):
            print(x)
```

Poi, chiamate la funzione con `max` impostato a 1000:

```
>>> tanti_numeri(1000)
```

Poi calcolate quanto tempo richiede la funzione, modificando il programma con il modulo `time`:

```
>>> def tanti_numeri(max):
❶ t1 = time.time()
❷ for x in range(0, max):
            print(x)
❸ t2 = time.time()
❹ print('ci sono voluti %s secondi' % (t2-t1))
```

Chiamando di nuovo il programma, si ottiene questo risultato (che varierà a seconda della velocità del sistema):

```
>>> tanti_numeri(1000)
0
1
2
3
.
.
.
997
998
999
ci sono voluti 2.522144317626953 secondi
```

Ecco come funziona. La prima volta che chiamiamo la funzione `time()`, in ❶ assegniamo alla variabile `t1` il valore che restituisce. Poi entriamo in un ciclo e stampiamo tutti i numeri, nella terza e quarta riga in ❷. Dopo il ciclo, chiamiamo di nuovo `time()` in ❸ e assegniamo alla variabile `t2` il valore che restituisce. Dato che è trascorso un po' di tempo perché il ciclo si completasse, il valore in `t2` sarà più elevato di `t1`, poiché saranno passati più secondi dall'1 gennaio 1970. Sottraendo `t1` da `t2`, come abbiamo fatto in ❹, si ottiene il numero dei secondi necessari per stampare tutti quei numeri.

CONVERTIRE UNA DATA CON ASCTIME

La funzione `asctime` prende una data come una tupla e la converte in qualcosa di più leggibile. (Ricordate che una tupla è come una lista con elementi che non si possono modificare.) Come abbiamo visto nel Capitolo 7, chiamando `asctime` senza parametri verranno visualizzate la data e l'ora correnti in una forma leggibile (in inglese).

```
>>> print(time.asctime())
Tue Jun  7 18:10:44 2016
```

Per chiamare `asctime` con un parametro, prima creiamo una tupla con valori di data e ora. Per esempio, qui assegniamo la tupla alla variabile `t`:

```
>>> t = (2007, 5, 27, 10, 30, 48, 6, 0, 0)
```

I valori nell'ordine sono anno, mese, giorno, ore, minuti, secondi, giorno della settimana (0 è lunedì, 1 martedì e così via) e se è in vigore l'ora legale (0 se no; 1 se sì). Chiamando `asctime` con una tupla analoga, otteniamo:

```
>>> import time
>>> t = (2020, 2, 23, 10, 30, 48, 6, 0, 0)
>>> print(time.asctime(t))
Sun Feb 23 10:30:48 2020
```

OTTENERE DATA E ORA CON LOCALTIME

A differenza di `asctime`, la funzione `localtime` restituisce la data e l'ora correnti come un oggetto, con i valori all'incirca nello stesso ordine dell'input di asctime. Se stampate l'oggetto, vedrete il nome della classe, e ciascuno dei valori etichettato come tm_year (per l'anno), tm_mon (per il mese), tm_mday (per il giorno del mese), tm_hour (per l'ora), e così via.

```
>>> import time
>>> print(time.localtime())
time.struct_time(tm_year=2020, tm_mon=6, tm_mday=7, tm_hour=18,
tm_min=18, tm_sec=10, tm_wday=1, tm_yday=159, tm_isdst=1)
```

Per stampare l'anno e il mese correnti, si può usare l'indice della loro posizione (come con la tupla usata con asctime). In base all'esempio, sappiamo che anno è nella prima posizione (posizione 0) e mese è nella seconda posizione (1). Perciò, possiamo usare anno = t[0] e mese = t[1], così:

```
>>> t = time.localtime()
>>> anno = t[0]
>>> mese = t[1]
>>> print(anno)
2020
>>> print(mese)
6
```

E vediamo che siamo nel sesto mese dell'anno 2020.

UN PO' DI RELAX CON SLEEP

La funzione sleep è molto utile per ritardare o rallentare il programma. Per esempio, per stampare ogni secondo da 1 a 61, potremmo usare questo ciclo:

```
>>> for x in range(1, 61):
        print(x)
```

Questo codice stamperà rapidamente tutti i numeri da 1 a 60, ma possiamo dire a Python di "andare a dormire" (*sleep*) per un secondo fra un print e l'altro, in questo modo:

```
>>> for x in range(1, 61):
        print(x)
        time.sleep(1)
```

Questo aggiunge un ritardo fra la visualizzazione di un numero e l'altro. Nel Capitolo 12, useremo la funzione `sleep` per rendere più realistica un'animazione.

USARE IL MODULO PICKLE PER SALVARE INFORMAZIONI

Il modulo `pickle` (letteralmente significa "mettere sottaceto") si usa per convertire oggetti Python in qualcosa che può essere scritto in un file e poi facilmente letto dal file. Troverete utile `pickle` se scriverete un gioco e vorrete salvare delle informazioni sull'andamento dei giocatori. Per esempio:

```
>>> dati_di_gioco = {
        'posizione del giocatore' : 'N23 E45',
        'in tasca' : ['chiavi', 'coltellino', 'pietra levigata'],
        'nello zaino' : ['fune', 'martello', 'mela'],
        'denaro' : 158.50
        }
```

Qui, creiamo una mappa di Python che contiene la posizione attuale del giocatore nel nostro gioco immaginario, una lista degli oggetti nelle tasche e nello zaino del giocatore, e la somma di denaro che ha con sé. Possiamo salvare questa mappa in un file aprendo il file in scrittura e poi chiamando la funzione `dump` di `pickle`, in questo modo:

```
❶ >>> import pickle
❷ >>> dati_di_gioco = {
         'posizione del giocatore' : 'N23 E45',
         'in tasca' : ['chiavi', 'coltellino', 'pietra levigata'],
         'nello zaino' : ['fune', 'martello', 'mela'],
         'denaro' : 158.50
        }
❸ >>> save_file = open('save.dat', 'wb')
❹ >>> pickle.dump(dati_di_gioco, save_file)
❺ >>> save_file.close()
```

Come prima cosa importiamo il modulo `pickle` in ❶ e in ❷ creiamo una mappa dei dati del gioco. In ❸, apriamo il file *save.dat* con il parametro `wb`, che dice a Python di scrivere il file in modo binario (probabilmente dovrete salvarlo in una directory come */Users/giorgiorossi, /home/susanna o C:\\Users\FernandoSandri*, come abbiamo fatto nel Capitolo 9. In ❹, usiamo dump per passare la mappa e la variabile di file come parametri. Infine, in ❺, chiudiamo il file, perché abbiamo finito di utilizzarlo.

NOTA

I file di solo testo contengono solo caratteri che gli esseri umani sono in grado di leggere. Immagini, file musicali, film e oggetti di Python trattati con `pickle` *contengono informazioni che non sono sempre leggibili dagli esseri umani, e sono chiamati file* binari. *Se aprite il file* save.dat, *vedrete che non ha l'aria di un file di testo: si presenta come un guazzabuglio di testo normale e caratteri speciali.*

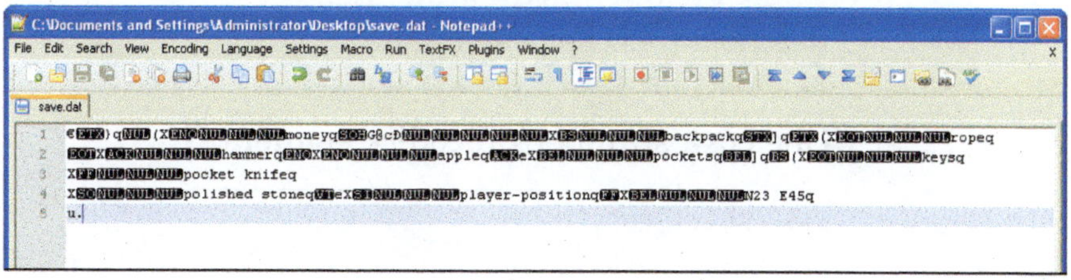

Se sono stati scritti degli oggetti in un file con la funzione `load` di `pickle`, è possibile anche invertire il processo (fare un *unpickle*), prendere le informazioni scritte nel file e convertirle nuovamente in valori che il nostro programma può usare. Il procedimento è simile all'uso della funzione `dump`.

```
>>> load_file = open('save.dat', 'rb')
>>> dati_caricati = pickle.load(load_file)
>>> load_file.close()
```

Come prima cosa, si apre il file usando come parametro `rb`, che significa *read binary* (leggi binario). Poi si passa il file a `load` e si memorizza il valore di ritorno nella variabile `dati_caricati`. Infine, si chiude il file.

Per verificare che i dati salvati siano stati caricati correttamente, stampiamo la variabile:

```
>>> print(dati_caricati)
{'nello zaino': ['fune', 'martello', 'mela'], 'in tasca':
['chiavi', 'coltellino', 'pietra levigata'],
'posizione del giocatore': 'N23 E45', 'denaro': 158.5}
```

CHE COSA AVETE IMPARATO

In questo capitolo, avete visto come i moduli di Python raggruppino funzioni, classi e variabili, e come si possano usare queste funzioni importando i moduli. Avete visto come copiare oggetti, generare numeri casuali, rimescolare in modo casuale liste di oggetti, e come lavorare con il tempo in Python. Infine, avete imparato come salvare e recuperare informazioni da un file mediante pickle.

ROMPICAPO DI PROGRAMMAZIONE

Provate a svolgere questi esercizi utilizzando i moduli di Python. Verificate le vostre risposte all'indirizzo *http://python-for-kids,com/.*

1. AUTO COPIATE

Che cosa stamperà il codice seguente?

```
>>> import copy
>>> class Auto:
        pass

>>> auto1 = Auto()
>>> auto1.ruote = 4
>>> auto2 = auto1
>>> auto2.ruote = 3
>>> print(auto1.ruote)

>>> auto3 = copy.copy(auto1)
>>> auto3.ruote = 6
>>> print(auto1.ruote)
```

Che cosa viene stampato qui?

Che cosa viene stampato qui?

2. I PREFERITI

Create una lista delle cose che vi piacciono di più, poi usate pickle per salvarla in un file con il tempo *preferiti.dat.* Chiudete la shell di Python, poi riapritela e visualizzate la vostra lista di cose preferite caricando il file.

11 ANCORA GRAFICA DELLA TARTARUGA

Diamo un'altra occhiata al modulo `turtle` che abbiamo iniziato a usare nel Capitolo 4. Come vedrete in questo capitolo, in Python le tartarughe possono fare molto più che disegnare semplici righe nere. Per esempio, si possono usare per disegnare forme geometriche più avanzate e complesse, per creare colori diversi e addirittura per riempire di colore le forme geometriche.

COMINCIAMO CON IL QUADRATO SEMPLICE

Abbiamo già visto come fare sì che la tartaruga disegni forme semplici. Prima di usarla, dobbiamo importare il modulo `turtle` e creare l'oggetto `Pen`:

```
>>> import turtle
>>> t = turtle.Pen(()
```

Ecco il codice che abbiamo usato per creare un quadrato nel Capitolo 4:

```
>>> t.forward(50)
>>> t.left(90)
>>> t.forward(50)
>>> t.left(90)
>>> t.forward(50)
>>> t.left(90)
>>> t.forward(50)
```

Nel Capitolo 6. Abbiamo visto come creare i cicli e ora possiamo semplificare il codice per disegnare un quadrato, proprio utilizzando un ciclo `for`:

```
>>> for x in range(1, 5):
        t.forward(50)
        t.left(90)
```

Nella prima riga, diciamo all'oggetto `Pen` di reinizializzarsi. Poi, iniziamo un ciclo `for` che conterà da 1 a 4, con il codice `range(1, 5)`. Quindi, con le righe successive, a ogni passaggio nel ciclo, facciamo avanzare la tartaruga di 50 pixel e poi la facciamo ruotare di 90 gradi a sinistra. Grazie al ciclo `for`, il codice è un po' più breve della versione precedente: non contando la riga del `reset`, siamo passati da sei righe a tre.

DISEGNARE STELLE

Ora, con qualche semplice modifica al ciclo for, possiamo creare qualcosa di più interessante. Scrivete questo codice:

```
>>> t.reset()
>>> for x in range(1, 9):
        t.forward(100)
        t.left(225)
```

Questo codice genera una stella a otto punte:

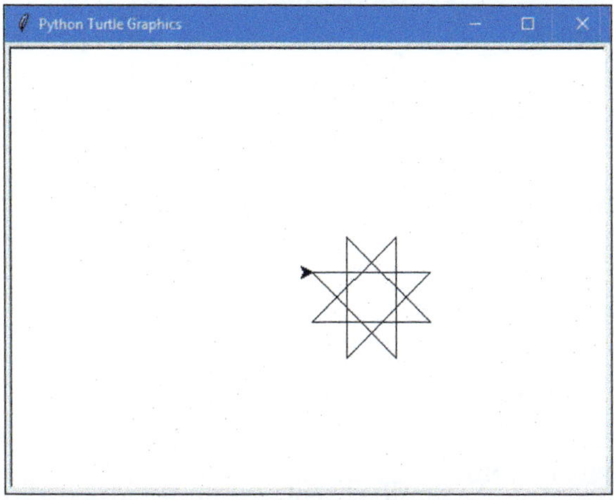

Il codice in sé è molto simile a quello per disegnare il quadrato, con qualche eccezione:

- Anziché eseguire il ciclo quattro volte, con range(1, 5), lo esegue otto volte con range(1, 9).
- Anziché avanzare di 50 pixel, la tartaruga avanza di 100.
- Anziché ruotare di 90 gradi, la tartaruga ruota di 225 gradi a sinistra.

Proviamo a sviluppare ancora un po' la nostra stella. Utilizzando un angolo di 175 gradi e percorrendo il ciclo 37 volte, possiamo creare una stella con un numero ancora maggiore di punte:

```
>>> t.reset()
>>> for x in range(1, 38):
        t.forward(100)
        t.left(175)
```

Ecco il risultato:

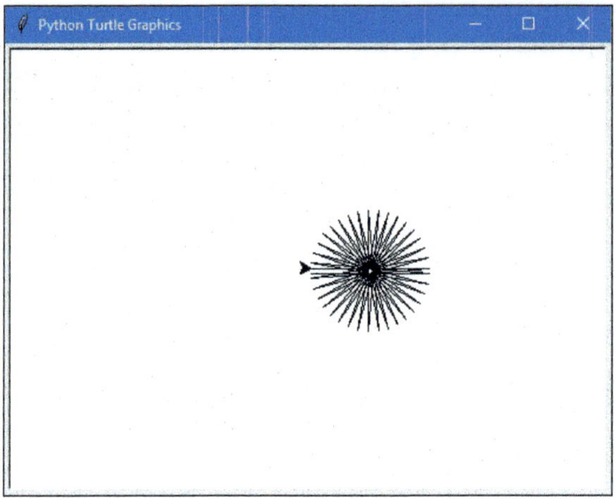

Restando in tema di stelle, ecco come produrre una stella "a spirale":

```
>>> t.reset()
>>> for x in range(1, 20):
        t.forward(100)
        t.left(95)
```

Modificando l'angolo di rotazione e riducendo il numero dei cicli, la tartaruga disegna un tipo di stella molto diverso:

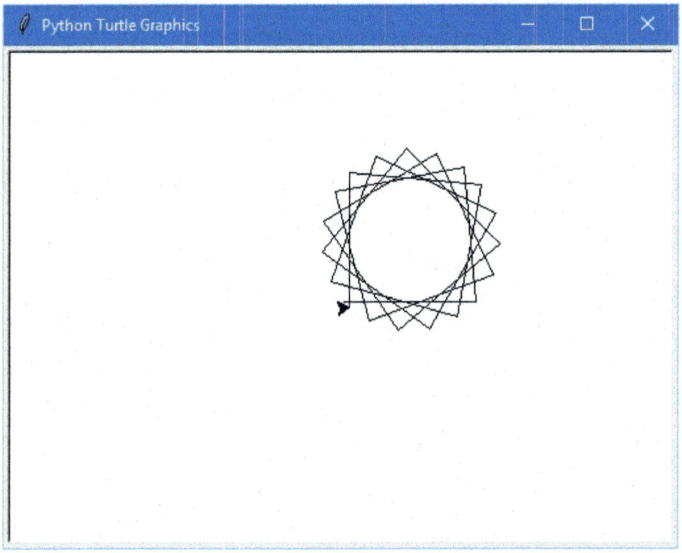

Utilizzando un codice simile, possiamo creare varie forme, da un semplice quadrato a una stella a spirale. Come potete vedere, grazie ai cicli `for`, abbiamo reso molto più semplice il disegno di queste forme. Senza i cicli, sarebbe stato necessario scrivere una gran quantità di codice noiosamente ripetitivo.

Ora, proviamo a usare un enunciato `if` per controllare la rotazione della tartaruga e disegnare un'altra variante di stella. In questo esempio, vogliamo che la tartaruga ruoti di un certo angolo la prima volta, poi di un angolo diverso la volta successiva.

```
>>> t.reset()
>>> for x in range(1, 19):
        t.forward(100)
        if x % 2 == 0:
                t.left(175)
        else:
                t.left(225)
```

Qui abbiamo creato un ciclo, che viene eseguito 18 volte (`range(1, 19)`) e dice alla tartaruga di spostarsi in avanti di 100 pixel (`t.forward(100)`). A questo punto arriva l'enunciato `if x % 2 == 0`, che controlla se la variabile `x` contiene un numero pari, utilizzando un operatore *modulo*, indicato dal simbolo `%` nell'espressione `x % 2 == 0`, che sostanzialmente significa "x mod 2" è uguale a 0.

L'operatore modulo dà il resto della divisione di due numeri, in questo caso il resto della divisione del valore contenuto nella variabile `x` per 2. Per esempio, se dividessimo 5 palline in due gruppi, otterremmo due gruppi di 2 palline (per un totale di 4 palline) e un resto costituito da 1 pallina:

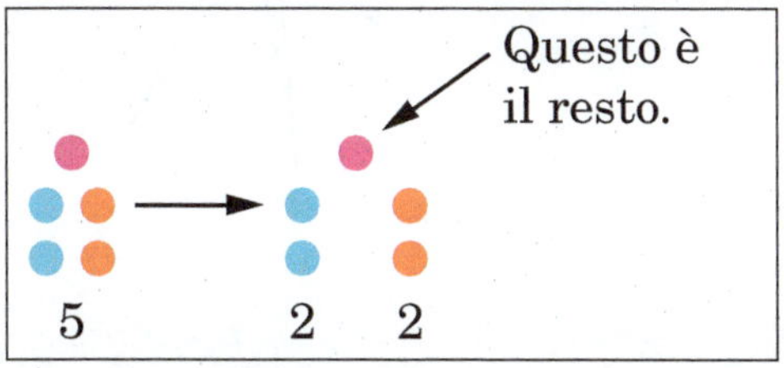

Se dividessimo 13 palline in due parti, otterremmo due gruppi di 6 palline con il resto di 1 pallina:

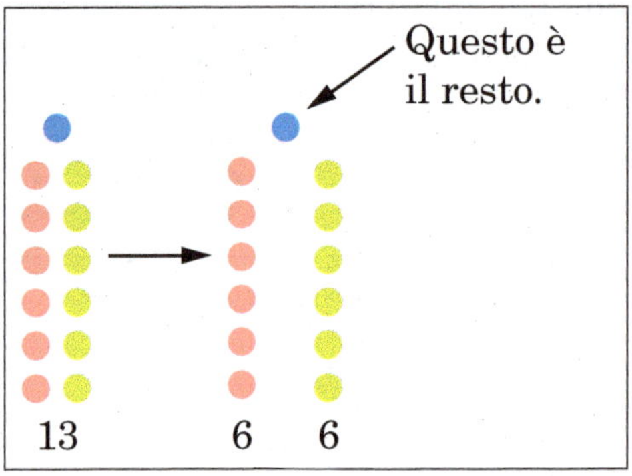

Quando controlliamo se il resto è uguale a zero, dopo aver diviso per 2, sostanzialmente ci chiediamo se sia possibile dividere il valore che ci interessa in due parti senza resto. Questo è un metodo elegante per sapere se il numero contenuto in una variabile è pari: la divisione per 2 di un numero pari dà sempre resto 0, mentre la divisione per 2 di un numero dispari dà sempre resto 1 (diverso da zero).

Nella quinta riga del nostro codice, diciamo alla tartaruga di ruotare a sinistra di 175 gradi (`t.left(175)`) se il numero in `x` è pari (`if x % 2 == 0:`); altrimenti (`else`), nell'ultima riga, le diciamo di ruotare di 225 gradi (`t.left(225)`).

Ecco il risultato:

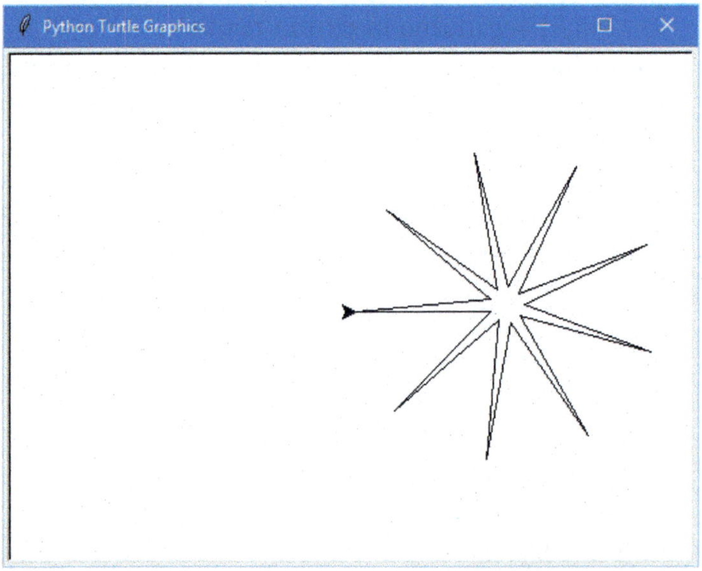

DISEGNARE UN'AUTO

La tartaruga può fare molto più che disegnare stelle e semplici forme geometriche. Nel prossimo esempio, disegneremo un'auto, sia pure di forma un po' rozza. Prima, disegniamo il corpo della vettura. In IDLE, selezionate **File > New File**, poi inserite nella nuova finestra questo codice:

```
import turtle
t = turtle.Pen()
t.reset()
t.color(1,0,0)
t.begin_fill()
t.forward(100)
t.left(90)
t.forward(20)
t.left(90)
t.forward(20)
t.right(90)
t.forward(20)
t.left(90)
t.forward(60)
t.left(90)
t.forward(20)
t.right(90)
t.forward(20)
t.left(90)
t.forward(20)
t.end_fill()
```

Poi, disegniamo la prima ruota.

```
t.color(0,0,0)
t.up()
t.forward(10)
t.down()
t.begin_fill()
t.circle(10)
t.end_fill()
```

Infine, la seconda ruota:

```
t.setheading(0)
t.up()
t.forward(90)
t.right(90)
t.forward(10)
t.setheading(0)
```

```
t.begin_fill()
t.down()
t.circle(10)
t.end_fill()
```

Selezionate **File > Save As** e date al file un nome come *auto.py*. Selezionate poi **Run > Run Module** per provare il codice. Ed ecco la vostra auto:

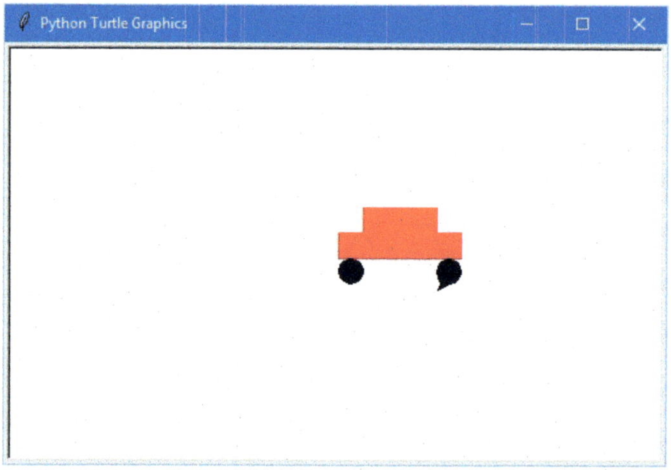

Avrete probabilmente notato che nel nostro codice è comparsa qualche nuova funzione:

- `color` è usata per cambiare il colore della penna.
- `begin_fill` e `end_fill` si usano per riempire di colore un'area della tela.
- `circle` disegna un cerchio di una particolare dimensione.
- `setheading` fa ruotare la tartaruga in modo che punti in una certa direzione.

Diamo un'occhiata a come si possono usare queste funzioni per aggiungere un po' di colore ai disegni.

COLORARE

La funzione `color` prende tre parametri. Il primo specifica la quantità di rosso, il secondo la quantità di verde, il terzo la quantità di blu. Per esempio, per avere un'auto di un rosso acceso, abbiamo usato `color(1,0,0)`, che dice alla tartaruga di usare una penna rossa al 100 per cento.

La combinazione di rosso, verde e blu per ottenere tutti i colori prende il nome di *RGB* (dall'inglese *red*, *green*, *blue*). È il modo in cui sono rappresentati i colori sui monitor e le diverse combinazioni di questi colori primari producono altri colori, come quando si mescolano vernici blu e rosse per ottenere il viola o gialle e rosse per ottenere l'arancione. I colori rosso, verde e blu sono chiamati *primari* perché non si possono ottenere mescolando altri colori.

Anche se non usiamo vernici quando creiamo colori su un monitor (usiamo la luce), può essere utile pensare queste "ricette" RGB come formate da tre latte di vernice, una rossa, una verde e una blu. Ogni lattina è piena e alla lattina piena attribuiamo un valore 1 (o 100 per cento). Poi mescoliamo tutta la vernice rossa e tutta quella verde in un contenitore, ottenendo il giallo (1 e 1, 100 per cento di ciascun colore).

Torniamo al mondo del codice. Per disegnare un cerchio giallo con la tartaruga, dovremmo usare il 100 per cento di vernice rossa e di vernice verde, ma niente blu, così:

```
>>> t.color(1,1,0)
>>> t.begin_fill()
>>> t.circle(50)
>>> t.end_fill()
```

La terna `1,1,0` nella prima riga rappresenta il 100 per cento di rosso, il 100 per cento di verde e lo 0 per cento di blu. Nella riga successiva, diciamo alla tartaruga di riempire con questo colore RGB le forme che disegna (`t.begin_fill`), poi di disegnare un cerchio con `t.circle`. Nell'ultima riga, `end_fill` dice alla tartaruga di riempire il cerchio con il colore RGB.

UNA FUNZIONE PER UN CERCHIO PIENO

Per facilitarci la sperimentazione con vari colori, creiamo una funzione dal codice utilizzato per disegnare un cerchio pieno.

```
>>> def miocerchio(rosso, verde, blu):
        t.color(rosso, verde, blu)
        t.begin_fill()
        t.circle(50)
```

```
    t.end_fill()
```

Possiamo disegnare un cerchio di colore verde brillante utilizzando solo la vernice verde, con questo codice:

```
>>> miocerchio(0, 1, 0)
```

Oppure possiamo disegnare un cerchio di verde più scuro usando solo metà della vernice verde (0.5):

```
>>> miocerchio(0, 0.5, 0)
```

Per giocare con i colori RGB sullo schermo, provate a disegnare un cerchio prima con il 100 per cento e poi con il 50 per cento di rosso (1 e 0.5), poi con il solo blu, al 100 e poi al 50 per cento:

```
>>> miocerchio(1, 0, 0)
>>> miocerchio(0.5, 0, 0)
>>> miocerchio(0, 0, 1)
>>> miocerchio(0, 0, 0.5)
```

NOTA *Se la tela comincia a essere un po' ingombra, usate* `t.reset()` *per cancellare tutti i vecchi disegni. Ricordate inoltre che potete spostare la tartaruga senza disegnare nulla utilizzato* `t.up()` *per alzare la penna, per poi riabbassarla con* `t.down()`.

Varie combinazioni di rosso, verde e blu produrranno tanti colori diversi, come il color oro:

```
>>> miocerchio(0.9, 0.75, 0)
```

Questo è un rosa:

```
>>> miocerchio(1, 0.7, 0.75)
```

Ed ecco due diverse sfumature di arancione:

```
>>> miocerchio(1, 0.5, 0)
>>> miocerchio(0.9, 0.5, 0.15)
```

Provate a realizzare i colori che preferite!

CREARE UN BIANCO E NERO PURO

Che cosa succede quando si spengono tutte le luci la sera? Tutto diventa nero. Lo stesso succede con i colori di un computer. Nessuna luce significa nessun colore, così un cerchio con 0 per tutti i colori primari risulterà riempito di nero:

```
>>> miocerchio(0, 0, 0)
```

Ecco il risultato:

Succede il contrario se si usa il 100 per cento di tutti e tre i colori: in quel caso, si ottiene il bianco.
Scrivete questa istruzione, per cancellare il cerchio nero:

```
>>> miocerchio(1, 1, 1)
```

UNA FUNZIONE PER DISEGNARE QUADRATI

Abbiamo visto che si riempiono di colore le forme dicendo alla tartaruga di iniziare il riempimento con `begin_fill`, e poi le forme vengono riempite quando si usa la funzione `end_fill`. Ora facciamo qualche altro esperimento con le forme e i riempimenti. Usiamo la funzione che disegna quadrati (vista all'inizio del capitolo) e le passiamo il lato del quadrato come parametro.

```
>>> def mioquadrato(lato):
        for x in range(1, 5):
                t.forward(lato)
                t.left(90)
```

Provate la funzione chiamandola con un lato di 50 pixel:

```
>>> t.reset()
>>> mioquadrato(50)
```

Questo produrrà un piccolo quadrato:

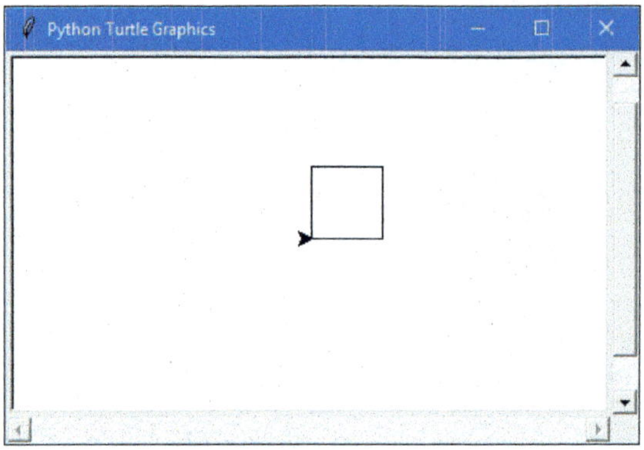

Ora proviamo con lati di misura diversa. Creiamo cinque quadrati consecutivi di lato 25, 50, 75, 100 e 125.

```
>>> t.reset()
>>> mioquadrato(25)
>>> mioquadrato(50)
>>> mioquadrato(75)
>>> mioquadrato(100)
>>> mioquadrato(125)
```

Questi quadrati saranno fatti in questo modo:

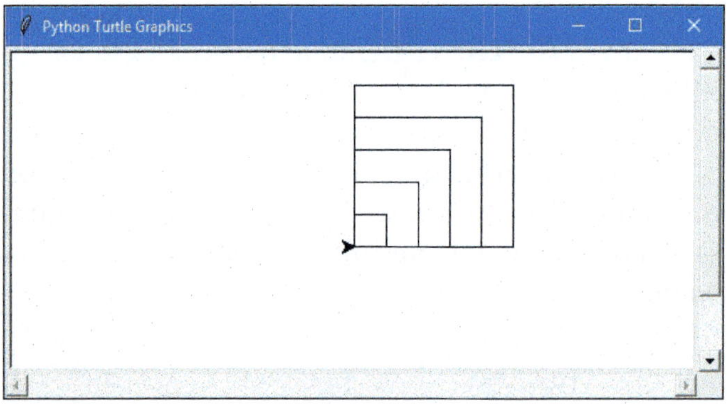

DISEGNARE QUADRATI PIENI

Per disegnare un quadrato pieno, bisogna prima reinizializzare la tela, iniziare il riempimento e poi chiamare di nuovo la funzione `quadrato`, con questo codice:

```
>>> t.reset()
>>> t.begin_fill()
>>> mioquadrato(50)
```

Vedrete un quadrato vuoto, fino a che non finite il riempimento:

```
>>> t.end_fill()
```

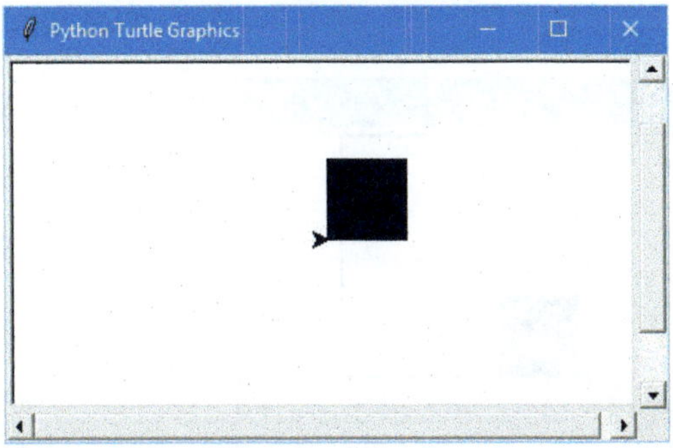

Cambiamo questa funzione, in modo poter disegnare quadrati pieni o vuoti. Abbiamo bisogno di un altro parametro, e il codice diventa un po' più complesso:

```
>>> def mioquadrato(lato, pieno):
        if pieno == True:
                t.begin_fill()
        for x in range(1, 5):
                t.forward(lato)
                t.left(90)
        if pieno == True:
                t.end_fill()
```

Nella prima riga, cambiamo la definizione della funzione, in modo che prenda due parametri `lato` e `pieno`. Poi vediamo se il valore di `pieno` è `True`, con `if pieno == True`. Se lo è, chiamiamo `begin_fill`, per dire alla tartaruga di riempire la forma che disegneremo. Poi effettuiamo per quattro volte (`for x in range(1, 5)`) il ciclo per disegnare i quattro lati del quadrato (procedendo in avanti e a sinistra), prima di verificare di nuovo se `pieno` è `True` con `if pieno = True`. Se lo è, completiamo il riempimento con `t.end_fill()` e la tartaruga riempie di colore il quadrato.

Ora possiamo disegnare un quadrato pieno con questo codice:

```
>>> mioquadrato(50, True)
```

Oppure possiamo creare un quadrato vuoto con questo:

```
>>> mioquadrato(150, False)
```

Dopo queste due chiamate alla funzione `mioquadrato`, si ottiene questa immagine, che sembra un po' un occhio quadrato.

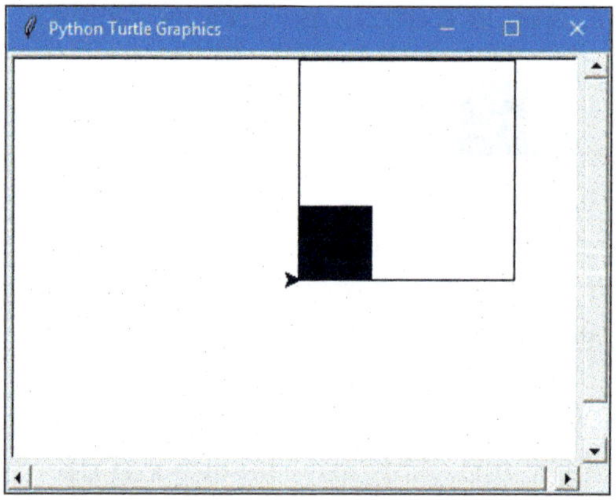

Ovviamente non ci si ferma qui: è possibile disegnare e riempire di colore ogni tipo di forma.

DISEGNARE STELLE PIENE

Come ultimo esempio, aggiungeremo un po' di colore alla stella che abbiamo disegnato prima. Il codice originale era questo:

```
>>> for x in range(1, 19):
        t.forward(100)
        if x % 2 == 0:
                t.left(175)
        else:
                t.left(225)
```

Su questa base, costruiamo ora una funzione `miastella`. Useremo gli enunciati `if` della funzione `mioquadrato` e aggiungeremo il parametro `lato`.

```
>>> def miastella(lato, pieno):
        if pieno == True:
                t.begin_fill()
        for x in range(1, 19):
                t.forward(lato)
                if x % 2 == 0:
                        t.left(175)
                else:
                        t.left(225)
        if pieno == True:
                t.end_fill()
```

Nelle prime due righe di questa funzione, verifichiamo se `pieno` è `True`, e se lo è iniziamo il riempimento. Verifichiamo ancora nelle ultime due righe e, se `pieno` è `True`, concludiamo il riempimento. Come nella funzione `mioquadrato`, passiamo il lato della stella nel parametro `lato` e usiamo quel valore quando chiamiamo `t.forward`.

Ora reinizializziamo il canvas, impostiamo il colore a dorato (90 per cento di rosso, 75 per cento di verde e 0 per cento di blu), poi chiamiamo la funzione.

```
>>> t.reset()
>>> t.color(0.9, 0.75, 0)
>>> miastella(120, True)
```

La tartaruga disegnerà la stella colorata:

Per aggiungere un contorno alla stella, possiamo cambiare il colore in nero e ridisegnare la stella senza riempimento:

```
>>> t.color(0, 0, 0)
>>> miastella(120, False)
```

E ora abbiamo una stella dorata con un contorno in nero:

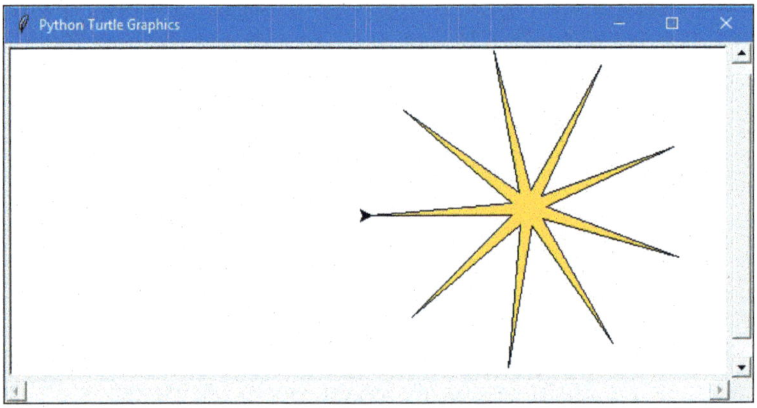

CHE COSA AVETE IMPARATO

In questo capitolo, avete imparato come usare il modulo `turtle` per disegnare alcune forme geometriche di base, mediante i cicli `for` e gli enunciati `if` per controllare quello che fa la tartaruga. Abbiamo modificato il colore della penna e riempito le forme disegnate. Abbiamo anche riusato il codice di disegno per creare alcune funzioni che semplificano il disegno di forme con colori diversi con un'unica chiamata a una funzione.

ROMPICAPO DI PROGRAMMAZIONE

Negli esperimenti seguenti, dovrete disegnare qualche forma con la tartaruga. Come sempre, le soluzioni si possono trovare all'indirizzo *http://python-for-kids.com*.

1. DISEGNARE UN OTTAGONO

In questo capitolo abbiamo disegnato stelle, quadrati e rettangoli. Che cosa ne dite di creare una funzione che disegni una forma a otto lati, come un ottagono? (Suggerimento: provate a far ruotare la tartaruga di 45 gradi.)

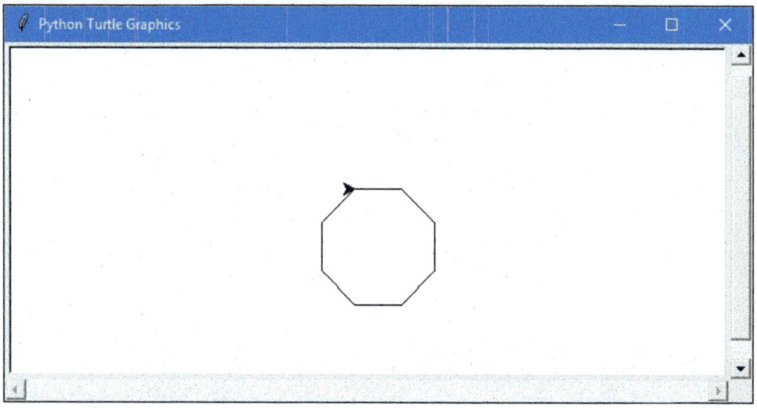

2. DISEGNARE UN OTTAGONO PIENO

Ora che avete una funzione che disegna un ottagono, modificatela in modo che disegni un ottagono pieno. Provate a disegnare un ottagono con un contorno, come abbiamo fatto con la stella.

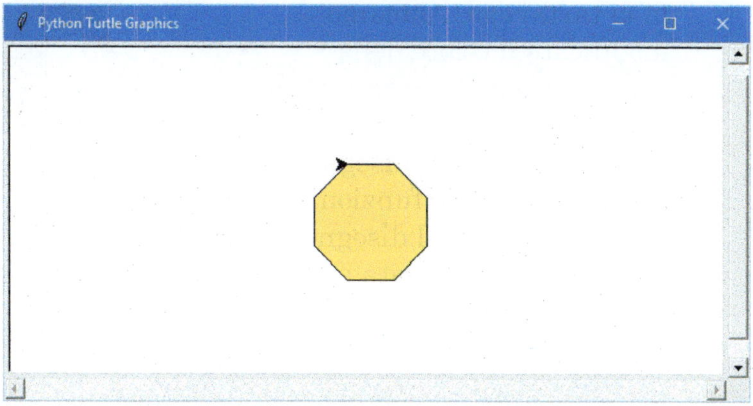

3. UN'ALTRA FUNZIONE PER DISEGNARE STELLE

Create una funzione per disegnare una stella che prenda due parametri: il lato e il numero delle punte.
L'inizio della funzione sarà analogo a questo:

```
def disegna_stella(lato, punte):
```

12
GRAFICA MIGLIORE CON TKINTER

Il problema, quando si usa una tartaruga per disegnare è … che … le … tartarughe … sono … proprio … lente. Anche quando va al massimo della velocità, una tartaruga non è mai molto veloce. Questo non è un problema per le tartarughe, ma lo è invece per la grafica al computer. La grafica al computer, specialmente nei giochi, di solito deve lavorare in fretta. Se avete una console di gioco o giocate al computer, pensate alla grafica che vedete sullo schermo.

Gli oggetti grafici bidimensionali (2D) sono piatti – i personaggi in genere si spostano solo verso l'alto e verso il basso o verso sinistra e verso destra – come in molti giochi della Nintendo DS, della PlayStation Portable (PSP) e per i cellulari.

Nei giochi pseudo-tridimensionali (3D), cioè che sono "quasi 3D", le immagini hanno un aspetto un po' più realistico, ma i personaggi in genere si muovono solo rispetto a un piano (si parla a questo proposito di *grafica isometrica*). Infine, abbiamo i giochi 3D, dove le immagini disegnate sullo schermo cercano di riprodurre la realtà. Che un gioco usi grafica 2D, pseudo-3D o 3D, l'esigenza è sempre la stessa: bisogna disegnare molto rapidamente sullo schermo.

Se non avete mai tentato di creare una vostra animazione, provate questo semplice progetto:

1. Prendete un blocco di carta e nell'angolo in basso della prima pagina, disegnate qualcosa (magari una figura molto stilizzata come uno stickman).
2. Nell'angolo inferiore della pagina successiva, disegnate lo stesso stickman, ma muovendo un po' una gamba.
3. Sulla pagina ancora successiva, disegnate ancora la stessa figura, con la gamba un po' più spostata,
4. Passate da una pagina all'altra disegnando uno stickman ogni volta leggermente modificato rispetto alla pagina precedente.

Python offre diversi modi per creare grafica. Oltre al modulo `turtle`, si possono usare moduli esterni (che devono essere installati separatamente) e anche il modulo tkinter, che dovrebbe fare parte dell'installazione standard di Python. `tkinter` può essere usato per creare applicazioni complete, per esempio un semplice word processor, così come per disegnare. In questo capitolo, esploreremo l'uso di `tkinter` per la creazione di grafica.

CREARE UN PULSANTE CLICCABILE

Come primo esempio, useremo tkinter per creare una semplice applicazione con un pulsante. Inserite questo codice:

```
>>> from tkinter import *
>>> tk = Tk()
>>> btn = Button(tk, text="fai clic qui")
>>> btn.pack()
```

Nella prima riga, importiamo i contenuti del modulo `tkinter`. Utilizzando `from` *`nome-del-modulo`* `import *` si possono usare i contenuti di un modulo senza usare il suo nome; quando abbiamo usato `import turtle` negli esempi precedenti, invece, dovevamo includere il nome del modulo per accedere ai suoi contenuti:

```
import turtle
t = turtle.Pen()
```

Se si usa `import *`, non è necessario chiamare `turtle.Pen`, come abbiamo fatto nei Capitolo 4 e 11. Non è di grande utilità con il modulo `turtle`, ma lo è invece quando si usano moduli che contengono molte classi e molte funzioni, perché così si riduce il numero dei caratteri da scrivere alla tastiera.

```
from turtle import *
t = Pen()
```

Nella riga successiva del nostro esempio del pulsante, creiamo una variabile che contiene un oggetto della classe `Tk` con `tl = Tk()`, come abbiamo creato un oggetto `Pen` per la tartaruga. L'oggetto `tk` crea una finestra di base, a cui possiamo poi aggiungere altre cose, per esempio pulsanti, caselle di input o una tela su cui disegnare. Questa è la classe principale fornita dal modulo `tkinter`: se non si crea un oggetto della classe `Tk`, non si possono realizzare grafica o animazioni.

Nella terza riga, creiamo un pulsante, con `btn = Button` e passiamo la variabile `tk` come primo parametro e `"fai clic qui"` come testo che il pulsante visualizzerà, con `(tk, text="fai clic qui")`. Anche se abbiamo aggiunto questo pulsante alla finestra, non verrà visualizzato finché non si inserisce la riga `btn.pacl()`, che dice al pulsante di fare la sua comparsa. Inoltre allinea tutto sullo schermo, se esistono altri pulsanti o altri oggetti da visualizzare. Il risultato sarà simile a questo:

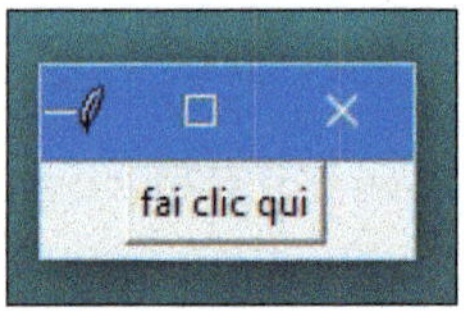

Il pulsante `fai clic qui` non fa un granché. Potete farci clic sopra tutto il giorno, ma non succederà nulla fino a che non modifichiamo un poco il codice. (Chiudete la finestra che avete creato, prima di procedere oltre!)

Cominciamo creando una funzione che visualizzi del testo:

```
>>> def hello():
        print('Salve a tutti')
```

Poi modifichiamo l'esempio perché usi questa funzione:

```
>>> from tkinter import *
>>> tk = Tk()
>>> btn = Button(tk, text="fai clic qui", command=hello)
>>> btn.pack()
```

Abbiamo apportato solo una piccola modifica alla versione precedente: abbiamo aggiunto il paramento `command`, che dice a Python di usare la funzione `hello` quando si fa clic sul pulsante. Ora, a ogni clic sul pulsante, nella shell viene scritta la frase "Salve a tutti". Nell'immagine che segue, ho fatto clic sul pulsante cinque volte:

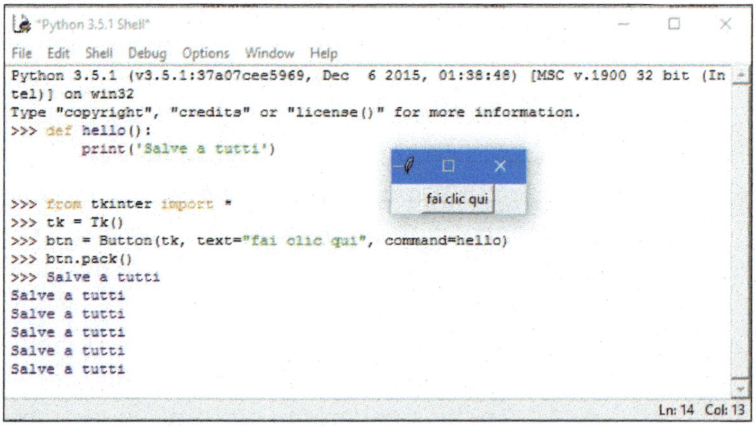

Questa è la prima volta che abbiamo usato parametri per nome nei nostri esempi, perciò parliamone un po', prima di continuare a disegnare.

USARE PARAMETRI PER NOME

I parametri per nome (*named parameters*) sono normali parametri solo che, invece di usare l'ordine specifico dei valori previsto da una funzione per stabilire quale valore corrisponde a quale parametro (il primo valore è il primo parametro, il secondo valore è il secondo parametro e così via), si indicano esplicitamente per nome i valori, così che possano comparire in qualsiasi ordine.

A volte le funzioni hanno molti parametri, e potremmo non aver bisogno di indicare un valore per ciascuno: i parametri per nome sono un modo semplice per attribuire esplicitamente valori solo ai parametri che dobbiamo modificare.

Per esempio, supponiamo di avere una funzione `persona` che prende due parametri: `peso` e `altezza`:

```
>>> def persona(peso, altezza):
        print('Peso %s kg e sono alto %s cm' % (peso, altezza))
```

Normalmente, chiameremmo questa funzione in questo modo:

```
>>> persona(70, 180)
Peso 70 kg e sono alto 180 cm
```

Con i parametri per nome, potremmo chiamare la funzione e specificare il nome del parametro per ciascun valore, senza tener conto dell'ordine in cui sono definiti:

```
>>> persona(peso=80, altezza=180)
Peso 80 kg e sono alto 180 cm
```

I parametri per nome saranno particolarmente utili quando faremo cose più complesse con il modulo `tkinter`.

CREARE UNA TELA PER DISEGNARE

I pulsanti sono strumenti simpatici, ma non particolarmente utili quando si vuol disegnare qualcosa sullo schermo. Quando si vuol davvero disegnare qualcosa, serve un altro componente: un oggetto `canvas`, che è un oggetto della classe `Canvas` (fornita dal modulo `tkinter`).

Quando si crea una tela, si passano a Python la sua larghezza e la sua altezza (in pixel). Per il resto, il codice è simile a quello per il pulsante. Ecco un esempio:

```
>>> from tkinter import *
>>> tk = Tk()
>>> canvas = Canvas(tk, width=500, height=500)
>>> canvas.pack()
```

Come nell'esempio del pulsante, comparirà una finestra quando si inserisce `tk = Tk()`. Nell'ultima riga si effettua il "pack" della tela con `canvas.pack()`, che modifica le dimensioni della tela, portandola a una larghezza di 500 pixel e a una altezza di 500 pixel, come specificato nella terza riga del codice.

Sempre come nell'esempio del pulsante, la funzione `pack` dice alla tela di visualizzarsi nella posizione corretta entro la finestra. Se questa funzione non viene chiamata, non si visualizzerà correttamente nulla.

DISEGNARE LINEE

Per disegnare una linea sulla tela, usiamo coordinate di pixel. Le coordinate determinano la posizione dei pixel su una superficie. Su una tela di `tkinter`, le coordinate determinano la posizione del pixel rispetto al lato sinistro della tela e rispetto al lato superiore (quindi, da sinistra verso destra e dall'alto verso il basso).

Per esempio, dato che la nostra tela è larga 500 pixel e alta 500, le coordinate dell'angolo inferiore destro della tela stessa sono (500, 500). Per disegnare la linea che si vede nell'immagine seguente, useremo le coordinate iniziali (0, 0) e le coordinate finali (500, 500).

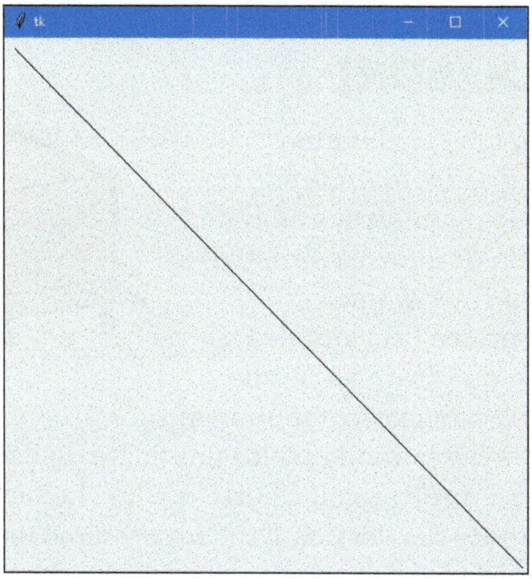

Specifichiamo le coordinate con la funzione `create_line`, in questo modo:

```
>>> from tkinter import *
>>> tk = Tk()
>>> canvas = Canvas(tk, width=500, height=500)
>>> canvas.pack()
>>> canvas.create_line(0, 0, 500, 500)
1
```

La funzione `create_line` restituisce 1, che è un identificatore – ne riparleremo fra breve. Se avessimo voluto fare la stessa cosa con il modulo `turtle`, avremmo dovuto scrivere un codice come questo:

```
>>> import turtle
>>> turtle.setup(width=500, height=500)
>>> t = turtle.Pen()
>>> t.up()
>>> t.goto(-250, 250)
>>> t.down()
>>> t.goto(500, -500)
```

Quindi, il codice `tkinter` è già un miglioramento: è un po' più breve e più semplice.

Ora vediamo qualcuna delle funzioni disponibili per l'oggetto `canvas`, che possiamo utilizzare per qualche disegno più interessante.

DISEGNARE RIQUADRI

Con il modulo `turtle`, abbiamo disegnato un quadrato andando avanti, girando a sinistra, andando avanti, girando di nuovo a sinistra e così via. Alla fine, siamo riusciti a disegnare un riquadro rettangolare o quadrato variando la distanza che percorrevamo in avanti.

Il modulo `tkinter` rende molto più facile disegnare un quadrato o un rettangolo. Tutto quello che bisogna sapere sono le coordinate dei vertici. Ecco un esempio (ora potete chiudere le altre finestre):

```
>>> from tkinter import *
>>> tk = Tk()
>>> canvas = Canvas(tk, width=200, height=200)
>>> canvas.pack()
>>> canvas.create_rectangle(10, 10, 50, 50)
1
```

In questo codice, usiamo `tkinter` per creare una tela larga e alta 200 pixel, poi disegniamo un quadrato in alto a sinistra:

I parametri che passiamo a `canvas.create_rectangle` nell'ultima riga di codice sono le coordinate per i vertici superiore sinistro e inferiore destro del quadrato.
Le coordinate sono date come distanza dal lato sinistro e dal lato superiore della tela, rispettivamente.
In questo caso le prime due coordinate (quelle del vertice superiore sinistro) sono 10 pixel da sinistra e 10 pixel dall'alto (sono i primi due numeri: `10, 10`). L'angolo inferiore destro del quadrato si trova a 50 pixel da sinistra e 50 pixel dall'alto (è la seconda coppia di numeri: `50, 50`).

Indicheremo queste due coppie di coordinate come *x1*, *y1* e *x2*, *y2* rispettivamente. Per disegnare un rettangolo, possiamo aumentare la distanza del secondo vertice dal lato sinistro della tela (aumentando il valore del parametro *x2*), in questo modo:

```
>>> from tkinter import *
>>> tk = Tk()
>>> canvas = Canvas(tk, width=400, height=200)
>>> canvas.pack()
>>> canvas.create_rectangle(10, 10, 300, 50)
1
```

In questo esempio, le coordinate del vertice superiore sinistro del rettangolo sono (10, 10), quelle del vertice inferiore destro sono (300, 50). Il risultato è un rettangolo che ha la stessa altezza del quadrato originale (40 pixel), ma è molto più largo.

Possiamo disegnare un rettangolo anche aumentando la distanza del secondo vertice dal lato superiore della tela (aumentando il valore del parametro *y2*), in questo modo:

```
>>> from tkinter import *
>>> tk = Tk()
>>> canvas = Canvas(tk, width=400, height=400)
>>> canvas.pack()
>>> canvas.create_rectangle(10, 10, 50,300)
1
```

In questa chiamata alla funzione `create_rectangle`, fondamentalmente diciamo, nell'ordine:

- Spostati di 10 pixel a destra (partendo dall'angolo superiore sinistro della tela).
- Spostati di 10 pixel verso il basso. Questo è il vertice di partenza del rettangolo.
- Disegna il rettangolo fino al pixel 50 in larghezza.
- Disegna il rettangolo fino al pixel 300 in altezza.

Il risultato finale sarà simile a questo:

DISEGNARE TANTI RETTANGOLI

Che ne dite di riempire la tela con rettangoli di dimensioni diverse? Possiamo farlo importando il modulo `random` e creando quindi una funzione che usa un numero casuale per le coordinate dei vertici superiore sinistro e inferiore destro del rettangolo.

Useremo la funzione `randrange`, fornita con il modulo `random`. Quando si dà a questa funzione un numero, restituisce un intero casuale compreso fra 0 e il numero dato. Per esempio, una chiamata `randrange(10)` restituirebbe un numero compreso fra 0 e 9, `randrange(100)` restituirebbe un numero compreso fra 0 e 99, e così via.

Ecco come usare `randrange` in una funzione. Create una nuova finestra con **File > New File** e inserite questo codice:

```
from tkinter import *
import random
tk = Tk()
canvas = Canvas(tk, width=400, height=400)
canvas.pack()
def random_rectangle(width, height):
        x1 = random.randrange(width)
        y1 = random.randrange(height)
        x2 = x1 + random.randrange(width-x1)
        y2 = y1 + random.randrange(height-y1)
        canvas.create_rectangle(x1, y1, x2, y2)
```

Prima definiamo la nostra funzione (`def random_rectangle`) che prende due parametri: `width` e `height`. Poi, creiamo variabili per l'angolo superiore sinistro del rettangolo utilizzando la funzione `randrange`, passandole larghezza e altezza con `x1 = random.randrange(width)` e `y1 = random.randrange(height)`, rispettivamente. In effetti, con la seconda riga di questa funzione, diciamo "Crea una variabile chiamata `x1` e attribuiscile come valore un numero casuale compreso fra 0 e il valore del parametro `width`".

Le due righe successive creano variabili per il vertice inferiore destro del rettangolo, tenendo conto delle coordinate del primo vertice (o `x1` o `y1`) e aggiungendo a quei valori un numero casuale compreso fra 0 e la larghezza (o l'altezza) della tela, diminuita del valore corrispondente del primo vertice (altrimenti il rettangolo potrebbe uscire dalla tela). La terza riga della funzione dice, in sostanza, "Crea la variabile `x2` aggiungendo un numero casuale al valore che abbiamo già calcolato per `x1`".

Infine, con `canvas.create_rectangle`, usiamo le variabili `x1`, `y1`, `x2` e `y2` per disegnare il rettangolo.

Per mettere alla prova la nostra funzione r`andom_rectangle`, le passiamo larghezza e altezza della tela. Aggiungete il codice seguente sotto la funzione appena scritta:

```
random_rectangle(400, 400)
```

Salvate il codice inserito (selezionate **File** > **Save** e date un nome di file come *randomrect.py*), poi selezionate **Run > Run Module**. Una volta visto che la funzione dà il risultato desiderato, riempite lo schermo di rettangoli con un ciclo che chiami `random_rectangle` varie volte. Aggiungete il codice seguente, salvate il file e provate a eseguirlo di nuovo:

```
for x in range(0, 100):
    random_rectangle(400, 400)
```

Il risultato potrebbe ricordare un'opera d'arte moderna:

IMPOSTARE IL COLORE

Diamo un po' di colore alla nostra grafica. Modifichiamo la funzione `random_rectangle` in modo da passarle un colore per il rettangolo come altro parametro (`fill_color`). Inserite questo codice in un nuovo file e salvatelo con il nome *colorrect.py*:

```
from tkinter import *
import random
tk = Tk()
canvas = Canvas(tk, width=400, height=400)
canvas.pack()
def random_rectangle(width, height, fill_color):
        x1 = random.randrange(width)
        y1 = random.randrange(height)
        x2 = random.randrange(x1 + random.randrange(width-x1))
        y2 = random.randrange(y1 + random.randrange(height-y1))
        canvas.create_rectangle(x1, y1, x2, y2, fill=fill_color)
```

La funzione `create_rectangle` ora prende un parametro `fill_color`, che specifica il colore da usare nel disegnare il rettangolo.

Possiamo passare alla funzione i colori per nome, come nell'esempio che segue (utilizzando una tela di 400 pixel per 400 pixel) in modo da creare una serie di rettangoli di colore diverso. Se volete provare questo esempio, potete copiare e incollare per evitare di riscrivere molte volte gli stessi caratteri. Selezionate il testo da copiare, premete CTRL+C per copiarlo, fate clic su una riga vuota e premete CTRL+V per incollare. Scrivete la prima riga, poi la copiate, la incollate e modificate solo la parte che varia. Aggiungete questo codice a *colorrect.py*, subito sotto la funzione):

```
random_rectangle(400, 400, 'green')
random_rectangle(400, 400, 'red')
random_rectangle(400, 400, 'blue')
random_rectangle(400, 400, 'orange')
random_rectangle(400, 400, 'yellow')
random_rectangle(400, 400, 'pink')
random_rectangle(400, 400, 'purple')
random_rectangle(400, 400, 'violet')
random_rectangle(400, 400, 'magenta')
random_rectangle(400, 400, 'cyan')
```

Molti di questi colori indicati per nome visualizzeranno i colori che vi aspettate, ma altri potrebbero produrre un messaggio di errore (a seconda che usiate Windows, Mac OS X o Linux).

Ma se volessimo un colore speciale che non ha un nome? Ricordate dal Capitolo 11 che abbiamo impostato il colore della penna della tartaruga usando percentuali dei colori rosso, verde e blu. Impostare la quantità di ciascun colore primario (rosso, verde e blu) per ottenere una combinazione di colore in `tkinter` è leggermente più complicato.

Lavorando con il modulo `turtle` abbiamo creato il colore dorato usando il 90 per cento di rosso, il 75 per cento di verde e niente blu. In `tkinter`, si può creare lo stesso colore così:

```
random_rectangle(400, 400, '#ffd800')
```

Il segno # (cancelletto o diesis) davanti al valore `ffd800` dice a Python che quello che segue è un numero esadecimale.

L'esadecimale è un sistema di rappresentazione dei numeri utilizzato comunemente nella programmazione informatica. Usa una base 16 (come simboli si usano le cifre da 0 a 9 e quindi le lettere da A a F) anziché la base 10 (simboli le cifre da 0 a 9) del sistema decimale. Se non avete ancora studiato le basi in matematica, basta sappiate che si può convertire un normale numero decimale in esadecimale utilizzando un *segnaposto di formato* in una stringa: `%x` (tornate a vedere "Incorporare valori nelle stringhe" a pagina 30). Per esempio, per convertire il numero decimale 15 in esadecimale, potete fare così:

```
>>> print('%x' % 15)
f
```

Per essere sicuri che il nostro numero abbia almeno due cifre, possiamo modificare leggermente il segnaposto di formato in questo modo:

```
>>> print('%02x' % 15)
0f
```

Il modulo `tkinter` mette a disposizione anche un modo facile per ottenere un valore esadecimale per un colore. Provate ad aggiungere questo codice a *colorrect.py* (potete eliminare le altre chiamate alla funzione `random_rectangle`).

```
from tkinter import *
colorchooser.askcolor()
```

Vi verrà presentata una finestra per la scelta del colore.

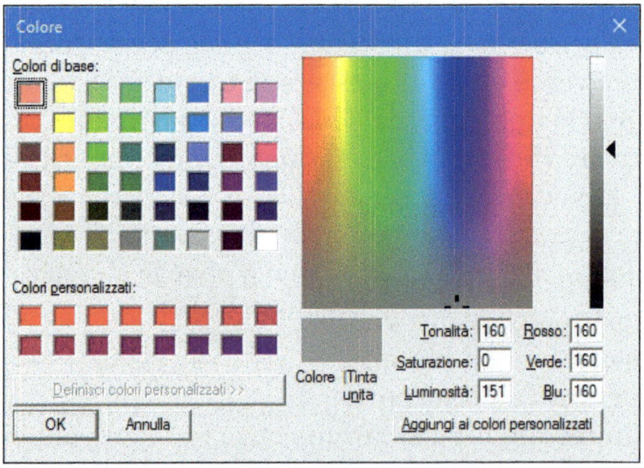

Se, anziché da file, date il comando dalla shell, selezionate un colore e fate clic su OK, verrà visualizzata una tupla, che contiene una tupla con tre numeri e una stringa:

```
>>> colorchooser.askcolor()
((135.52734375, 186.7265625, 165.64453125), '#87baa5')
```

I tre numeri rappresentano le quantità di rosso, verde e blu. In `tkinter`, la quantità di ciascun colore da usare in un colore composto è rappresentata da un numero compreso fra 0 e 255 (che è diverso dall'usare una percentuale per ciascun colore primario con il modulo `turtle`). La stringa nella tupla contiene la versione esadecimale di questi tre numeri.

Potete copiare e incollare il valore stringa da utilizzare oppure memorizzare la tupla come una variabile, poi usare l'indice posizionale del valore esadecimale.

Proviamo a usare la funzione `random_rectangle` per vedere come funziona:

```
>>> c = colorchooser.askcolor()
>>> random_rectangle(400, 400, c[1])
```

Ed ecco il risultato:

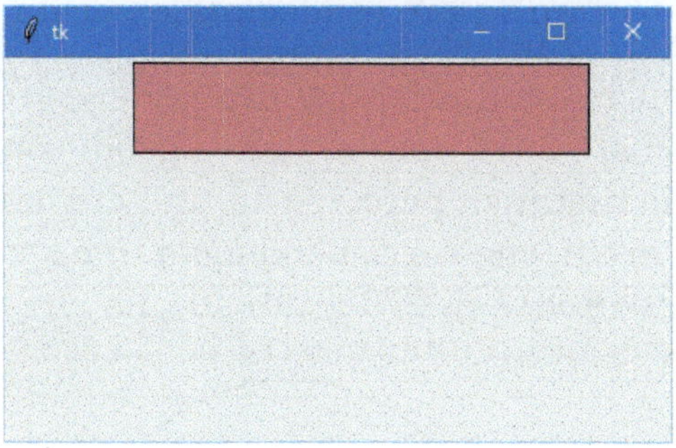

DISEGNARE ARCHI

Un arco è una porzione di circonferenza o di qualche altra curva, ma per poterne disegnare uno con `tkinter`, bisogna disegnarlo all'interno di un rettangolo con la funzione `create_arc`, per esempio così:

```
canvas.create_arc(10, 10, 200, 100, extent=180, style=ARC)
```

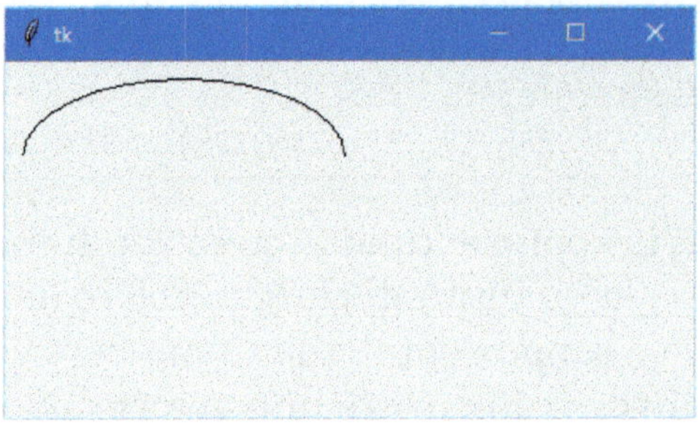

Se avete chiuso tutte le finestre `tkinter`, o avete riavviato IDLE, ricordate di reimportare `tkinter` e di ricreare la tela:

```
>>> from tkinter import *
>>> tk = Tk()
>>> canvas = Canvas(tk, width=400, height=400)
>>> canvas.pack()
>>> canvas.create_arc(10, 10, 200, 100, extent=180, style=ARC)
```

Questo codice posiziona il vertice superiore sinistro del rettangolo che conterrà l'arco alle coordinate (10, 10), cioè a 10 pixel dal lato sinistro e a 10 pixel dal lato superiore della finestra, e il vertice inferiore destro alle coordinate (200, 100). Il parametro successivo, `extent`, si usa per specificare i gradi dell'arco. Ricordate dal Capitolo 4 che i gradi sono un modo per misurare la distanza percorsa su una circonferenza. Ecco due esempi di archi, che corrispondono a uno spostamento rispettivamente di 90 e di 270 gradi su una circonferenza:

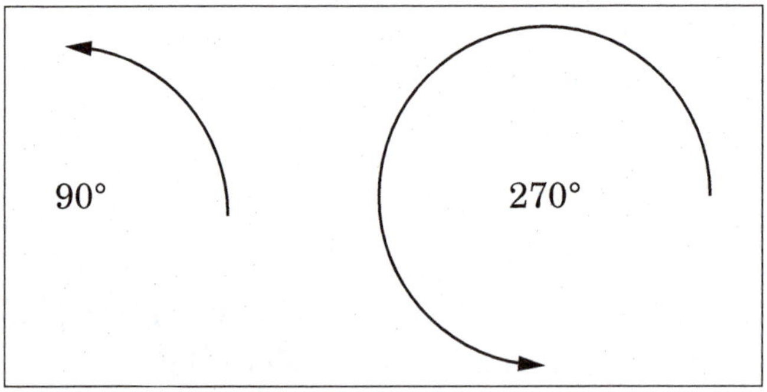

Il codice seguente disegna diversi archi, in modo che possiate vedere che cosa succede utilizzando un numero di gradi diverso con la funzione `create_arc`.

```
>>> from tkinter import *
>>> tk = Tk()
>>> canvas = Canvas(tk, width=400, height=400)
>>> canvas.pack()
>>> canvas.create_arc(10, 10, 200, 80, extent=45, style=ARC)
>>> canvas.create_arc(10, 80, 200, 160, extent=90, style=ARC)
>>> canvas.create_arc(10, 160, 200, 240, extent=135, style=ARC)
>>> canvas.create_arc(10, 240, 200, 320, extent=180, style=ARC)
>>> canvas.create_arc(10, 320, 200, 400, extent=359, style=ARC)
```

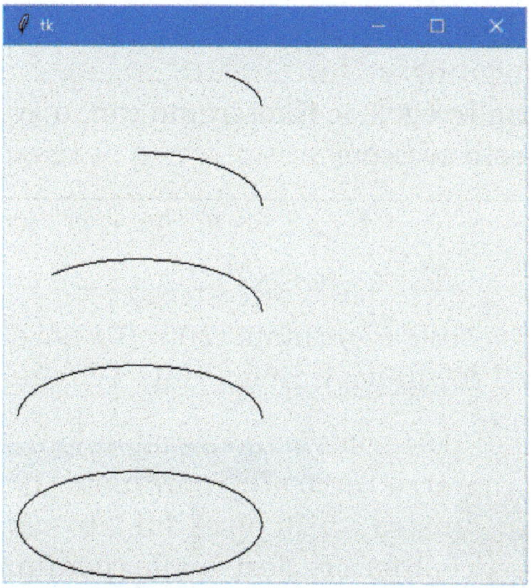

NOTA *Nell'ultimo caso abbiamo usato 359 gradi anziché 360, perché per* `tkinter` *360 è uguale a 0 gradi, e se avessimo usato 360 non avrebbe disegnato nulla.*

DISEGNARE POLIGONI

Un poligono è una figura chiusa con tre o più lati. Esistono poligoni regolari come triangoli, quadrati, rettangoli, pentagoni, esagoni e così via, e anche poligoni irregolari con lati diversi, molti più lati, e forme strane.

Per disegnare poligoni con `tkinter`, bisogna dare le coordinate di ciascun punto del poligono. Ecco come si può disegnare un triangolo:

```
>>> from tkinter import *
>>> tk = Tk()
>>> canvas = Canvas(tk, width=400, height=400)
```

```
>>> canvas.pack()
>>> canvas.create_polygon(10, 10, 100, 10, 100, 110, fill="",
outline="black")
```

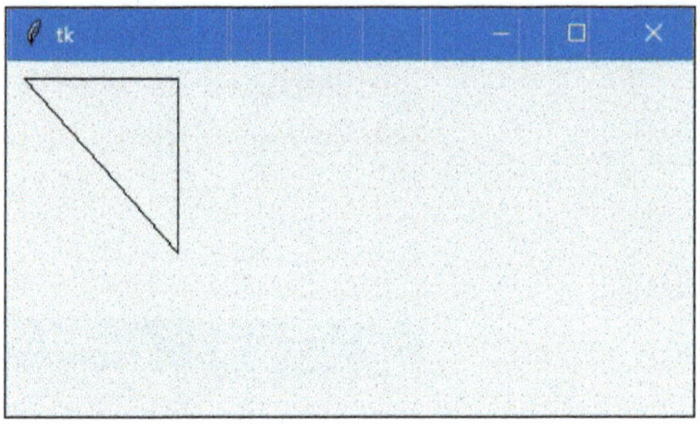

L'esempio disegna un triangolo partendo dalle coordinate x e y (10, 10), per poi passare alle coordinate (100, 10) e finire in (100, 110). Qui a destra si vede il risultato.

Possiamo aggiungere un altro poligono irregolare (una forma con angoli o lati diversi) con questo codice:

```
>>> canvas.create_polygon(200, 10, 240, 30, 120, 100, 140, 120,
fill="", outline="black")
```

Qui si parte con le coordinate (200, 10), poi si passa a (240, 30), poi a (120, 100) e infine a (140, 120). `Tkinter` disegna automaticamente l'ultimo lato, che congiunge il punto indicato dall'ultima coppia di coordinate con quello indicato dalla prima coppia. Ed ecco il risultato dell'esecuzione di questo codice:

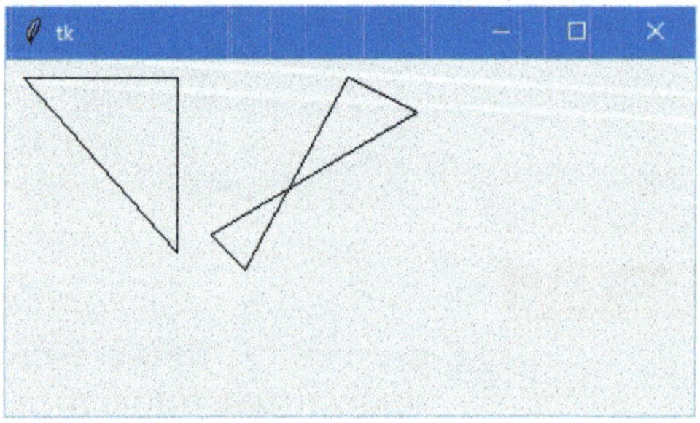

VISUALIZZARE TESTO

Oltre a disegnare forme, si può anche scrivere sul canvas con la funzione `create_text`. Questa funzione prende solo due coordinate (le posizioni x e y del testo), insieme con il parametro per nome del testo da visualizzare. Nel codice che segue, creiamo la tela, poi visualizziamo una frase alle coordinate (150, 100). Salvatelo in un file con il nome *testo.py*.

```
from tkinter import *
tk = Tk()
canvas = Canvas(tk, width=600, height=400)
canvas.pack()
```

```
canvas.create_text(150, 100, text="Signor maestro, che le salta
in mente?")
```

La funzione `create_text` prende anche alcuni altri parametri utili, come un colore di riempimento del testo. Nel codice che segue, chiamiamo la funzione `create_text` con le coordinate (130, 120), il testo che vogliamo visualizzare e un colore di riempimento rosso.

```
canvas.create_text(130, 120, text="Questo problema è
un'astruseria,", fill='red')
```

Si può anche specificare la font (il tipo di carattere usato per visualizzare il testo) come una tupla con il nome della font e il corpo (dimensione) del testo. Per esempio, la tupla per il Times corpo 20 è `('Times', 20)`. Nel codice seguente, visualizziamo il testo volta a volta in Times corpo 15, Helvetica corpo 20, Courier corpo 20 e poi 26.

```
canvas.create_text(150, 150, text="non ci si capisce niente:",
font=('Times', 15))
canvas.create_text(200, 200, text="Trovate il perimetro
dell'allegria,", font=('Helvetica', 20))
canvas.create_text(240, 250, text="la superficie della libertà,",
font=('Courier', 20))
canvas.create_text(300, 300, text="il volume della felicità.",
font=('Courier', 26))
```

Ed ecco il risultato di queste funzioni con le tre font specificate e le diverse dimensioni:

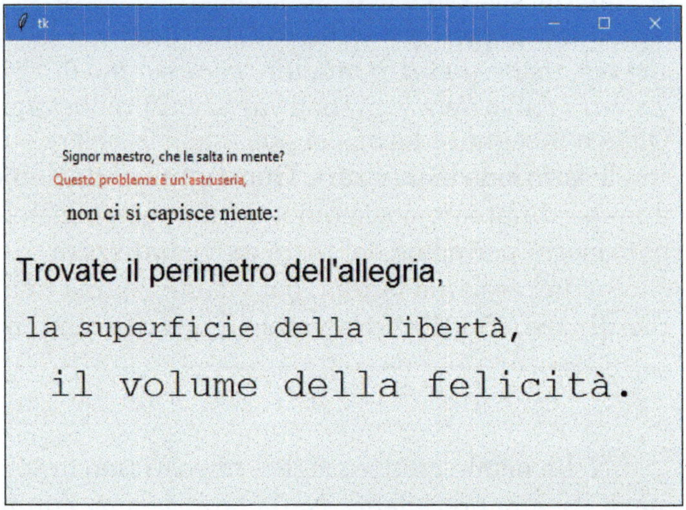

VISUALIZZARE IMMAGINI

Per visualizzare un'immagine su una tela con tkinter, come prima cosa si deve caricare l'immagine e poi usare la funzione `create_image` sull'oggetto `canvas`.

Qualsiasi immagine si carichi deve essere in una directory accessibile a Python. Per questo esempio, abbiamo messo la nostra immagine *test.gif* nella directory C:\, che è la directory radice (quella fondamentale) dell'unità disco C:, ma voi potete metterla dove volete.

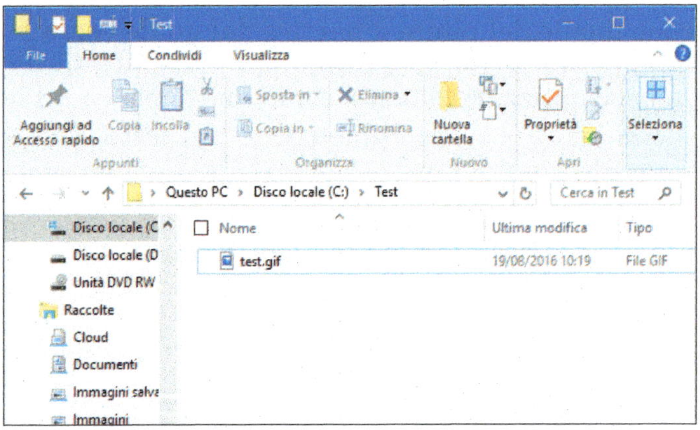

Se usate un sistema Mac o Linux, potete mettere l'immagine nella directory *Home*. Se non riuscite a salvare dei file nell'unità C:, potete mettere l'immagine sul desktop.

NOTA *Con* `tkinter`*, si possono caricare solo immagini GIF, cioè file di immagine con estensione* .gif. *Potete visualizzare anche altri tipi di immagini, per esempio PNG (*.png*) e JPG (*.jpg*), ma dovrete usare un altro modulo, per esempio la Python Imaging Library (*http://www.pythonware.com/products/pil/*).*

Possiamo visualizzare l'immagine *test.gif* in questo modo:

```
from tkinter import *
tk = Tk()
canvas = Canvas(tk, width=400, height=400)
canvas.pack()
mia_immagine = PhotoImage(file='c:\\test.gif')
canvas.create_image(0, 0, anchor=NW, image=mia_immagine)
```

Nelle prime quattro righe, impostiamo la tela come negli esempi precedenti. Nella quinta riga, l'immagine viene caricata nella variabile mia_immagine. Creiamo PhotoImage con la directory 'c:\\test.gif'. Se avete salvato la PhotoImage sul desktop, dovete creare la PhotoImage indicando quella posizione, che sarà qualcosa di simile a questo:

```
mia_immagine = PhotoImage(file='C:\\Users\\Giovanni Rossi\\
Desktop\\test.gif')
```

Una volta che l'immagine è stata caricata nella variabile, canvas.create_image(0, 0, anchor=NW, image=mia_immagine) la visualizza con la funzione create_image. Le coordinate (0, 0) sono quelle del punto a partire dal quale verrà visualizzata l'immagine e anchor=NW dice alla funzione di usare l'angolo superiore sinistro (NW sta per "nord-ovest") dell'immagine come punto di partenza nel disegnarla (altrimenti userebbe il centro dell'immagine come punto di partenza, per impostazione predefinita). L'ultimo parametro per nome, image, punta alla variabile per l'immagine caricata. Ecco il risultato:

CREARE UN'ANIMAZIONE DI BASE

Abbiamo visto fin qui come creare disegni statici, cioè immagini che non si muovono. E se provassimo a creare un'animazione?

L'animazione non è necessariamente una specialità del modulo tkinter, ma può comunque essere utile per qualcosa di semplice. Per esempio, possiamo creare un triangolo pieno e poi farlo muovere lungo lo schermo con il codice seguente (non dimenticate: selezionate **File > New File**, salvate il lavoro, poi eseguite il codice con **Run > Run Module**):

```
import time
from tkinter import *
tk = Tk()
canvas = Canvas(tk, width=400, height=200)
canvas.pack()
canvas.create_polygon(10, 10, 10, 60, 50, 35)
for x in range(0, 60):
        canvas.move(1, 5, 0)
        tk.update()
        time.sleep(0.05)
```

Quando eseguite questo codice, il triangolo comincerà a muoversi sullo schermo, fino alla fine del suo percorso:

Come funziona? Come prima, nelle prime tre righe abbiamo importato `tkinter` e visualizzato un canvas. Nella quarta riga, abbiamo creato il triangolo con questa funzione:

```
canvas.create_polygon(10, 10, 10, 60, 50, 35)
```

NOTA *Quando inserite questa riga, sullo schermo verrà stampato un numero: è un identificatore del poligono. Lo si può usare per fare riferimento alla figura, come vedremo nell'esempio seguente.*

Poi abbiamo creato un ciclo `for` che conta da 0 a 59, partendo da `for x in range(0, 60)`:. Il blocco di codice nel ciclo fa spostare il triangolo. La funzione `canvas.move` sposta qualsiasi oggetto sia stato disegnato aggiungendo dei valori alle sue coordinate x e y. Per esempio, con `canvas.move(1, 5, 0)` spostiamo l'oggetto con ID 1 (l'identificatore del triangolo) di 5 pixel verso destra e di 0 pixel verso il basso.
Per riportarlo alla posizione precedente, potremmo usare la funzione con un valore negativo, `canvas.move(1, -5, 0)`.

La funzione `tk.update()` costringe `tkinter` ad aggiornare lo schermo (ridisegnarlo). Se non avessimo usato `update`, `tkinter` avrebbe aspettato la conclusione del ciclo prima di spostare il triangolo, il che significa che l'avreste visto saltare alla posizione finale, anziché spostarsi progressivamente. La riga finale del ciclo, `time.sleep(0.05)`, dice a Python di aspettare un ventesimo di secondo (0,05 secondi), prima di procedere.

Per far spostare il triangolo diagonalmente sullo schermo, possiamo modificare il codice chiamando `move(1, 5, 5)`. Create un nuovo file (**File > New File**) per questo codice:

```
import time
from tkinter import *
tk = Tk()
canvas = Canvas(tk, width=400, height=400)
canvas.pack()
canvas.create_polygon(10, 10, 10, 60, 50, 35)
for x in range(0, 60):
        canvas.move(1, 5, 5)
        tk.update()
        time.sleep(0.05)
```

Questo codice è diverso dal precedente per due aspetti:

- Abbiamo creato una tela di altezza 400, anziché 200 pixel, con `canvas = Canvas(tk, width=400, height=400)`.
- Sommiamo 5 alle coordinate x e y del triangolo con `canvas.move(1, 5, 5)`.

Una volta salvato il codice, lo potete eseguire, ed ecco la posizione del triangolo alla fine del ciclo:

Per far spostare il triangolo diagonalmente da questa posizione a quella di partenza, usate gli incrementi negativi `-5, -5`. Aggiungete questo codice alla fine del file:

```
for x in range(0, 60):
        canvas.move(1, -5, -5)
        tk.update()
        time.sleep(0.05)
```

FAR REAGIRE UN OGGETTO

Possiamo fare in modo che il triangolo reagisca quando qualcuno preme un tasto, utilizzando gli *event binding* (collegamenti a eventi). Gli eventi sono cose che si verificano mentre un programma è in esecuzione: qualcuno muove il mouse, preme un tasto o chiude una finestra. Si può dire a `tkinter` di fare attenzione a questi eventi e, quando se ne verifica uno, di rispondere in qualche modo.

Per cominciare a gestire gli eventi (cioè per far fare qualcosa a Python quando si verifica un evento), creiamo prima una funzione. La parte di collegamento (*binding*) arriva quando si dice a `tkinter` che una particolare funzione è legata (o associata) a un evento specifico; in altre parole, verrà chiamata automaticamente da `tkinter` per gestire quell'evento.

Per esempio, per fare sì che il triangolo si muova quando si preme il tasto INVIO, possiamo definire questa funzione:

```
def movetriangle(event):
        canvas.move(1, 5, 0)
```

La funzione prende un unico parametro (`event`), che `tkinter` usa per inviare informazioni alla funzione in merito all'evento. Ora diciamo a `tkinter` che questa funzione deve essere usata per un particolare evento, utilizzando la funzione `bind_all` sul canvas. Il codice completo è questo:

```
from tkinter import *
tk = Tk()
canvas = Canvas(tk, width=400, height=400)
canvas.pack()
canvas.create_polygon(10, 10, 10, 60, 50, 35)
def movetriangle(event):
    canvas.move(1, 5, 0)
canvas.bind_all('<KeyPress-Return>', movetriangle)
```

Il primo parametro di questa funzione descrive l'evento a cui vogliamo che `tkinter` faccia attenzione. In questo caso, si chiama `<KeyPress-Return>`, ovvero "pressione del tasto INVIO O RETURN". Diciamo a `tkinter` che la funzione `movetriangle` deve essere chiamata ogni volta che si verifica questo evento `KeyPress`. Eseguite questo codice, fate clic sul canvas con il mouse, poi provate a premere INVIO.

E se volessimo cambiare la direzione del triangolo in base ai tasti premuti, per esempio i tasti freccia? Non è difficile. Basta modificare la funzione `movetriangle` in questo modo:

```
def movetriangle(event):
    if event.keysym == 'Up':
        canvas.move(1, 0, -3)
    elif event.keysym == 'Down':
        canvas.move(1, 0, 3)
    elif event.keysym == 'Left':
        canvas.move(1, -3, 0)
    else:
        canvas.move(1, 3, 0)
```

L'oggetto `event` passato a `movetriangle` contiene diverse variabili. Una è `keysym` (abbreviazione di *key symbol*, simbolo del tasto), una stringa contenente il valore del tasto premuto (`Up` è la freccia verso l'alto, `Down` quella verso il basso, `Left` e `Right` sinistra e destra). La riga `if event.keysym == 'Up':` dice che se la variabile `keysym` contiene la stringa `'Up'` dobbiamo chiamare `canvas.move` con i parametri `(1, 0, -3)`, come facciamo nella riga successiva. Se `keysym` contiene `'Down'`, la condizione `elif event.keysym == 'Down':` sarà vera e verrà chiamata la funzione con i parametri `(1, 0, 3)`, e così via.

Ricordate: il primo parametro è il numero identificativo della forma disegnata, il secondo è il valore da sommare alla coordinata x, il terzo il valore da sommare alla coordinata y.

Poi diciamo a `tkinter` di usare la funzione `movetriangle` per gestire gli eventi di quattro diversi tasti (up, down, left e right). Qui di seguito si vede come si presenta il codice a questo punto. Per inserire questo codice, sarà tutto più facile se create un nuovo file (selezionando **File > New File**). Prima di eseguire il codice, salvate il file con un nome significativo, per esempio *triangoloinmoto.py*.

```
from tkinter import *
tk = Tk()
canvas = Canvas(tk, width=400, height=400)
canvas.pack()
canvas.create_polygon(10, 10, 10, 60, 50, 35)
def movetriangle(event):
❶     if event.keysym == 'Up':
❷         canvas.move(1, 0, -3)
❸     elif event.keysym == 'Down':
❹         canvas.move(1, 0, 3)
❺     elif event.keysym == 'Left':
❻         canvas.move(1, -3, 0)
❼     else:
❽         canvas.move(1, 3, 0)
canvas.bind_all('<KeyPress-Up>', movetriangle)
canvas.bind_all('<KeyPress-Down>', movetriangle)
canvas.bind_all('<KeyPress-Left>', movetriangle)
canvas.bind_all('<KeyPress-Right>', movetriangle)
```

Nella prima riga della funzione `movetriangle`, controlliamo se `keysym` contiene `'Up'`, in ❶. Se sì, spostiamo il triangolo verso l'alto con la funzione `move` e i parametri `1, 0, -3`, in ❷. Il primo è l'identificatore del triangolo, il secondo lo spostamento verso destra (non vogliamo spostarlo in orizzontale, perciò è 0) e il terzo è lo spostamento verso il basso (negativo, perché vogliamo andare verso l'alto, -3 pixel).

Poi verifichiamo se `keysym` contiene `'Down'` in ❸ e, se sì, spostiamo il triangolo verso il basso (di 3 pixel) in ❹. L'ultimo controllo è se il valore è `'Left'`, in ❺ e, se sì, spostiamo il triangolo verso sinistra (-3 pixel) in ❻. Se la variabile non contiene nessuno di questi valori, l'ultimo `else` in ❼ sposta il triangolo verso destra in ❽. Ora il triangolo si muoverà nella direzione indicata dal tasto freccia che viene premuto.

ALTRI MODI PER USARE L'IDENTIFICATORE

Ogni volta che si usa una funzione `create_` del canvas, come `create_polygon` o `create_rectangle`, viene restituito un identificatore. Questo numero identificativo può essere utilizzato con altre funzioni, come abbiamo fatto in precedenza con la funzione `move`:

```
>>> from tkinter import *
>>> tk = Tk()
```

```
>>> canvas = Canvas(tk, width=400, height=400)
>>> canvas.pack()
>>> canvas.create_polygon(10, 10, 10, 60, 50, 35)
1
>>> canvas.move(1, 5, 0)
```

Il problema è che `create_polygon` non restituisce sempre 1. Per esempio, se avete creato altre forme, potrebbe restituire 2, 3 o anche 100 (a seconda del numero delle forme che avete creato). Se però modifichiamo il codice in modo da memorizzare in una variabile il valore restituito, e poi usiamo la variabile (anziché fare riferimento semplicemente al numero 1), il codice funzionerà, indipendentemente da quale sia il numero restituito:

```
>>> miotriangolo = canvas.create_polygon(10, 10, 10, 60, 50, 35)
>>> canvas.move(miotriangolo, 5, 0)
```

La funzione `move` ci permette di spostare oggetti sullo schermo mediante il loro identificatore. Esistono però altre funzioni che possono modificare in qualche modo quel che abbiamo disegnato. Per esempio, la funzione `itemconfig` del canvas si può usare per modificare qualcuno dei parametri di una forma, per esempio i colori di riempimento e di contorno.

Supponiamo di aver creato un triangolo rosso:

```
>>> from tkinter import *
>>> tk = Tk()
>>> canvas = Canvas(tk, width=400, height=400)
>>> canvas.pack()
>>> miotriangolo = canvas.create_polygon(10, 10, 10, 60, 50, 35,
fill='red')
```

Possiamo cambiare il colore del triangolo utilizzando `itemconfig`, con l'identificare come primo parametro. Il codice che segue dice: "Cambia in blu il colore di riempimento dell'oggetto identificato dal numero conservato nella variabile `miotriangolo`":

```
>>> canvas.itemconfig(miotriangolo, fill='blue')
```

Possiamo anche dare un colore diverso al contorno del triangolo, sempre con l'identificatore come primo parametro:

```
>>> canvas.itemconfig(miotriangolo, outline='red')
```

Più avanti, vedremo come apportare ulteriori modifiche a un disegno, per esempio nasconderlo e poi renderlo nuovamente visibile. Questo ci sarà utile, quando inizieremo a scrivere giochi, nel prossimo capitolo.

CHE COSA AVETE IMPARATO

In questo capitolo, avete usato il modulo `tkinter` per disegnare semplici forme geometriche, visualizzare immagini e semplici animazioni. Avete visto come usare gli *event binding* per far sì che i disegni reagiscano alla pressione dei tasti, il che sarà utile quando inizieremo a programmare un gioco. Avete visto come le funzioni di creazione di forme in `tkinter` restituiscano un numero identificativo, utilizzabile per modificare le forme dopo che sono state disegnate, per esempio per spostarle sullo schermo o per modificarne il colore.

ROMPICAPO DI PROGRAMMAZIONE

Cimentatevi con questi esercizi, per sperimentare ancora con il modulo `tkinter` e con qualche semplice animazione. Le soluzioni si trovano sul sito *http://python-for-kids.com/*.

1. RIEMPIRE LO SCHERMO DI TRIANGOLI

Create un programma che usi `tkinter` per riempire lo schermo di triangoli. Poi modificare il codice così da riempire lo schermo con triangoli di colori diversi.

2. IL TRIANGOLO MOBILE

Modificate il codice del triangolo che si muove ("Creare animazioni semplici" a pagina 183) perché si sposti sullo schermo prima a destra, poi in basso, poi a sinistra e infine verso l'alto fino alla posizione di partenza.

3. LA FOTO CHE SI MUOVE

Provate a visualizzare con `tkinter` una foto. Ricordate: deve essere un'immagine GIF! Riuscite a spostarla sullo schermo?

PARTE II

BOUNCE!

13
INIZIAMO IL PRIMO GIOCO: BOUNCE!

Fin qui, abbiamo visto gli aspetti fondamentali della programmazione. Avete imparato come usare le variabili per conservare informazioni, gli enunciati `if` per ottenere comportamenti diversi in base a condizioni e i cicli `for` per ripetere codice. Sapete come creare funzioni in modo da riusare il vostro codice e come usare classi e oggetti per suddividere il codice in parti più piccole, che rendono più facile comprenderlo. Avete imparato come disegnare sullo schermo con i moduli `turtle` e `tkinter`. Ora è venuto il momento di usare queste conoscenze per creare il vostro primo gioco.

COLPIRE LA PALLA CHE RIMBALZA

Svilupperemo un gioco con una palla che rimbalza e una racchetta. La palla si muoverà sullo schermo e il giocatore dovrà colpirla con la racchetta per farla rimbalzare. Se la palla colpisce la base dello schermo, il gioco finisce. Ecco un'anteprima del gioco finito:

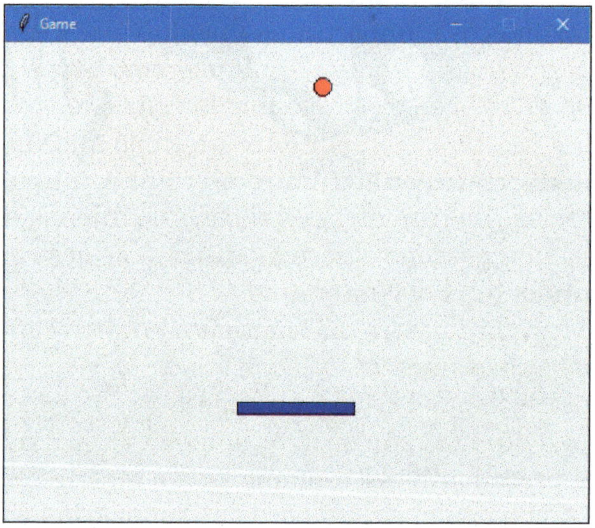

Il gioco può sembrare molto semplice, ma il codice sarà un po' più avventuroso di quello che abbiamo scritto fin qui, perché ci sono molte cose da gestire. Per esempio, bisogna animare la racchetta e la palla e stabilire quando la palla colpisce la racchetta o le pareti.

Qui, cominceremo a creare il gioco introducendo un canvas di gioco e una palla che rimbalza. Nel prossimo capitolo lo completeremo aggiungendo la racchetta.

CREARE IL CANVAS DI GIOCO

Per creare il gioco, innanzitutto aprite un nuovo file nella shell di Python (selezionate **File > New File**). Poi importate `tkinter` e create un canvas su cui disegnare:

```
from tkinter import *
import random
import time
tk = Tk()
```

```
tk.title("Game")
tk.resizable(0, 0)
tk.wm_attributes("-topmost", 1)
canvas = Canvas(tk, width=500, height=400, bd=0,
highlightthickness=0)
canvas.pack()
tk.update()
```

Qui c'è qualcosa di diverso rispetto agli esempi precedenti. Come prima cosa, importiamo i moduli `time` e `random` con `import random` e `import time`: li useremo un po' più avanti.

Con `tk.title("Game")`, usiamo la funzione `title` dell'oggetto `tk creato con tk = Tk()`, per dare un titolo alla finestra. Poi usiamo `resizable` per attribuire alla finestra una dimensione ben precisa. I parametri `0, 0` dicono "le dimensioni della finestra non possono essere modificate né orizzontalmente né verticalmente". Poi chiamiamo `wm_attributes` per dire a `tkinter` di collocare la finestra che contiene il nostro canvas davanti a tutte le altre finestre (`"-topmost"`).

Notate che, nel creare un oggetto `canvas` con `canvas =`, passiamo qualche parametro con nome in più rispetto agli esempi precedenti: per esempio, `bd=0` e `highlightthickness=0` fanno sì che non ci sia un bordo all'esterno del canvas, per dargli un aspetto migliore nella schermata del gioco.

La riga `canvas.pack()` dice al canvas di ridimensionarsi in base ai parametri di larghezza (`width`) e altezza (`height`) dati nella riga precedente.

Infine, `tk.update()` dice a `tkinter` di inizializzarsi per l'animazione nel nostro gioco. Senza quest'ultima riga, nulla funzionerebbe come ci aspetteremmo.

Ricordatevi sempre di salvare il codice a mano a mano che procedete. Dategli un nome di file parlante, la prima volta che lo salvate, per esempio *paddleball.py*.

CREARE LA CLASSE DELLA PALLA

Ora creeremo la classe per la palla. Cominciamo con il codice che ci serve perché la palla si disegni sul canvas. Ecco che cosa dobbiamo fare:

- Creare una classe `Ball` che prenda i parametri per il canvas e il colore della palla che disegneremo.
- Salvare il canvas come una variabile di oggetto perché disegneremo su di esso la nostra palla.
- Disegnare un cerchio pieno sul canvas utilizzando il valore del parametro di colore come colore di riempimento.
- Salvare l'identificatore restituito da `tkinter` quando disegna il cerchio (*oval*) perché lo useremo per spostare la palla sullo schermo.
- Spostare il cerchio al centro del canvas.

Questo codice va aggiunto subito dopo le prime due righe del file (dopo `import time`):

```
from tkinter import *
import random
import time

❶ class Ball:
❷     def __init__(self, canvas, color):
❸         self.canvas = canvas
❹         self.id = canvas.create_oval(10, 10, 25, 25, fill=color)
❺         self.canvas.move(self.id, 245, 100)

      def draw(self):
          pass
```

Come prima cosa, diamo il nome `Ball` alla nostra classe in ❶. Poi creiamo una funzione di inizializzazione (come abbiamo visto nel Capitolo 8), che prende i parametri `canvas` e `color` in ❷. In ❸, impostiamo la variabile di oggetto `canvas` al valore del parametro `canvas`.

In ❹, chiamiamo la funzione `create_oval` con cinque parametri: le coordinate x e y dell'angolo superiore sinistro (10 e 10), le coordinate x e y dell'angolo inferiore destro (25 e 25) e, infine, il colore di riempimento dell'ovale.

La funzione `create_oval` restituisce un identificatore per la forma disegnata, che memorizziamo nella variabile di oggetto id. In ❺, spostiamo l'ovale al centro del canvas (posizione 245, 100) e il canvas sa che cosa spostare, perché usiamo l'identificatore della forma memorizzato (la variabile di oggetto id) per identificarlo.

Nelle ultime due righe della classe Ball, creiamo la funzione draw con def draw(self) e il corpo della funzione è semplicemente la parola chiave pass. Al momento non fa nulla; daremo qualche contenuto a questa funzione fra breve.

Ora che abbiamo creato la classe Ball, dobbiamo creare un oggetto di questa classe (ricordate che una classe descrive quello che può fare, ma l'oggetto è la cosa che lo fa effettivamente). Aggiungete il codice seguente in fondo al programma per creare un oggetto palla rosso:

```
ball = Ball(canvas, 'red')
```

Se eseguite il programma adesso con **Run > Run Module**, il canvas apparirà per un istante e poi scomparirà subito. Perché la finestra non si chiuda immediatamente, dobbiamo aggiungere un ciclo di animazione, che chiameremo il ciclo principale del nostro gioco.

Un ciclo principale è la parte centrale di un programma che in generale controlla la maggior parte di quello che avviene. Per il momento il nostro ciclo principale non fa altro che dire a tkinter di ridisegnare lo schermo. Il ciclo continua a girare all'infinito (o fino a che non chiuderemo la finestra), dicendo costantemente a tkinter di ridisegnare lo schermo, per poi "dormire" per un centesimo di secondo. Aggiungiamo questo codice alla fine del programma:

```
ball = Ball(canvas, 'red')

while 1:
    tk.update_idletasks()
    tk.update()
    time.sleep(0.01)
```

Ora, se eseguite il codice, comparirà la palla, quasi al centro del canvas:

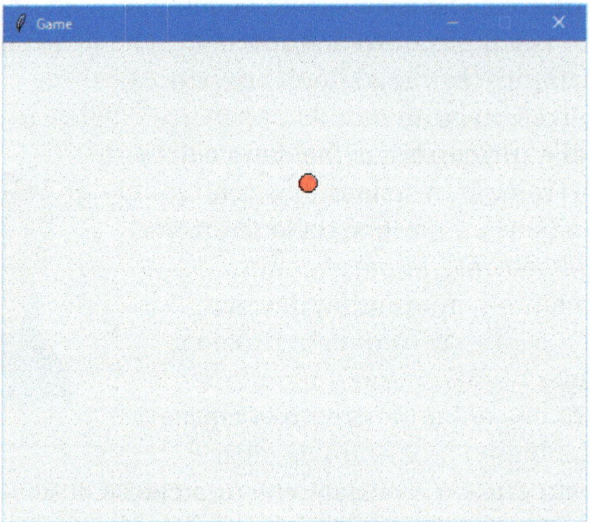

UN PO' D'AZIONE

Ora che abbiamo impostato la classe `Ball`, è tempo di animare la palla. La faremo spostare, rimbalzare e cambiare direzione.

FAR SPOSTARE LA PALLA

Per spostare la palla, modificate così la funzione `draw`:

```
class Ball:
    def __init__(self, canvas, color):
        self.canvas = canvas
        self.id = canvas.create_oval(10, 10, 25, 25, fill=color)
        self.canvas.move(self.id, 245, 100)

    def draw(self):
        self.canvas.move(self.id, 0, -1)
```

Poiché `__init__` ha salvato il parametro `canvas` come variabile di oggetto `canvas`, usiamo questa variabile con `self.canvas`, e chiamiamo la funzione `move` per il canvas.

Passiamo a `move` tre parametri l'`id` dell'ovale e i numeri `0` e `-1`. Lo `0` dice dice "non spostarti orizzontalmente", il `-1` dice "spostati di un pixel verso l'alto sullo schermo".

Apportiamo questo piccolo cambiamento perché è una buona idea provare le cose a mano a mano che si va avanti. Immaginate che cosa succederebbe se scrivessimo tutto il codice per il gioco e poi scoprissimo che non funziona. Dove cominceremmo a guardare per capire che cosa non va?

L'altro cambiamento da apportare è nel ciclo principale in fondo al programma. Nel blocco del ciclo `while` (è il nostro ciclo principale!), aggiungiamo una chiamata alla funzione `draw` dell'oggetto palla, così:

```
while 1:
    ball.draw()
    tk.update_idletasks()
    tk.update()
    time.sleep(0.01)
```

Se eseguite questo codice ora, la palla si muoverà verso l'alto sul canvas e svanirà, perché il codice costringe `tkinter` a ridisegnare lo schermo rapidamente – i comandi `update_idletasks` e `update` dicono a `tkinter` di sbrigarsi e disegnare quello che si trova sul canvas.

Il comando `time.sleep` è una chiamata alla funzione `sleep` del modulo `time`, che dice a Python di "dormire" per un centesimo di secondo (`0.01`), per essere sicuri che il programma non venga eseguito così rapidamente che la palla scompaia prima ancora che si riesca a vederla.

Il ciclo quindi fondamentalmente dice: sposta la palla di un poco, ridisegna lo schermo con la nuova posizione, dormi per un momento e poi ricomincia.

NOTA *Vedrete probabilmente dei messaggi d'errore scritti nella shell quando chiudete la finestra del gioco: è perché, quando chiudete la finestra, il codice esce dal ciclo* `while` *e Python… si lamenta.*

Il codice del gioco ora dovrebbe essere questo:

```
from tkinter import *
import random
import time

class Ball:
    def __init__(self, canvas, color):
        self.canvas = canvas
        self.id = canvas.create_oval(10, 10, 25, 25, fill=color)
```

```
        self.canvas.move(self.id, 245, 100)
    def draw(self):
        self.canvas.move(self.id, 0, -1)

tk = Tk()
tk.title("Game")
tk.resizable(0, 0)
tk.wm_attributes("-topmost", 1)
canvas = Canvas(tk, width=500, height=400, bd=0,
highlightthickness=0)
canvas.pack()
tk.update()

ball = Ball(canvas, 'red')

while 1:
    ball.draw()
    tk.update_idletasks()
    tk.update()
    time.sleep(0.01)
```

FAR RIMBALZARE LA PALLA

Una palla che scompare uscendo in alto dallo schermo non è particolarmente utile per un gioco, perciò facciamola rimbalzare. Come prima cosa, salviamo qualche altra variabile di oggetto nella funzione di inizializzazione della classe Ball, in questo modo:

```
    def __init__(self, canvas, color):
        self.canvas = canvas
        self.id = canvas.create_oval(10, 10, 25, 25, fill=color)
        self.canvas.move(self.id, 245, 100)
        self.x = 0
        self.y = -1
        self.canvas_height = self.canvas.winfo_height()
```

Abbiamo aggiunto al nostro programma tre ulteriori righe. Con `self.x = 0`, impostiamo la variabile d'oggetto `x` a 0, poi con `self-y = -1` impostiamo la variabile `y` a `-1`. Infine, impostiamo la variabile d'oggetto `canvas_height` chiamando la funzione del canvas `winfo_height`. Questa funzione restituisce l'altezza corrente del canvas.

Poi modifichiamo ulteriormente la funzione `draw`:

```
    def draw(self):
❶       self.canvas.move(self.id, self.x, self.y)
```

```
❷        pos = self.canvas.coords(self.id)
❸        if pos[1] <= 0:
             self.y = 1
❹        if pos[3] >= self.canvas_height:
             self.y = -1
```

In ❶, modifichiamo la chiamata alla funzione `move` del canvas passando le variabili d'oggetto `x` e `y`. Poi creiamo una variabile `pos`, in ❷, chiamando la funzione del canvas `coords`. Questa funzione restituisce le coordinate `x` e `y` correnti di qualsiasi cosa sia disegnata sul canvas, purché se ne conosca il numero identificativo. In questo caso, passiamo a `coords` la variabile d'oggetto `id`, che contiene l'identificatore dell'ovale.

La funzione `coords` restituisce le coordinate come lista di quattro numeri. Se stampiamo i risultati della chiamata di questa funzione, vedremo qualcosa di questo genere:

```
print(self.canvas.coords(self.id))
[255.0, 29.0, 270.0, 44.0]
```

I primi due numeri nella lista (`255.0` e `29.0`) rappresentano le coordinate in alto a sinistra dell'ovale (*x1* e *y1*); gli altri due (`270.0` e `44.0`) sono le coordinate in basso a destra dell'ovale, *x2* e *y2*. Useremo questi valori nelle prossime righe di codice.

In ❸, vediamo se la coordinata *y1* (la cima della palla!) è minore o uguale a 0. Se è così, impostiamo la variabile di oggetto `y` a `1`. Sostanzialmente, stiamo dicendo: se colpisci la parte superiore dello schermo, smetti di sottrarre uno dalla posizione verticale e quindi smetti di andare verso l'alto.

In ❹, vediamo se la coordinata *y2* (il punto più basso della palla!) è maggior o uguale alla variabile `canvas_height`. Se lo è, reimpostiamo la variabile di oggetto `y` al valore `-1`.

Eseguite il codice ora, e la palla salterà su e giù fino al momento in cui non chiudete la finestra.

MODIFICARE LA DIREZIONE INIZIALE DELLA PALLA

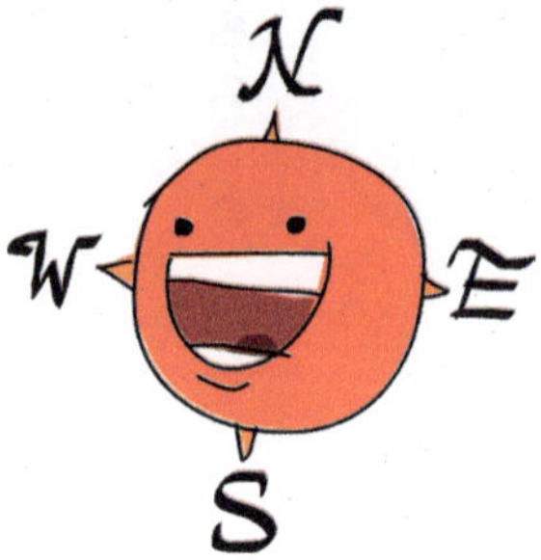

Far rimbalzare lentamente una palla su e giù non è un granché, come gioco, perciò miglioriamo un po' la situazione modificando la direzione di partenza della palla, cioè l'angolo lungo il quale si muove quando inizia il gioco. Nella funzione `__init__`, modificate le righe:

```
        self.x = 0
        self.y = -1
```

nel modo seguente. Fate attenzione al numero giusto di spazi (devono essere otto) all'inizio di ciascuna riga:

```
❶       starts = [-3, -2, -1, 1, 2, 3]
❷       random.shuffle(starts)
❸       self.x = starts[0]
❹       self.y = -3
```

In ❶, creiamo la variabile `starts` con una lista di sei numeri, poi rimescoliamo la lista in ❷ con `random.shuffle`. In ❸, impostiamo il valore di `x` al primo elemento della lista, così quindi che `x` sia un numero qualsiasi della lista, fra -3 e 3.

Se poi modifichiamo `y` in -3 in ❹ (per accelerare il movimento della palla), dobbiamo apportare qualche ulteriore modifica per essere sicuri che la palla non scompaia uscendo dai lati dello schermo. Aggiungete questa riga alla fine della funzione `__init__` per salvare la larghezza del canvas in una nuova variabile di oggetto, `canvas_width`:

```
        self.canvas_width = self.canvas.winfo_width()
```

Useremo questa nuova variabile di oggetto nella funzione `draw` per vedere se la palla ha raggiunto il bordo sinistro o destro del canvas:

```
        if pos[0] <= 0:
            self.x = 3
        if pos[2] >= self.canvas_width:
            self.x = -3
```

Poiché impostiamo x a 3 e -3, facciamo lo stesso con y, in modo che la palla si muova alla stessa velocità in tutte le direzioni. La vostra funzione draw ora dovrebbe essere scritta in questo modo:

```
    def draw(self):
        self.canvas.move(self.id, self.x, self.y)
        pos = self.canvas.coords(self.id)
        if pos[1] <= 0:
            self.y = 3
        if pos[3] >= self.canvas_height:
            self.y = -3
        if pos[0] <= 0:
            self.x = 3
        if pos[2] >= self.canvas_width:
            self.x = -3
```

Salvate ed eseguite il codice, e la palla dovrebbe rimbalzare sullo schermo senza scomparire. Ed ecco come dovrebbe presentarsi tutto il programma, fino a questo punto:

```
from tkinter import *
import random
import time

tk = Tk()
tk.title("Game")
tk.resizable(0, 0)
tk.wm_attributes("-topmost", 1)
canvas = Canvas(tk, width=500, height=400, bd=0, highlightthick-
ness=0)
canvas.pack()
tk.update()

class Ball:
    def __init__(self, canvas, color):
        self.canvas = canvas
        self.id = canvas.create_oval(10, 10, 25, 25, fill=color)
        self.canvas.move(self.id, 245, 100)
        starts = [-3, -2, -1, 1, 2, 3]
        random.shuffle(starts)
        self.x = starts[0]
        self.y = -3
        self.canvas_height = self.canvas.winfo_height()
        self.canvas_width = self.canvas.winfo_width()
```

```
    def draw(self):
        self.canvas.move(self.id, self.x, self.y)
        pos = self.canvas.coords(self.id)
        if pos[1] <= 0:
            self.y = 3
        if pos[3] >= self.canvas_height:
            self.y = -3
        if pos[0] <= 0:
            self.x = 3
        if pos[2] >= self.canvas_width:
            self.x = -3

ball = Ball(canvas, 'red')

while 1:
    ball.draw()
    tk.update_idletasks()
    tk.update()
    time.sleep(0.01)
```

CHE COSA AVETE IMPARATO

In questo capitolo, abbiamo iniziato a creare il nostro primo gioco con il modulo `tkinter`. Abbiamo creato una classe per una palla e l'abbiamo animata in modo che si sposti per lo schermo. Abbiamo usato le coordinate per verificare quando la palla raggiunge i bordi del canvas, in modo da farla rimbalzare. Abbiamo usato anche la funzione `shuffle` del modulo `random`, in modo che la palla non inizi sempre a muoversi nella stessa direzione. Nel prossimo capitolo, completeremo il gioco aggiungendo la racchetta.

14

COMPLETIAMO IL PRIMO GIOCO: BOUNCE!

Nel capitolo precedente, abbiamo iniziato a creare il nostro primo gioco: Bounce! Abbiamo creato un canvas e aggiunto una palla che rimbalza. La nostra palla però continuerà a rimbalzare per lo schermo per sempre (o almeno fino a che non spegnete il computer), il che non ne fa un gran gioco. Ora aggiungeremo una racchetta che l'utente potrà utilizzare. Aggiungeremo al gioco anche un elemento di casualità, che lo renderà un po' più impegnativo e divertente da giocare.

AGGIUNGERE LA RACCHETTA

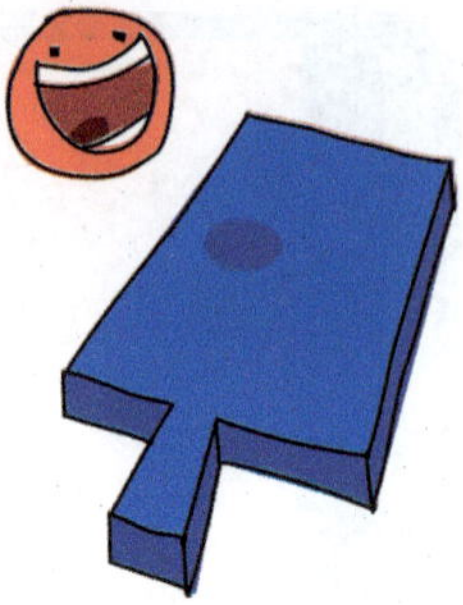

Non c'è molto di che divertirsi con una palla che rimbalza, se non si ha nulla con cui colpirla. È venuto il momento di creare una racchetta!

Cominciate aggiungendo il codice seguente subito dopo la classe Ball, per creare una racchetta (la aggiungerete creando una nuova riga sotto la funzione draw della palla):

```
    def draw(self):
        self.canvas.move(self.id, self.x, self.y)
        pos = self.canvas.coords(self.id)
        if pos[1] <= 0:
            self.y = 3
        if pos[3] >= self.canvas_height:
            self.y = -3
        if pos[0] <= 0:
            self.x = 3
        if pos[2] >= self.canvas_width:
            self.x = -3

class Paddle:
    def __init__(self, canvas, color):
        self.canvas = canvas
        self.id = canvas.create_rectangle(0, 0, 100, 10, \
                fill=color)
        self.canvas.move(self.id, 200, 300)

    def draw(self):
        pass
```

Il codice aggiunto è quasi identico a quello della classe Ball, tranne che chiamiamo la funzione create_rectangle (anziché create_oval) e spostiamo il rettangolo nella posizione 200, 300 (200 pixel da sinistra e 300 pixel dall'alto).

Poi, alla fine del listato, create un oggetto della classe Paddle e modificate il ciclo principale in modo che chiami la funzione draw della racchetta, così:

```
paddle = Paddle (canvas, 'blue')
ball = Ball (canvas, 'red')
while 1:
    ball.draw()
    paddle.draw()
```

```
        tk.update_idletasks()
        tk.update()
        time.sleep(0.01)
```

Se eseguite il gioco a questo punto, dovreste vedere la palla che rimbalza e una racchetta rettangolare immobile:

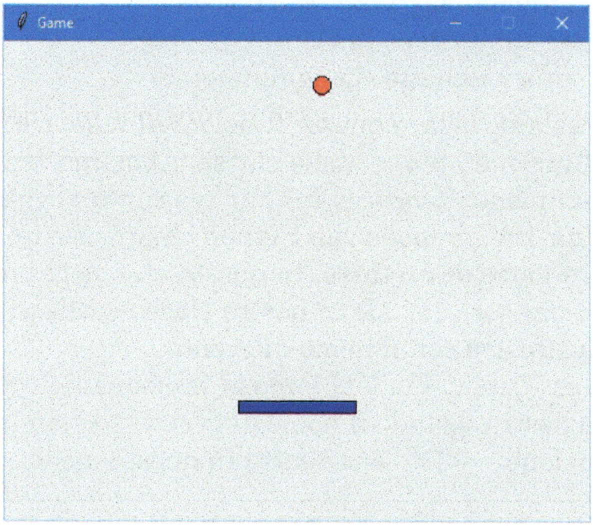

SPOSTARE LA RACCHETTA

Per spostare la racchetta a sinistra e a destra, useremo i collegamenti a eventi per collegare i tasti con le frecce sinistra e destra a nuove funzioni della classe `Paddle`. Quando il giocatore preme il tasto freccia sinistra, la variabile `x` verrà impostata a `-2` (per spostare a sinistra); la pressione del tasto freccia destra imposta invece la variabile `x` a `2` (per spostare a destra).

Il primo passo è aggiungere la variabile d'oggetto `x` alla funzione `__init__` della classe `Paddle`, e una variabile per la larghezza del canvas, come abbiamo fatto per la classe `Ball`:

```
    def __init__(self, canvas, color):
        self.canvas = canvas
        self.id = canvas.create_rectangle(0, 0, 100, 10, fill=color)
        self.canvas.move(self.id, 200, 300)
        self.x = 0
        self.canvas_width = self.canvas.winfo_width()
```

Ora abbiamo bisogno delle funzioni per cambiare direzione, verso sinistra (`turn_left`) e verso destra (`turn_right`). Le aggiungiamo subito dopo la funzione `draw`:

```
def turn_left(self, evt):
    self.x = -2

def turn_right(self, evt):
    self.x = 2
```

Possiamo legare queste funzioni al tasto corrispondente nella funzione `__init__` della classe. Abbiamo usato il collegamento (*binding*) in “Far reagire un oggetto” a pagina 186, in modo che Python chiamasse una funzione alla pressione di un tasto. In questo caso, leghiamo la funzione `turn-left` della nostra classe `Paddle` al tasto freccia sinistra con il nome di evento `'<KeyPress-Left>'`. Poi leghiamo la funzione `turn-right` al tasto freccia destra usando il nome di evento `'<KeyPress-Right>'`. La funzione `__init__` ora è fatta in questo modo:

```
def __init__(self, canvas, color):
    self.canvas = canvas
    self.id = canvas.create_rectangle(0, 0, 100, 10, fill=color)
    self.canvas.move(self.id, 200, 300)
    self.x = 0
    self.canvas_width = self.canvas.winfo_width()
    self.canvas.bind_all('<KeyPress-Left>', self.turn_left)
    self.canvas.bind_all('<KeyPress-Right>', self.turn_right)
```

La funzione draw per la classe Paddle è simile a quella per la classe Ball:

```
def draw(self):
    self.canvas.move(self.id, self.x, 0)
    pos = self.canvas.coords(self.id)
    if pos[0] <= 0:
        self.x = 0
    elif pos[2] >= self.canvas_width:
        self.x = 0
```

Usiamo la funzione `move` del canvas per spostare la racchetta nella direzione della variabile `x` con `self.canvas.move(self.id, self.x, 0)`. Poi ricaviamo le coordinate della racchetta per vedere se ha raggiunto il bordo sinistro o destro dello schermo utilizzando il valore in `pos`.

Anziché rimbalzare come la palla, la racchetta deve smettere di muoversi. Così, quando la coordinata x di sinistra (`pos[0]`) è minore o uguale a 0 (`<=0`), impostiamo la variabile `x` a 0 con `self.x = 0`. Nello stesso modo, quando la coordinata x di destra (`pos[2]`) è maggiore o uguale alla larghezza del canvas (`>= self.canvas_width`), impostiamo la variabile `x` a 0 con `self-x = 0`.

NOTA *Se eseguite il programma ora, dovrete fare clic sul canvas perché il gioco riconosca le azioni dei tasti freccia. Con il clic il canvas riceve il focus, cioè "sa" di avere la responsabilità di reagire quando qualcuno preme un tasto sulla tastiera.*

SCOPRIRE QUANDO LA PALLA COLPISCE LA RACCHETTA

A questo punto del nostro codice, la palla non colpirà la racchetta, ma vi passerà attraverso come se fosse un fantasma. La palla deve sapere quando colpisce la racchetta, esattamente come deve sapere quando colpisce uno dei bordi.

Possiamo risolvere il problema aggiungendo del codice alla funzione `draw` (dove abbiamo già il codice che controlla l'arrivo ai bordi), ma è meglio spostare questo tipo di codice in nuove funzioni, per suddividere il tutto in parti più piccole. Se mettiamo troppo codice in uno stesso luogo (all'interno di una funzione, per esempio), quel codice diventa più difficile da capire. Facciamo i cambiamenti necessari.

Per prima cosa, modifichiamo la funzione `__init__` della palla, per poter passare l'oggetto `paddle` come parametro:

```
class Ball:
❶   def __init__(self, canvas, paddle, color):
        self.canvas = canvas
❷       self.paddle = paddle
        self.id = canvas.create_oval(10, 10, 25, 25, fill=color)
        self.canvas.move(self.id, 245, 100)
        starts = [-3, -2, -1, 1, 2, 3]
        random.shuffle(starts)
        self.x = starts[0]
        self.y = -3
        self.canvas_height = self.canvas.winfo_height()
        self.canvas_width = self.canvas.winfo_width()
```

Notate che in ❶ abbiamo modificato il parametro di `__init__` in modo da includere la racchetta. Poi, in ❷, assegniamo il parametro `paddle` alla variabile di oggetto paddle.

Avendo salvato l'oggetto `paddle`, dobbiamo modificare il codice con cui creiamo l'oggetto `ball`. Questo cambiamento va in fondo al programma, subito prima del ciclo principale:

```
paddle = Paddle(canvas, 'blue')
ball = Ball(canvas, paddle, 'red')

while 1:
    ball.draw()
    paddle.draw()
    tk.update_idletasks()
    tk.update()
    time.sleep(0.01)
```

Il codice di cui abbiamo bisogno per vedere se la palla ha colpito la racchetta è un po' più complicato di quello con cui si controlla se sono stati raggiunti i bordi. Chiameremo questa funzione `hit_paddle` e la aggiungeremo alla funzione `draw` della classe `Ball`, dove vediamo se la palla ha raggiunto il fondo dello schermo:

```
    def draw(self):
        self.canvas.move(self.id, self.x, self.y)
        pos = self.canvas.coords(self.id)
        if pos[1] <= 0:
            self.y = 3
        if pos[3] >= self.canvas_height:
            self.y = -3
        if self.hit_paddle(pos) == True:
            self.y = -3
        if pos[0] <= 0:
            self.x = 3
        if pos[2] >= self.canvas_width:
            self.x = -3
```

Come potete vedere nel nuovo codice che abbiamo aggiunto, se `hit_paddle` restituisce `True`, cambiamo la direzione della palla impostando la variabile `y` a `-3` con `self.y = -3`. Non provate a eseguire il gioco a questo punto: non abbiamo ancora creato la funzione `hit_paddle`. Facciamolo ora.

Aggiungete la funzione `hit_paddle` subito prima della funzione `draw`.

```
❶    def hit_paddle(self, pos):
❷        paddle_pos = self.canvas.coords(self.paddle.id)
❸        if pos[2] >= paddle_pos[0] and pos[0] <= paddle_pos[2]:
❹            if pos[3] >= paddle_pos[1] and pos[3] <= paddle_pos[3]:
                 return True
         return False
```

Come prima cosa, definiamo la funzione con il parametro pos, in ❶. Questa riga contiene le coordinate attuali della palla. Poi, in ❷, otteniamo le coordinate della racchetta e le conserviamo nella variabile paddle_pos.

In ❸, abbiamo la prima parte del nostro enunciato if-then, e diciamo "Se il lato destro della palla è maggiore del lato sinistro della racchetta, e il lato sinistro della palla è minore del lato destro della racchetta...". Qui, pos[2] contiene la coordinata x per l'estremo destro della palla, pos[0] contiene la coordinata x del suo estremo sinistro.
La variabile paddle_pos[0] contiene la coordinata x dell'estremo sinistro della racchetta, paddle_pos[2] contiene la coordinata x del suo estremo destro. il diagramma seguente mostra queste coordinate quando la palla sta per colpire la racchetta.

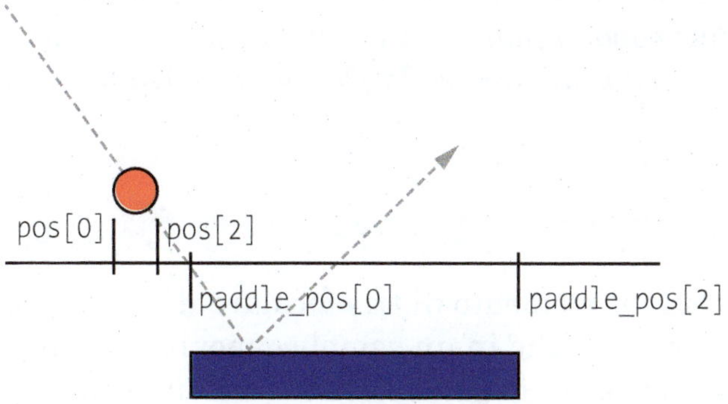

La palla sta scendendo verso la racchetta, ma si vede che l'estremo destro della palla (pos[2]) non ha ancora superato l'estremo sinistro della racchetta (che è paddle_pos[0]).

In ❹, vediamo se l'estremo inferiore della palla (pos[3]) è fra la parte superiore della racchetta (paddle_pos[1]) e la sua parte inferiore (paddlepos[3]). Nel diagramma seguente, potete vedere che l'estremo inferiore della palla (pos[3]) non ha ancora raggiunto la parte superiore della racchetta (paddle_pos[1]).

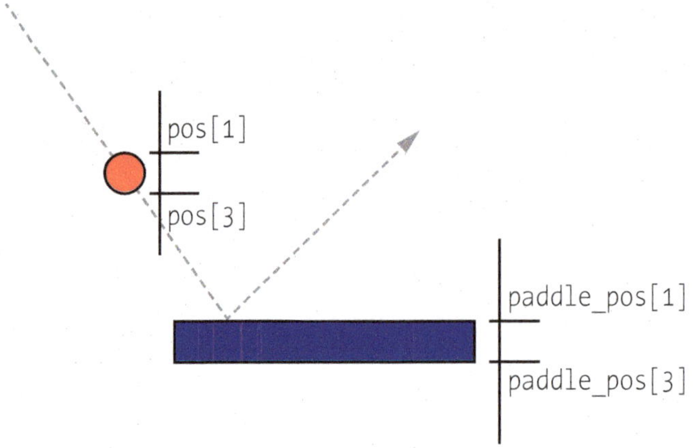

Perciò, in base alla posizione attuale della palla, la funzione `hit_paddle` restituirebbe False.

NOTA *Perché dobbiamo vedere se il punto inferiore della palla si trova fra la parte superiore e quella inferiore della racchetta? Perché ogni volta che spostiamo la palla sullo schermo, la facciamo spostare di 3 pixel alla volta. Se controllassimo semplicemente se la palla ha raggiunto la parte superiore della racchetta (*`pos[1]`*), potremmo già aver superato quella posizione. In quel caso la palla continuerebbe lungo la sua traiettoria e passerebbe attraverso la racchetta senza fermarsi.*

AGGIUNGERE UN ELEMENTO DI CASUALITÀ

È venuto il momento di trasformare il nostro programma in un gioco, anziché in un semplice movimento di palla e racchetta. In un gioco deve esserci un elemento di casualità, un qualche modo per cui il giocatore può perdere. Nel nostro gioco, così com'è, la palla rimbalzerà per sempre, perciò non c'è niente da perdere.

Concluderemo il nostro gioco aggiungendo del codice che dice che il gioco si conclude se la palla colpisce il fondo del canvas (in altre parole, se cade a terra).

Come prima cosa, aggiungiamo la variabile

di oggetto `hit_bottom` in fondo alla funzione `__init__` della classe `Ball`:

```
        self.canvas_height = self.canvas.winfo_height()
        self.canvas_width = self.canvas.winfo_width()
        self.hit_bottom = False
```

Poi modifichiamo il ciclo principale, in fondo al programma, in questo modo:

```
while 1:
    if ball.hit_bottom == False:
        ball.draw()
        paddle.draw()
    tk.update_idletasks()
    tk.update()
    time.sleep(0.01)
```

Ora il ciclo continua a verificare `hit_bottom`, per vedere se la palla ha colpito il fondo dello schermo. Il codice continuerà a far spostare palla e racchetta solo se la palla non ha colpito il fondo, come si vede nell'enunciato `if`. Il gioco termina quando palla e racchetta smettono di muoversi.

L'ultima modifica è nella funzione `draw` della classe `Ball`:

```
    def draw(self):
        self.canvas.move(self.id, self.x, self.y)
        pos = self.canvas.coords(self.id)
        if pos[1] <= 0:
            self.y = 3
        if self.hit_paddle(pos) == True:
            self.y = -3
        if pos[3] >= self.canvas_height:
            self.hit_bottom = True
        if self.hit_paddle(pos) == True:
        self.y = -3
        if pos[0] <= 0:
            self.x = 3
        if pos[2] >= self.canvas_width:
            self.x = -3
```

Abbiamo modificato l'enunciato `if` in modo che controlli se la palla ha colpito il fondo dello schermo (cioè se la sua posizione è maggiore o uguale a `canvas_height`). Se è così, nella riga successiva, impostiamo `hit_bottom` a `True`, anziché modificare il valore della variabile `y`, perché non c'è più bisogno di far rimbalzare la palla, una volta che ha colpito il fondo dello schermo.

Se adesso eseguite il gioco e non riuscite a colpire la palla con la racchetta, ogni movimento sullo schermo dovrebbe cessare, e il gioco finirà non appena la palla tocca il fondo del canvas:

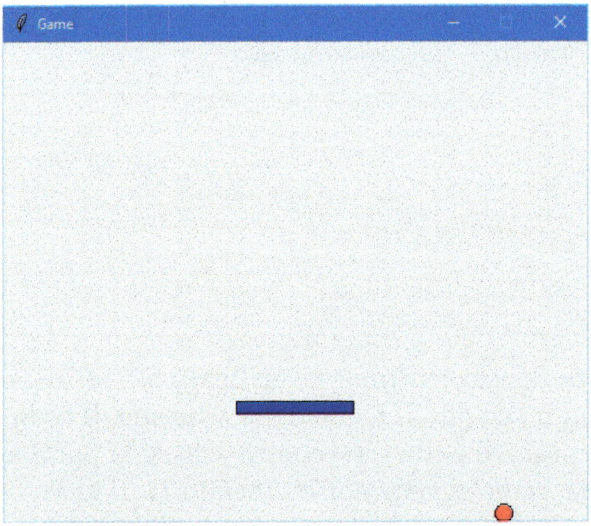

Il programma completo ora sarà come nel codice seguente. Se avete difficoltà a far funzionare il gioco, confrontate quello che avete inserito con questo codice.

```
from tkinter import *
import random
import time

tk = Tk()
tk.title("Game")
tk.resizable(0, 0)
tk.wm_attributes("-topmost", 1)
canvas = Canvas(tk, width=500, height=400, bd=0,
highlightthickness=0)
canvas.pack()
tk.update()

class Ball:
    def __init__(self, canvas, paddle, color):
        self.canvas = canvas
        self.paddle = paddle
        self.id = canvas.create_oval(10, 10, 25, 25, fill=color)
        self.canvas.move(self.id, 245, 100)
```

```
        starts = [-3, -2, -1, 1, 2, 3]
        random.shuffle(starts)
        self.x = starts[0]
        self.y = -3
        self.canvas_height = self.canvas.winfo_height()
        self.canvas_width = self.canvas.winfo_width()
        self.hit_bottom = False

    def draw(self):
        self.canvas.move(self.id, self.x, self.y)
        pos = self.canvas.coords(self.id)
        if pos[1] <= 0:
            self.y = 3
        if self.hit_paddle(pos) == True:
            self.y = -3
        if pos[3] >= self.canvas_height:
            self.hit_bottom = True
        if pos[0] <= 0:
            self.x = 3
        if pos[2] >= self.canvas_width:
            self.x = -3

    def hit_paddle(self, pos):
        paddle_pos = self.canvas.coords(self.paddle.id)
        if pos[2] >= paddle_pos[0] and pos[0] <= paddle_pos[2]:
            if pos[3] >= paddle_pos[1] and pos[3] <= paddle_pos[3]:
                return True
        return False

class Paddle:
    def __init__(self, canvas, color):
        self.canvas = canvas
        self.id = canvas.create_rectangle(0, 0, 100, 10, fill=color)
        self.canvas.move(self.id, 200, 300)
        self.x = 0
        self.canvas_width = self.canvas.winfo_width()
        self.canvas.bind_all('<KeyPress-Left>', self.turn_left)
        self.canvas.bind_all('<KeyPress-Right>', self.turn_right)

    def turn_left(self, evt):
        self.x = -2

    def turn_right(self, evt):
        self.x = 2

    def draw(self):
        self.canvas.move(self.id, self.x, 0)
        pos = self.canvas.coords(self.id)
        if pos[0] <= 0:
```

```
            self.x = 0
        elif pos[2] >= self.canvas_width:
            self.x = 0

paddle = Paddle(canvas, 'blue')
ball = Ball(canvas, paddle, 'red')

while 1:
    if ball.hit_bottom == False:
        ball.draw()
        paddle.draw()
    tk.update_idletasks()
    tk.update()
    time.sleep(0.01)
```

CHE COSA AVETE IMPARATO

In questo capitolo, abbiamo finito di creare il nostro primo gioco con il modulo `tkinter`. Abbiamo creato classi per la racchetta utilizzata nel gioco e abbiamo usato le coordinate per verificare quando la palla colpisce la racchetta o i bordi del canvas di gioco. Abbiamo usato i collegamenti a eventi per legare i tasti freccia sinistra e destra al movimento della racchetta e abbiamo usato il ciclo principale per chiamare la funzione draw e animare la racchetta. Infine, abbiamo modificato il codice per inserire nel gioco un elemento di casualità e ora il gioco si conclude quando la palla colpisce il fondo del canvas.

ROMPICAPO DI PROGRAMMAZIONE

Per il momento, il nostro gioco è molto semplice. Potete modificare molte cose, per creare un gioco più professionale. Provate ad arricchire il codice secondo i suggerimenti che seguono, poi verificate le vostre soluzioni sul sito *http://python-for-kids.com/*.

1. RITARDARE L'AVVIO DEL GIOCO

Il nostro gioco inizia un po' troppo rapidamente, e bisogna fare clic sul canvas perché riconosca la pressione dei tasti freccia sulla tastiera. Potete aggiungere un ritardo all'avvio del gioco, in modo da dare al giocatore un tempo sufficiente per fare clic sul canvas? Ancora meglio, riuscite ad aggiungere un collegamento a evento per un clic del mouse, in modo che il gioco parta solo in quel momento?

Suggerimento 1: avete già aggiunto collegamenti a eventi per la classe `Paddle`: quello può essere un punto di partenza.

Suggerimento 2: il collegamento a evento per il pulsante sinistro del mouse è la stringa `'<Button-1>'`.

2. UN ADEGUATO "GAME OVER"

Quando il gioco finisce, semplicemente tutto si congela, e non è un modo molto amichevole nei confronti del giocatore. Provate ad aggiungere il testo "Game Over" quando la palla colpisce il fondo dello schermo. Potete usare la funzione `create_text`, ma potreste trovare utile anche il parametro con nome `state` (prende valori come `normal` e `hidden`, cioè "normale" e "nascosto"). Date un'occhiata a `itemconfig` in "Altri modi per usare l'identificatore" a pagina 188. Come ulteriore sfida, aggiungete un ritardo, perché il testo non appaia subito.

3. ACCELERARE LA PALLA

Se giocate a tennis, sapete che, quando una palla colpisce la racchetta, a volte si allontana a una velocità superiore a quella con cui è arrivata, a seconda della forza del vostro colpo. Nel nostro gioco la palla viaggia sempre alla stessa velocità, qualunque cosa faccia la racchetta.
Provate a modificare il programma, in modo che la velocità della racchetta sia trasferita alla velocità della palla.

4. REGISTRARE IL PUNTEGGIO

Che ne dite di registrare il punteggio? Ogni volta che la palla colpisce la racchetta, il punteggio deve aumentare.
Provate a visualizzare il punteggio nell'angolo superiore destro del canvas. Potete riguardare come si usa `itemconfig`, a pagina 188, per ricavarne un suggerimento.

PARTE III

L'AVVENTUROSA FUGA DI MR. STICK MAN

con parti per cui sullo schermo non vengono disegnati colori. Per esempio, in questa immagine lo schema a scacchi dello sfondo rappresenta l'area trasparente:

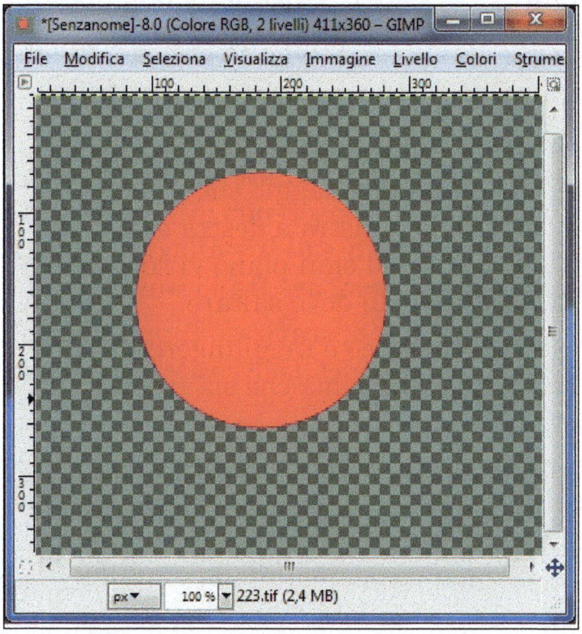

Così, se copiamo tutta l'immagine e la incolliamo sopra un'altra, lo sfondo non maschererà tutto il resto:

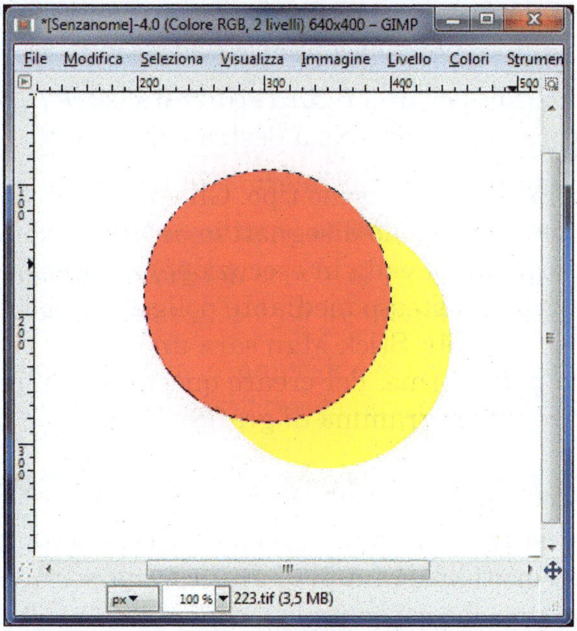

GIMP (*http://www.gimp.org*), che sta per GNU Image Manipulation Program, è un programma libero di grafica per Linux. Mac OS X e Windows che supporta le immagini trasparenti. Scaricatelo e installatelo in questo modo:

- Se usate Windows, troverete programmi di installazione per il vostro sistema operativo all'indirizzo *http://www.gimp.org/downloads/*.
- Se usate Ubuntu, installate GIMP aprendo l'Ubuntu Software Center e inserendo gimp nella casella di ricerca. Fate clic sul pulsante di installazione di GIMP Image Editore quando compare fra i risultati.
- Se usate Mac OS X, scaricate l'applicazione da *http://gimp.lisanet.de/Website/Download.html*.

Dovete anche creare una cartella per il vostro gioco. Fate clic destro in un punto vuoto del desktop e selezionate **Nuovo > Cartella** (in Ubuntu, l'opzione è **Create New Folder**; in Mac OS X è **Nuova cartella**). Nella finestra di dialogo, inserite *stickman* come nome della cartella.

CREARE GLI ELEMENTI DEL GIOCO

Una volta installato il programma di grafica, siete pronti per disegnare. Per gli elementi del nostro gioco creeremo queste immagini:

- immagini per una figura stilizzata (*stick figure*) in grado di correre a sinistra e a destra e di saltare;
- immagini per le piattaforme, in tre dimensioni diverse;
- immagini per la porta (aperta e chiusa);
- un'immagine per lo sfondo del gioco (un fondo bianco o grigio renderebbero il gioco un po' noioso).

Prima di iniziare a disegnare, dobbiamo preparare le nostre immagini con sfondi trasparenti.

PREPARARE UN'IMMAGINE TRASPARENTE

Per impostare un'immagine con la trasparenza (un canale alfa), avviate GIMP, poi seguite questi passi:

1. Selezionate **File > Nuovo**.

2. Nella finestra di dialogo, inserite 27 come numero di pixel per la larghezza dell'immagine e 30 come numero di pixel per la sua altezza. Date l'OK.
3. Selezionate **Livello > Trasparenza > Aggiungi canale alfa**.
4. Selezionate **Seleziona > Tutto**.
5. Selezionate **Modifica > Taglia**.

Il risultato finale sarà un'immagine riempita con una scacchiera di quadrati in grigio chiaro e scuro, come questa (dopo uno zoom):

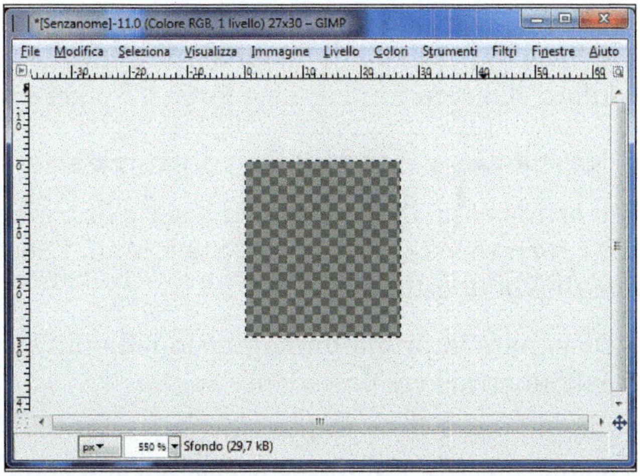

Ora possiamo iniziare a creare il nostro agente segreto, Mr. Stick Man.

DISEGNARE MR. STICK MAN

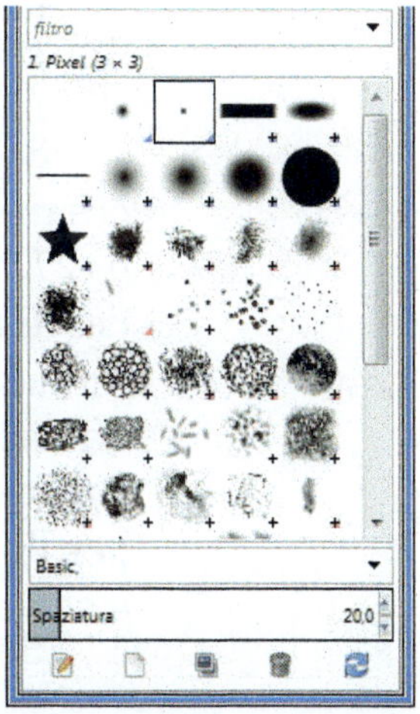

Per disegnare la prima figura stilizzata, fate clic sullo strumento Pennello nella Casella degli strumenti di GIMP, poi selezionate il pennello che ha l'aspetto di un puntino nella barra degli strumenti Pennelli (di solito è collocata nella parte inferiore destra dello schermo), come si vede qui a destra.

Disegneremo tre immagini diverse (tre *frame*) per la nostra figura stilizzata che corre e salta verso destra.

Useremo questi tre frame per animare Mr. Stick Man, come abbiamo fatto per l'animazione del Capitolo 12.

Guardiamo le tre immagini ingrandite:

Le vostre immagini non devono essere esattamente identiche, ma devono comunque riprodurre la figura stilizzata in tre diverse posizioni di movimento analoghe a queste. Ricordate che ogni immagine è larga 27 pixel e alta 30.

MR. STICK MAN CORRE VERSO DESTRA

Come prima cosa, disegniamo una serie di frame per far correre verso destra Mr. Stick Man. Create la prima immagine in questo modo:

1. Disegnate la prima immagine (quella più a sinistra nell'illustrazione precedente).
2. Selezionate **File > Esporta**.
3. Nella finestra di dialogo, scrivete come nome *stick-R1.gif*. Poi fate clic sul piccolo pulsante con il segno più (+) e l'etichetta **Seleziona tipo di file**.
4. Selezionate, dall'elenco che compare, **immagine GIF**.
5. Salvate il file nella cartella *stickman* che avete creato in precedenza (navigate nel pannello Risorse, per trovare la cartella giusta).

Seguite gli stessi passi per creare una nuova immagine di 27 pixel per 30 pixel, poi disegnate la successiva immagine di Mr. Stick Man. Salvatela come *stick-R2.gif*. Ripetete tutto il procedimento per l'ultima immagine e salvatela come *stick-R3.gif*.

MR. STICK MAN CORRE VERSO SINISTRA

Anziché ricreare i nostri disegni per la figura stilizzata che corre a sinistra, possiamo usare GIMP per trasformare specularmente i frame della figura che corre verso destra.

In GIMP, aprite ciascuna immagine, poi selezionate **Strumenti > Trasformazione > Rifletti**. Quando fate clic sull'immagine, la vedrete ribaltarsi specularmente. Salvate le immagini come *stick-L1.gif, stick -L2.gif, stick -L3.gif.*

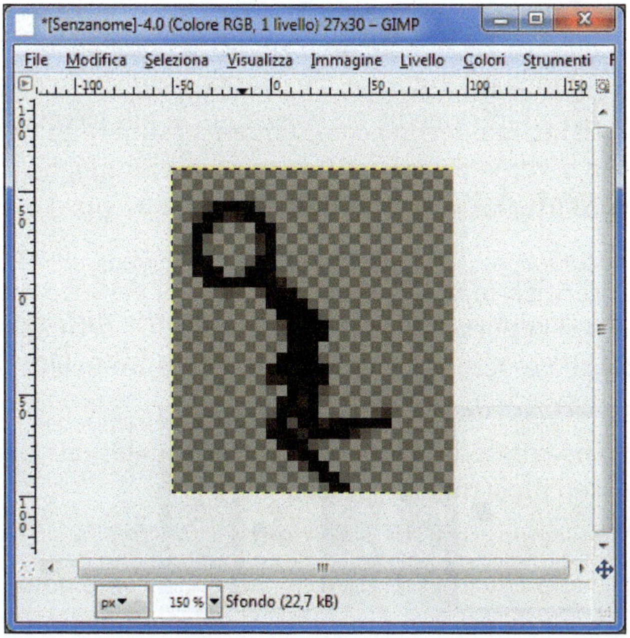

Abbiamo creato sei immagini per Mr. Stick Man; mancano le immagini per le piattaforme e quelle della porta per l'uscita.

DISEGNARE LE PIATTAFORME

Creeremo tre piattaforme di dimensioni diverse: l'altezza sarà sempre la stessa, 10 pixel, ma varierà la larghezza, rispettivamente di 100, 66 e 32 pixel. Potete disegnare le piattaforme come volete, ma fate sempre in modo che lo sfondo sia trasparente, come abbiamo fatto per la figura stilizzata di Mr. Stick Man.

Ecco come potrebbero essere (ingrandite) le tre piattaforme:

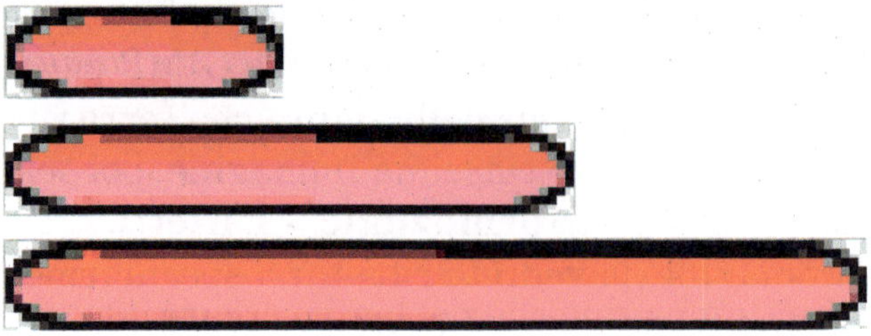

Salvate anche queste immagini nella cartella *stickman*. Chiamate la piattaforma più grande *platform1.gif*, quella di dimensioni intermedie *platform2.gif*, la più piccola *platform3.gif*.

DISEGNARE LA PORTA

Le dimensioni della porta devono essere proporzionali a quelle di Mr. Stick Man (27 pixel per 30) e ci servono due immagini: una per la porta chiusa, un'altra per la porta aperta. Questo potrebbe essere il loro aspetto (ancora una volta, ingrandite):

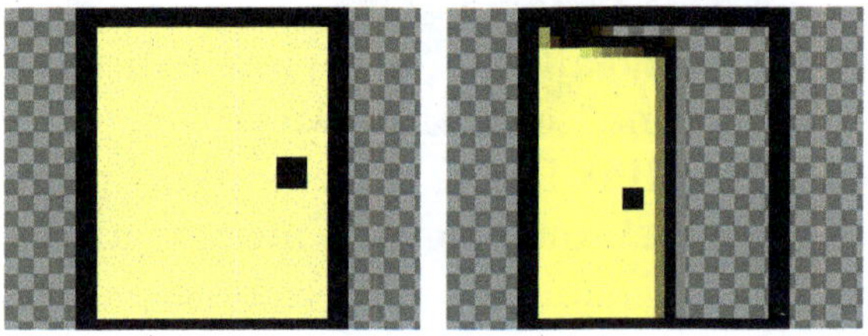

Per creare queste immagini, seguite questi passi:

1. Fate clic sulla casella del colore di primo piano (nella parte inferiore del Pannello strumenti di GIMP) per visualizzare il selettore dei colori. Selezionate il colore che volete assegnare alla vostra porta. Qui a destra si vede il Pannello strumenti con il giallo selezionato come colore di primo piano.
2. Scegliete lo strumento a forma di secchiello (Riempimento) e riempite lo schermo del colore che avete scelto.
3. Cambiate in nero il colore di primo piano.

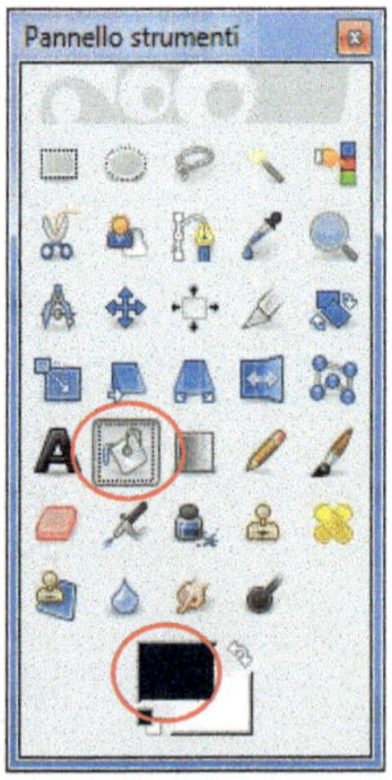

4. Scegliete o la Matita o il Pennello e disegnate il contorno nero della porta e il pomello.
5. Salvate l'immagine nella cartella *stickman*, con il nome *door1.gif* (porta chiusa) e *door2.gif* (porta aperta).

DISEGNARE LO SFONDO

L'ultima immagine che dobbiamo creare è lo sfondo. Creeremo l'immagine quadrata di 100 pixel di lato. Non deve essere uno sfondo trasparente, perché lo riempiremo di un unico colore che costituirà lo sfondo per tutti gli altri elementi del gioco.

Per creare lo sfondo, selezionate **File > Nuovo** e indicate le dimensioni dell'immagine: 100 pixel di larghezza e 100 di altezza. Scegliete un colore che dia il senso un po' inquietante della tana del malvagio. Io ho scelto un rosa scuro.

Potete arricchire lo sfondo di fiori, strisce, stelline o quel che volete – qualunque cosa vi sembri adatta per il gioco. Per esempio, se volete aggiungere delle stelline, scegliete un altro colore, scegliete lo strumento Matita e disegnate la prima stella. Poi con lo strumento Selezione rettangolare selezionate un riquadro intorno alla stella, copiate e incollate in vari punti dell'immagine (selezionate **Modifica > Copia**, poi **Modifica > Incolla**). Potete trascinare nel punto in cui volete l'immagine incollata, facendo un clic su di essa e poi spostandola con il mouse. Ecco un esempio, con un po' di stelline e lo strumento Selezione rettangolare selezionato nel Pannello strumenti:

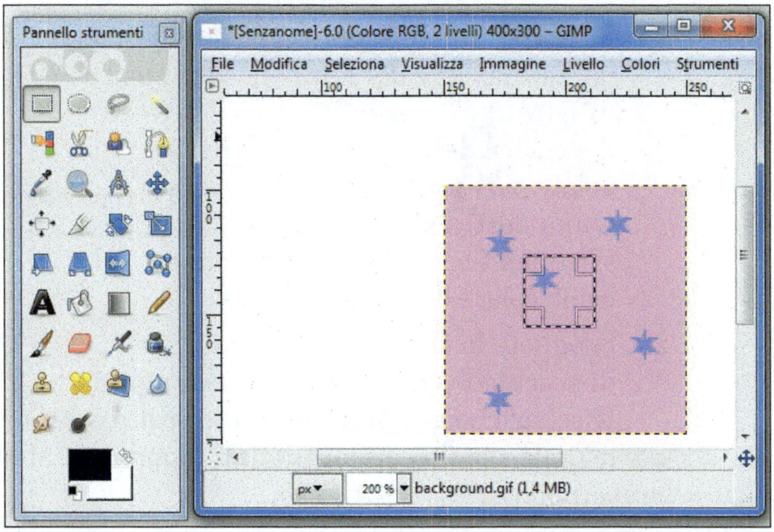

Quando il disegno vi soddisfa, salvate l'immagine con il nome *background.gif* nella cartella stickman.

TRASPARENZA

Create le immagini, potete capire meglio perché devono essere dotate di trasparenza (tranne quella dello sfondo). Che cosa succederebbe se collocassimo Mr. Stick Man sul nostro sfondo e lo sfondo della figura non fosse trasparente?

Ecco la risposta:

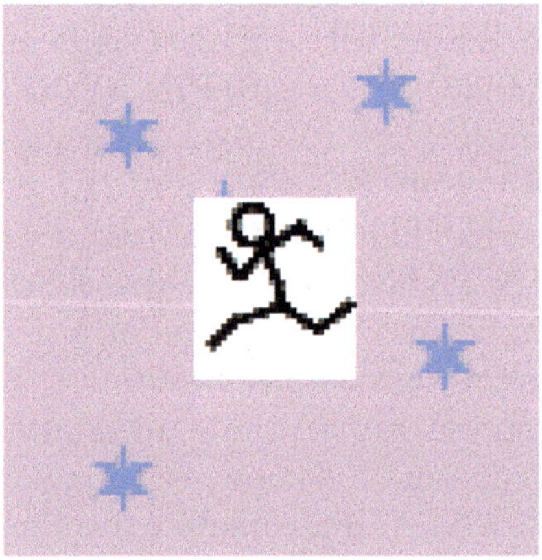

Lo sfondo bianco dell'immagine di Mr. Stick Man si sovrappone a parte dello sfondo, mascherandolo. Se invece usiamo la nostra immagine trasparente, otteniamo questo:

Tranne che per la figura stilizzata stessa, nessun'altra parte dello sfondo è oscurata dall'immagine. Molto più professionale!

CHE COSA AVETE IMPARATO

In questo capitolo, avete imparato come scrivere un piano di base per un gioco (quello di Mr. Stick Man nel caso specifico) e avete stabilito da dove cominciare. Dato che abbiamo bisogno di una serie di elementi grafici per il nostro gioco, abbiamo usato un programma di grafica per creare le immagini fondamentali del gioco. Avete imparato anche come rendere trasparente lo sfondo di queste immagini, in modo che non vada a coprire altre immagini sullo schermo.

Nel prossimo capitolo, creeremo alcune classi per il nostro gioco.

16
SVILUPPARE IL GIOCO DI MR. STICK MAN

Ora che abbiamo creato le immagini per il nostro gioco, L'avventurosa fuga di Mr. Stick Man, possiamo iniziare a sviluppare il codice. La descrizione del gioco nel capitolo precedente ci dà un'idea di fondo di quello che ci serve: una figura stilizzata che può correre e saltare e le piattaforme su cui deve saltare.

Avremo bisogno di codice per visualizzare la figura stilizzata e farla spostare sullo schermo e anche per disegnare le piattaforme. Prima di scrivere quel codice, dobbiamo però creare il canvas su cui visualizzare la nostra immagine di sfondo.

CREARE LA CLASSE DEL GIOCO

In primo luogo, creeremo una classe che chiameremo `Game`, che sarà il "centro di controllo" principale del nostro programma. La classe `Game` avrà una funzione `__init__` per inizializzare il gioco e una funzione `mainloop` per il ciclo dell'animazione.

TITOLO DELLA FINESTRA E CANVAS

Nella prima parte della funzione `__init__`, impostiamo il titolo della finestra e creiamo il canvas. Come vedrete, questa parte del codice è simile al codice che abbiamo scritto per il gioco Bounce! nel Capitolo 13. Aprite il vostro editor, inserite il codice seguente e salvate il file con il nome *stickmangame.py*. Fate attenzione: salvatelo nella cartella creata nel Capitolo 15 (e che abbiamo chiamato *stickman*).

```
from tkinter import *
import random
import time

class Game:
    def __init__(self):
        self.tk = Tk()
        self.tk.title("L'avventurosa fuga di Mr. Stick Man")
        self.tk.resizable(0, 0)
        self.tk.wm_attributes("-topmost", 1)
        self.canvas = Canvas(self.tk, width=500, height=500, \
                highlightthickness=0)
        self.canvas.pack()
        self.tk.update()
        self.canvas_height = 500
        self.canvas_width = 500
```

All'inizio (da `tkinter import *` fino a `self.tk.wm_attributes`), creiamo l'oggetto `tk` e poi impostiamo il titolo della finestra con `self.tk.title("L'avventurosa fuga di Mr. Stick Man")`. Blocchiamo le dimensioni della finestra (non potrà essere ridimensionata) con la funzione `resizable`, poi spostiamo la finestra davanti a tutte le altre, con la funzione `wm_attributes`.

Poi creiamo il canvas con la riga `self.canvas = Canvas`, e chiamiamo le funzioni `pack` e `update` dell'oggetto `tk`. Infine, creiamo due variabili per la nostra classe `Game`, `height` e `width`, in cui saranno memorizzate rispettivamente l'altezza e la larghezza del canvas.

NOTA *La barra retroversa (\) nella riga* `self.canvas = Canvas` *è usata solo per mandare a capo la riga di codice, perché è molto lunga. Non è necessario andare a capo nell'editor: qui l'ho inclusa per facilitare la leggibilità, dato che la riga intera non starebbe nella pagina a stampa.*

COMPLETARE LA FUNZIONE __ INIT __

Ora inseriamo il resto della funzione `__init__` nel file *stickfiguregame.py* appena creato. Questo codice caricherà l'immagine di sfondo e la visualizzerà sul canvas:

```
        self.tk.update()
        self.canvas_height = 500
        self.canvas_width = 500
❶       self.bg = PhotoImage(file="background.gif")
❷       w = self.bg.width()
        h = self.bg.height()
❸       for x in range(0, 5):
❹           for y in range(0, 5):
❺               self.canvas.create_image(x * w, y * h, \
                        image=self.bg, anchor='nw')
❻       self.sprites = []
        self.running = True
```

In ❶, creiamo la variabile `bg`, che contiene un oggetto `PhotoImage` – il file dell'immagine di sfondo, chiamato *background.gif*, creato nel Capitolo 15. Poi, a partire da ❷, memorizziamo larghezza e altezza dell'immagine nelle variabili `w` e `h`. Le funzioni `width` e `height` della classe `PhotoImage` restituiscono le dimensioni dell'immagine, una volta caricata.

Poi, all'interno di questa funzione, ci sono due cicli. Per capire che cosa fanno, immaginatevi di avere un piccolo stampino quadrato, un tampone d'inchiostro e un grande foglio di carta. Come potete riempire il foglio di quadrati colorati, usando lo stampino? Beh, potreste semplicemente coprire il foglio di impronte dello stampino finché non è pieno. Il risultato sarebbe un po' un pasticcio, e vi ci vorrebbe un po' di tempo per finire l'opera, ma alla fine avreste una pagina piena. Altrimenti potreste iniziare a usare lo

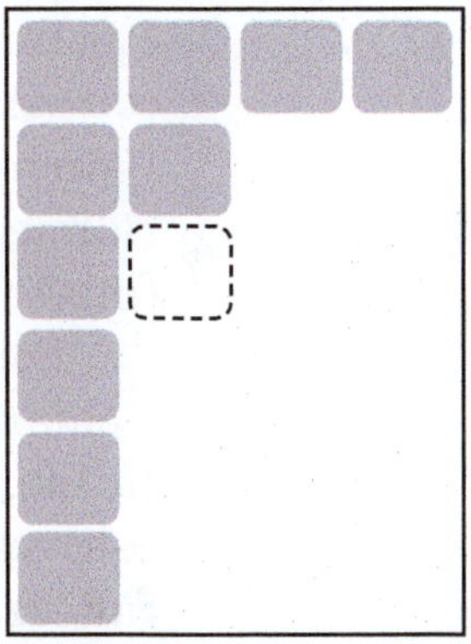

stampino per creare una colonna, dall'alto del foglio fino al piede, poi una colonna più a destra e via di questo passo.

L'immagine di sfondo creata nel capitolo precedente è lo stampino. Sappiamo che il canvas è quadrato e di 500 pixel di lato, mentre abbiamo creato un'immagine di sfondo a sua volta quadrata ma di soli 100 pixel di lato. Ci vorranno quindi cinque colonne e cinque righe per riempire il canvas. Usiamo il ciclo in ❸ per calcolare le colonne e il ciclo in ❹ per le righe.

In ❺, moltiplichiamo la prima variabile `x` del ciclo per la larghezza dell'immagine (`x * w`) per determinare la distanza a cui disegniamo, poi moltiplichiamo la seconda variabile `y` del ciclo per l'altezza dell'immagine (`y * h`) per calcolare fino a che punto arriviamo con il nostro disegno partendo dall'alto. Usiamo la funzione `create_image` dell'oggetto canvas (`self.canvas.create_image`) per disegnare l'immagine sullo schermo utilizzando quelle coordinate.

Infine, a partire da ❻, creiamo le variabili `sprites`, che contiene una lista vuota, e `running`, che contiene il valore booleano `True`. Useremo queste variabili più avanti.

LA FUNZIONE DEL CICLO PRINCIPALE

Useremo la funzione `mainloop` della classe `Game` per animare il nostro gioco: è molto simile al ciclo principale (il ciclo di animazione) creato nel Capitolo 13 per il gioco Bounce!.

```
            for x in range(0, 5):
                for y in range(0, 5):
                    self.canvas.create_image(x * w, y * h, \
                            image=self.bg, anchor='nw')
            self.sprites = []
            self.running = True

        def mainloop(self):
❶           while 1:
❷               if self.running == True:
❸                   for sprite in self.sprites:
❹                       sprite.move()
❺                   self.tk.update_idletasks()
                    self.tk.update()
                    time.sleep(0.01)
```

In ❶, creiamo un ciclo while che continuerà a essere eseguito fino a che non viene chiusa la finestra del gioco. Poi, in ❷, controlliamo se la variabile `running` è `True`. Se lo è, in ❸ effettuiamo un ciclo sugli sprite nella lista degli sprite (`self.sprites`), chiamando in ❹ la funzione `move` per ciascuno. (Dobbiamo ancora creare degli sprite, perciò questo codice non farà nulla, se mandate in esecuzione il programma ora, ma sarà utile in seguito.) Le ultime tre righe della funzione, a partire da ❺, dicono all'oggetto `tk` di ridisegnare lo schermo e di entrare in sleep per una frazione di secondo, come abbiamo fatto anche per Bounce! nel Capitolo 13.

Per poter mandare in esecuzione questo codice, aggiungete le due righe seguenti (notate che non richiedono alcun rientro) e salvate il file.

```
g = Game()
g.mainloop()
```

NOTA *Non dimenticate di aggiungere queste due righe di codice in fondo al file del gioco. Controllate che le immagini siano nella stessa cartella del file Python. Se avete creato la cartella* stickman *nel Capitolo 15 e vi avete salvato tutte le immagini, anche il file Python del gioco deve trovarsi nella stessa cartella.*

Questo codice crea un oggetto della classe `Game` e lo salva nella variabile `g`. Poi chiamiamo la funzione `mainloop` sul nuovo oggetto per disegnare la schermata.

Una volta salvato il programma, eseguitelo in IDLE scegliendo **Run > Run Module**. Vedrete comparire una finestra con l'immagine di sfondo che riempie il canvas.

Abbiamo aggiunto uno sfondo interessante per il nostro gioco e abbiamo creato un ciclo di animazione che disegnerà gli sprite per noi (non appena li avremo creati).

CREARE LA CLASSE DELLE COORDINATE

Ora creeremo la classe che useremo per specificare la posizione degli oggetti nella finestra del nostro gioco. Questa classe memorizzerà le coordinate del punto superiore sinistro (x1 e y1) e inferiore destro (x2 e y2) di qualsiasi componente del gioco.

Ecco come si registra la posizione della figura stilizzata con queste coordinate:

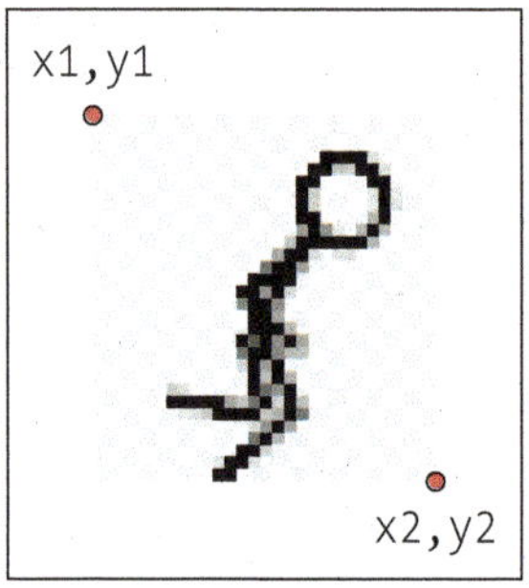

Chiamiamo Coords la nostra nuova classe, che conterrà solo una funzione __init__, dove passeremo i quattro parametri (x1, y1, x2, y2). Ecco il codice da aggiungere (inseritelo all'inizio del file *stickmangame.py*):

```
class Coords:
    def __init__(self, x1=0, y1=0, x2=0, y2=0):
        self.x1 = x1
        self.y1 = y1
        self.x2 = x2
        self.y2 = y2
```

Notate che ciascun parametro viene salvato come variabile di oggetto dello stesso nome (x1, y1, x2 e y2). Useremo gli oggetti di questa classe fra poco.

VERIFICARE SE AVVENGONO COLLISIONI

Una volta che sappiamo come memorizzare la posizione degli sprite, abbiamo bisogno di un modo per stabilire se uno sprite collide con un altro, per esempio quando Mr. Stick Man salta e finisce contro una delle piattaforme. Per rendere più facile la soluzione del problema, possiamo suddividerlo in due problemi più semplici: verificare se gli sprite collidono in verticale e se collidono in orizzontale. Poi possiamo combinare le due soluzioni per stabilire se due sprite collidono in qualsiasi direzione.

SPRITE CHE COLLIDONO IN ORIZZONTALE

In primo luogo, creeremo la funzione `within-x` per stabilire se un insieme di coordinate **x** (`x1` e `x2`) ha incrociato un altro insieme di coordinate **x** (di nuovo, `x1` e `x2`). Lo si può fare in più di un modo, ma ecco una soluzione semplice che potete aggiungere subito sotto la classe `Coords`:

```
class Coords:
    def __init__(self, x1=0, y1=0, x2=0, y2=0):
        self.x1 = x1
        self.y1 = y1
        self.x2 = x2
        self.y2 = y2
def within_x(co1, co2):
❶   if co1.x1 > co2.x1 and co1.x1 < co2.x2:
❷       return True
❸   elif co1.x2 > co2.x1 and co1.x2 < co2.x2:
❹       return True
❺   elif co2.x1 > co1.x1 and co2.x1 < co1.x2:
        return True
❻   elif co2.x2 > co1.x1 and co2.x2 < co1.x2:
        return True
❼   else:
❽       return False
```

La funzione `within-x` prende i parametri `co1` e `co2`, entrambi oggetti `Coords`. In ❶, vediamo se la posizione più a sinistra del primo oggetto coordinate (`co1.x1`) si trova fra la posizione più a sinistra (`co2.x1`) e quello più a destra (`co2.x2`) del secondo oggetto coordinate. In ❷ viene restituito `True`, se è così.

Diamo un'occhiata a due segmenti con le coordinate x che si sovrappongono per capire come funziona questo procedimento. Ciascun segmento inizia in `x1` e finisce in `x2`.

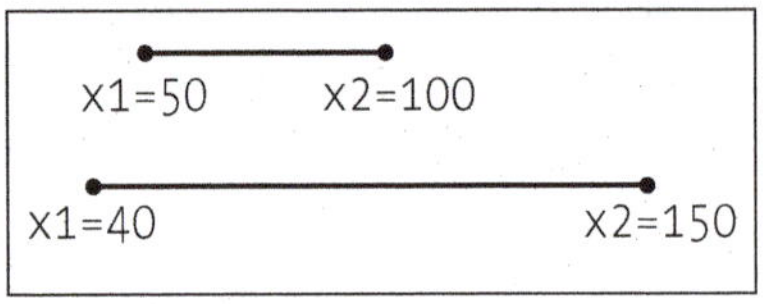

Il primo segmento del diagramma (`co1`) inizia dal pixel 50 (`x1`) e finisce nel pixel 100 (`x2`). Il secondo segmento (`co2`) inizia da 40 e finisce a 150. In questo caso, poiché la posizione `x1` del primo segmento si trova fra `x1` e `x2` del secondo segmento, il primo enunciato `if` della funzione risulta vero per questi due insiemi di coordinate.

Con la condizione `elif` in ❸, vediamo se la posizione più a destra del primo segmento (`co1.x2`) si trova fra l'estremo più a sinistra (`co2.x1`) e quello più a destra (`co2.x2`) del secondo segmento. Se lo è, in ❹ viene restituito `True`. I due enunciati `elif` in ❺ e ❻ fanno quasi la stessa cosa: controllano le posizioni degli estremi del secondo segmento (`co2`) rispetto a quelli del primo (`co1`).

Se nessuna delle condizioni rappresentate dagli enunciati `if` è soddisfatta, raggiungiamo l'`else` in ❼ e in ❽ viene restituito `False`. Questo significa, in sostanza: "No, i due oggetti coordinate non si sovrappongono in orizzontale".

Per vedere un esempio della funzione all'opera, riconsiderate il diagramma con i due segmenti. Le posizioni `x1` e `x2` del primo oggetto coordinate sono 40 e 100, le posizioni `x1` e `x2` del secondo oggetto sono 50 e 150. Ecco che cosa succede quando chiamiamo la funzione `within_x`:

```
>>> c1 = Coords(40, 40, 100, 100)
>>> c2 = Coords(50, 50, 150, 150)
>>> print(within_x(c1, c2))
True
```

La funzione restituisce `True`. Questo è il primo passo per poter stabilire se uno sprite ne ha urtato un altro. Per esempio, quando creeremo una classe per Mr. Stick Man e per le piattaforme, potremo stabilire se le loro coordinate x si sono sovrapposte.

In realtà, non è una buona pratica di programmazione avere molti enunciati if o elif che restituiscono lo stesso valore. Per risolvere il problema, possiamo abbreviare la funzione within_x chiudendo ciascuna delle sue condizioni fra parentesi e separandole con la parola chiave or. Se volete una funzione un po' più elegante, con qualche riga di codice in meno, potete modificare la funzione in questo modo:

```
def within_x(co1, co2):
    if (co1.x1 > co2.x1 and co1.x1 < co2.x2) \
            or (co1.x2 > co2.x1 and co1.x2 < co2.x2) \
            or (co2.x1 > co1.x1 and co2.x1 < co1.x2) \
            or (co2.x2 > co1.x1 and co2.x2 < co1.x1):
        return True
    else:
        return False
```

Per estendere l'enunciato if su più righe in modo da non avere un'unica riga molto lunga che contiene tutte le condizioni, usiamo una barra retroversa (\), come si vede nell'esempio qui sopra.

SPRITE CHE COLLIDONO IN VERTICALE

Dobbiamo anche sapere se gli sprite collidono in verticale. La funzione within_y è molto simile alla within_x. Per crearla, verifichiamo se la posizione y1 della prima coppia di coordinate ha incrociato le posizioni y1 e y2 della seconda e viceversa. Ecco la funzione da aggiungere (mettetela sotto la funzione within_x). Questa volta la scriveremo subito nella versione più breve, senza tanti if:

```
def within_y(co1, co2):
    if (co1.y1 > co2.y1 and co1.y1 < co2.y2) \
            or (co1.y2 > co2.y1 and co1.y2 < co2.y2) \
            or (co2.y1 > co1.y1 and co2.y1 < co1.y2) \
            or (co2.y2 > co1.y1 and co2.y2 < co1.y1):
        return True
    else:
        return False
```

METTERE INSIEME IL TUTTO: IL CODICE FINALE PER IDENTIFICARE LE COLLISIONI

Una volta stabilito se una coppia di coordinate x ne ha incrociato un'altra, e fatto lo stesso per le coordinate y, possiamo scrivere le funzioni per vedere se uno sprite ne ha urtato un altro e da che parte. Lo faremo con le funzioni `collided_left`, `collided_right`, `collided_top` e `collided_bottom`.

LA FUNZIONE PER LE COLLISIONI A SINISTRA

Ecco il codice della funzione `collided_left`, che verifica le collisioni da sinistra, e che potete aggiungere sotto le due funzioni `within` appena create:

```
❶ def collided_left(co1, co2):
❷     if within_y(co1, co2):
❸         if co1.x1 <= co2.x2 and co1.x1 >= co2.x1:
❹             return True
❺     return False
```

Questa funzione ci dice se il lato sinistro (il valore `x1`) di un primo oggetto coordinate ha colpito un altro oggetto coordinate. La funzione prende due parametri: `co1` (il primo oggetto coordinate) e `co2` (il secondo oggetto coordinate). Come potete vedere in ❶, controlliamo se i due oggetti coordinate si sono incrociati verticalmente, utilizzando in ❷ la funzione `within_y`. In fin dei conti, non ha senso controllare se Mr. Stick Man ha colpito una piattaforma se sta correndo molto sopra di essa, in questo modo:

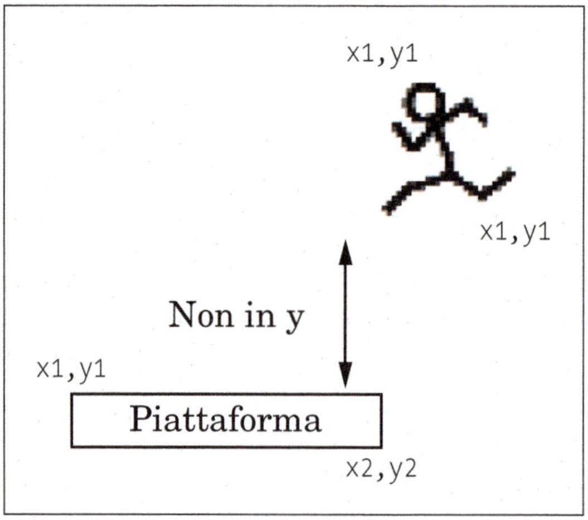

In ❸, vediamo se il valore della posizione più a sinistra del primo oggetto coordinate (co1.x1) ha colpito la posizione x2 del secondo oggetto coordinate (co2.x2), cioè se è minore o uguale alla posizione x2. Controlliamo anche che non abbia superato la posizione x2. Se ha urtato da quel lato, restituiamo True in ❹. Se nessuno degli if è soddisfatto, in ❺ restituiamo False.

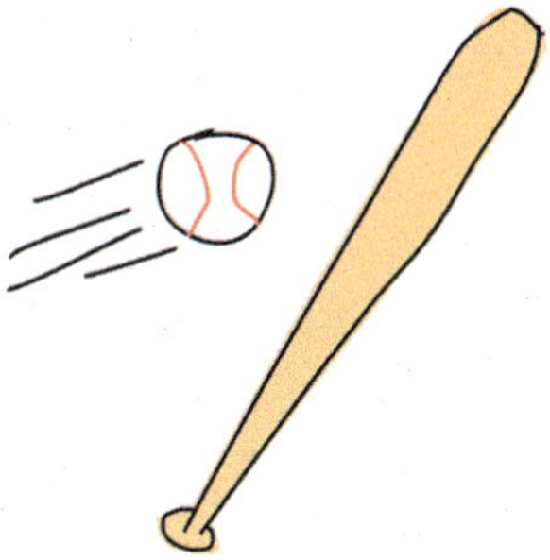

LA FUNZIONE PER LE COLLISIONI A DESTRA

La funzione collided_right è molto simile alla collided_left:

```
  def collided_right(co1, co2):
❶     if within_y(co1, co2):
❷         if co1.x2 >= co2.x1 and co1.x2 <= co2.x2:
❸             return True
❹     return False
```

Come per la funzione precedente, controlliamo se le coordinate y si sono incrociate utilizzando la funzione within_y in ❹. Poi verifichiamo se il valore x2 è compreso fra x1 e x2 del secondo oggetto coordinate, in ❷ e, se lo è, in ❸ restituiamo True. Altrimenti, in ❹ restituiamo False.

LA FUNZIONE PER LE COLLISIONI IN ALTO

La funzione collided_top (che verifica se c'è stata collisione dall'alto) è molto simile alle due appena viste.

```
  def collided_top(co1, co2):
❶     if within_x(co1, co2):
❷         if co1.y1 <= co2.y2 and co1.y1 >= co2.y1:
              return True
      return False
```

La differenza è che questa volta controlliamo se c'è stato incrocio fra le coordinate in orizzontale, con la funzione within_x in ❶. Poi, in ❷, vediamo se la posizione più alta della prima coordinata (co1.y1) ha incrociato la posizione y2 della seconda coordinata, ma non la y1. Se le cose stanno così, restituiamo True (il che significa che sì, la parte superiore del primo oggetto ha urtato il secondo).

LA FUNZIONE PER LE COLLISIONI IN BASSO

Ovviamente, avevate già sospettato che una di queste quattro funzioni doveva essere un pochino diversa, e in effetti lo è. Ecco la funzione `collided_bottom`:

```
  def collided_bottom(y, co1, co2):
❶     if within_x(co1, co2):
❷         y_calc = co1.y2 + y
❸         if y_calc >= co2.y1 and y_calc <= co2.y2:
❹             return True
❺     return False
```

Questa funzione prende un ulteriore parametro, `y`, un valore che aggiungiamo alla posizione y della prima coordinata. In ❶, vediamo se le coordinate si sono incrociate in orizzontale (come abbiamo fatto per `collided_top`). Poi, aggiungiamo il valore del parametro `y` alla posizione `y2` del primo oggetto coordinate e memorizziamo il risultato nella variabile `y_calc` in ❷. Se in ❸ il valore appena calcolato si rivela compreso fra i valori `y1` e `y2` del secondo oggetto coordinate, in ❹ restituiamo `True`, perché la parte inferiore di `co1` ha colpito la parte superiore di `co2`. Se invece nessuno degli enunciati `if` risulta vero, in ❺ restituiamo `False`.

Il parametro `y` aggiuntivo serve perché Mr. Stick Man potrebbe cadere da una piattaforma. A differenza delle altre funzioni `collided`, dobbiamo stabilire se *possa* collidere in basso, anziché se è già successo. Se muovendosi finisce fuori da una piattaforma e continua a galleggiare a mezz'aria, il gioco non sarebbe molto realistico: intanto che cammina, quindi, verifichiamo se ha urtato qualcosa a sinistra o a destra; quando controlliamo sotto di lui, però, vediamo se è a contatto con la piattaforma: in caso contrario, deve cadere giù!

CREARE LA CLASSE DEGLI SPRITE

Chiameremo `Sprite` la classe genitrice degli elementi del gioco. Questa classe avrà due funzioni: `move` per spostare lo sprite e `coords` per restituire la posizione corrente dello sprite sullo schermo. Ecco il codice della classe `Sprite`:

```
  class Sprite:
❶     def __init__(self, game):
```

```
❷         self.game = game
❸         self.endgame = False
❹         self.coordinates = None
❺     def move(self):
❻         pass
❼     def coords(self):
❽         return self.coordinates
```

La funzione `__init__` della classe `Sprite`, definita in ❶, prende un unico parametro: `game`. Questo parametro sarà l'oggetto `game`. Ne abbiamo bisogno, così che ogni sprite che creeremo possa avere accesso alla lista degli altri sprite del gioco. Memorizziamo il parametro `game` come variabile di oggetto in ❷.

In ❸, memorizziamo la variabile di oggetto `endgame`, che useremo per indicare la fine del gioco. (Per il momento, è impostata a `False`.) L'ultima variabile di oggetto, in ❹, `coordinates`, è impostata su nulla (`None`).

La funzione `move` definita in ❺ non fa nulla in questa classe genitrice, perciò usiamo in ❻ la parola chiave `pass` nel corpo della funzione. La funzione `coords` in ❼ semplicemente restituisce le coordinate della variabile oggetto in ❽.

La nostra classe `Sprite` quindi ha una funzione `move` che non fa nulla e una funzione `coords` che non restituisce alcuna coordinata. Non sembrano molto utili, vero? Però sappiamo che qualsiasi classe che abbia `Sprite` come classe genitrice avrà sempre le funzioni `move` e `coords`, perciò, nel ciclo principale del gioco, quando passeremo ciclicamente lungo una lista di sprite potremo chiamare la funzione `move` e questo non provocherà alcun errore. Perché no? Perché ciascuno sprite possiede quella funzione.

NOTA *Le classi con funzioni che non fanno un granché in realtà sono molto comuni nella programmazione. In un certo senso, sono una sorta di accordo o di contratto, che prevede che tutti i figli di una classe forniscano lo stesso genere di funzionalità, anche se in qualche caso le funzioni nelle classi figlie non fanno nulla.*

AGGIUNGERE LE PIATTAFORME

Ora aggiungiamo le piattaforme. Chiamiamo `PlatformSprite` la nostra classe per gli oggetti piattaforma, che sarà figlia della classe `Sprite`. La funzione `__init__` della nuova classe prenderà un parametro `game` (come fa la classe genitrice `Sprite`) e un'immagine, le posizioni x e y, e la larghezza e l'altezza dell'immagine. Ecco il codice della classe `PlatformSprite`:

```
❶ class PlatformSprite(Sprite):
❷     def __init__(self, game, photo_image, x, y, width, height):
❸         Sprite.__init__(self, game)
❹         self.photo_image = photo_image
❺         self.image = game.canvas.create_image(x, y, \
                  image=self.photo_image, anchor='nw')
❻         self.coordinates = Coords(x, y, x + width, y + height)
```

Quando definiamo la classe `PlatformSprite` in ❶, le diamo un unico parametro: il nome della classe genitrice (`Sprite`). La funzione `__init__`, in ❷, ha sette parametri: `self`, `game`, `phot_image`, `x`, `y`, `width` e `height`.

In ❸, chiamiamo la funzione `__init__` della classe genitrice, `Sprite`, utilizzando `self` e `game` come valori dei parametri, perché, al di là della parola chiave `self`, la funzione `__init__` della classe `Sprite` prende un unico parametro: `game`.

A questo punto, quando creassimo un oggetto `PlatformSprite`, avrebbe tutte le variabili di oggetto della classe genitrice (`game`, `endgame` e le `coordinate`), semplicemente perché abbiamo chiamato la funzione `__init__` di `Sprite`.

In ❹, salviamo il parametro `photo_image` come variabile di oggetto e in ❺ usiamo la variabile `canvas` dell'oggetto `game` per disegnare l'immagine sullo schermo con `create_image`.

Infine, creiamo un oggetto `Coords` con i parametri `x` e `y` come primi due argomenti. Poi aggiungiamo i parametri `width` e `height` per i secondi due argomenti, in ❻.

Anche se la variabile `coordinates` è impostata a `None` nella classe genitrice `Sprite`, nella classe figlia `PlatformSprite` l'abbiamo trasformata in un vero oggetto `Coords`, che contiene la posizione effettiva dell'immagine della piattaforma sullo schermo.

AGGIUNGERE UN OGGETTO PIATTAFORMA

Aggiungiamo una piattaforma al gioco, per vedere come si presenta. Modificate le ultime due righe del file del gioco (*stickmangame.py*) in questo modo:

```
❶ g = Game()
❷ platform1 = PlatformSprite(g, PhotoImage(file="platform1.gif"), \
  0, 480, 100, 10)
❸ g.sprites.append(platform1)
❹ g.mainloop()
```

Come potete vedere, le righe ❶ e ❹ non sono cambiate, ma in ❷ abbiamo creato un oggetto della classe `PlatformSprite`, passandogli la variabile per il nostro gioco (`g`), insieme con un oggetto `PhotoImage` (che usa la prima delle nostre immagini di piattaforma, *platform1.gif*). Inoltre gli passiamo la posizione in cui vogliamo disegnare la piattaforma (0 pixel in orizzontale e 480 in verticale, vicino al fondo del canvas) e larghezza (100 pixel) e altezza (10 pixel) della nostra immagine. In ❸ aggiungiamo questo sprite alla lista degli sprite nel nostro oggetto `game`.

Se ora eseguite il gioco, vedrete una piattaforma disegnata nella parte inferiore sinistra della finestra:

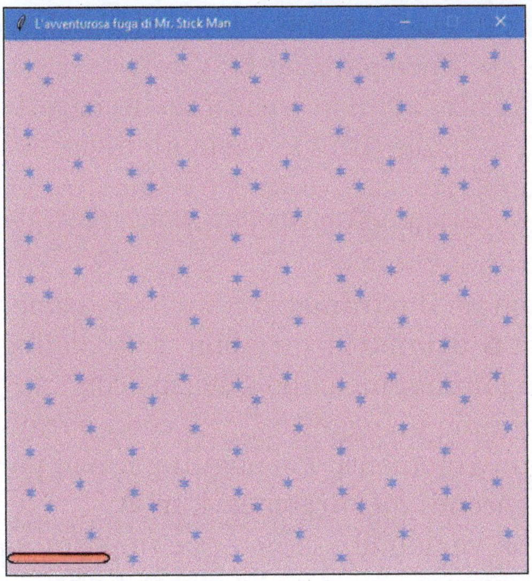

AGGIUNGERE UNA SERIE DI PIATTAFORME

Aggiungiamo ora tutta una serie di piattaforme. Ciascuna avrà le sue posizioni x e y, in modo che vengano disegnate un po' qua e un po' là nella finestra. Ecco il codice da usare:

```
g = Game()
platform1 = PlatformSprite(g, PhotoImage(file="platform1.gif"), \
        0, 480, 100, 10)
platform2 = PlatformSprite(g, PhotoImage(file="platform1.gif"), \
        150, 440, 100, 10)
platform3 = PlatformSprite(g, PhotoImage(file="platform1.gif"), \
        300, 400, 100, 10)
platform4 = PlatformSprite(g, PhotoImage(file="platform1.gif"), \
        300, 160, 100, 10)
platform5 = PlatformSprite(g, PhotoImage(file="platform2.gif"), \
        175, 350, 66, 10)
platform6 = PlatformSprite(g, PhotoImage(file="platform2.gif"), \
        50, 300, 66, 10)
platform7 = PlatformSprite(g, PhotoImage(file="platform2.gif"), \
        170, 120, 66, 10)
platform8 = PlatformSprite(g, PhotoImage(file="platform2.gif"), \
        45, 60, 66, 10)
platform9 = PlatformSprite(g, PhotoImage(file="platform3.gif"), \
        170, 250, 32, 10)
platform10 = PlatformSprite(g, PhotoImage(file="platform3.gif"), \
        230, 200, 32, 10)
g.sprites.append(platform1)
g.sprites.append(platform2)
g.sprites.append(platform3)
g.sprites.append(platform4)
g.sprites.append(platform5)
g.sprites.append(platform6)
g.sprites.append(platform7)
g.sprites.append(platform8)
g.sprites.append(platform9)
g.sprites.append(platform10)
g.mainloop()
```

Creiamo così una serie di oggetti `PlatformSprite`, salvandoli come variabili `platform1`, `platform2`, `platform3` e così via, fino a `platform10`. Poi aggiungiamo ciascuna piattaforma alla variabile `sprites`, creata nella nostra classe Game. Se eseguite il gioco a questo punto, la finestra vi si presenterà come nella figura seguente.

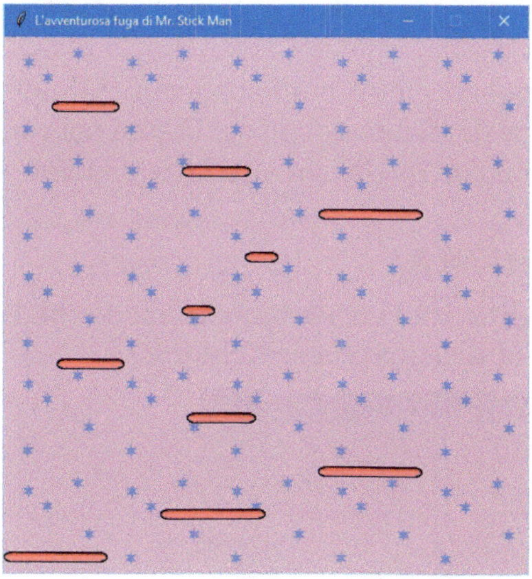

Abbiamo creato così gli elementi fondamentali del nostro gioco! Ora sia pronti per aggiungere il nostro protagonista, Mr. Stick Man.

CHE COSA AVETE IMPARATO

In questo capitolo, avete creato la classe `Game` e disegnato l'immagine di sfondo della finestra di gioco. Avete imparato come stabilire se una posizione orizzontale o verticale è compresa entro i limiti di due altre posizioni orizzontali o verticali, creando le funzioni `within_x` e `within_y`. Poi avete usato queste funzioni per creare nuove funzioni in grado di stabilire se un oggetto coordinate è entrato in collisione con un altro. Useremo queste funzioni nel prossimo capitolo, quando animeremo Mr. Stick Man e dovremo stabilire se è entrato in contatto con una piattaforma nei suoi spostamenti per il canvas.

Abbiamo creato anche una classe genitrice `Sprite` e la sua prima classe figlia, `PlatformSprite`, che abbiamo usato per disegnare le piattaforme sul canvas.

ROMPICAPO DI PROGRAMMAZIONE

Quelli che seguono sono alcuni suggerimenti per sperimentare con l'immagine di sfondo del gioco. Potete poi confrontare le vostre soluzioni con quelle sul sito *http://python-for-kids.com.*

1. SCACCHIERA

Provate a modificare la classe `Game` in modo che l'immagine di sfondo venga disegnata a scacchiera:

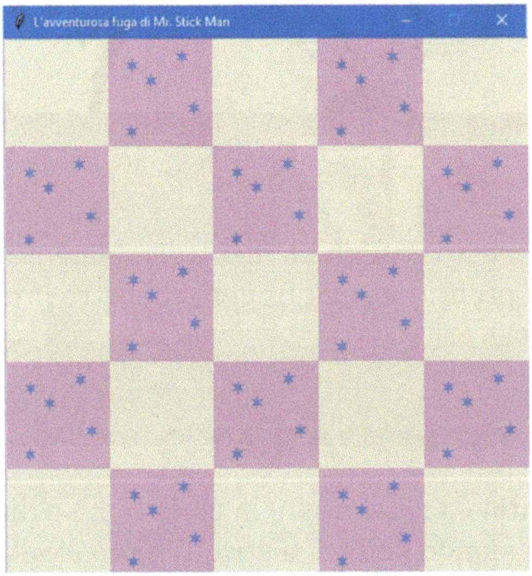

2. SCACCHIERA CON DUE IMMAGINI

Una volta capito come creare un effetto scacchiera, provate a usare due immagini alternate. Create un'altra immagine di sfondo (utilizzando il programma di grafica), poi modificate la classe Game in modo che visualizzi una scacchiera con due immagini che si alternato, invece che con un'immagine e lo sfondo bianco.

3. LIBRERIA E LAMPADA

Potete creare immagini diverse per rendere più interessante lo sfondo del gioco. Create una copia dell'immagine di sfondo, poi disegnatevi sopra una semplice libreria. Oppure potete disegnare un tavolo con una lampada, o una finestra. Poi disseminate queste immagini per la finestra modificando la classe `Game` in modo che carichi (e visualizzi) tre o quattro immagini diverse per creare lo sfondo.

17
CREARE MR. STICK MAN

In questo capitolo creeremo il protagonista del nostro gioco. Il codice che dovremo scrivere sarà il più complesso che ci sia capitato finora, perché Mr. Stick Man deve correre a sinistra e a destra, saltare, fermarsi quando incontra una piattaforma e cadere quando esce dal bordo di una piattaforma. Useremo collegamenti a eventi per i tasti freccia sinistra e destra per far correre da una parte e dall'altra la nostra figura stilizzata, e faremo in modo che salti quando il giocatore preme la barra spaziatrice.

INIZIALIZZARE LA FIGURA STILIZZATA

La funzione `__init__` della classe per la nostra nuova figura stilizzata sarà molto simile alle altre classi viste fin qui nel nostro gioco. Cominciamo con il dare un nome alla nuova classe: la chiameremo `StickFigureSprite`. Come le classi precedenti, anche questa ha una genitrice: `Sprite`.

```
class StickFigureSprite(Sprite):
    def __init__(self, game):
        Sprite.__init__(self, game)
```

Questo codice è molto simile a quello che abbiamo scritto per la classe `PlatformSprite` nel Capitolo 16, ma qui non usiamo alcun parametro aggiuntivo, solo `self` e `game`. Il motivo è che, a differenza della classe `PlatformSprite`, ci sarà un solo oggetto `StickFigureSprite` nel gioco.

CARICARE LE IMMAGINI DEL PERSONAGGIO

Poiché abbiamo molti oggetti piattaforma sullo schermo, ciascuno dei quali può usare un'immagine di dimensioni diverse, abbiamo passato l'immagine della piattaforma come parametro della funzione `__init__` di `PlatformSprite` (un po' come dire "Ecco, usa questa immagine quando ti disegni sullo schermo"). Poiché però esiste un'unica figura stilizzata di Mr. Stick Man, non ha senso caricare l'immagine all'esterno dello sprite e poi passarla come parametro. La classe `StickFigureSprite` saprà come caricare le proprie immagini.

Le successive righe della funzione `__init__` svolgono proprio questo compito: caricano ciascuna delle tre immagini rivolte a sinistra (che useremo per animare la figura che corre verso sinistra) e le tre rivolte a destra (usate per animare la figura che corre verso destra). Dobbiamo caricare queste immagini adesso, perché non vogliamo doverle caricare ogni volta che visualizziamo il personaggio sullo schermo (ci vorrebbe troppo tempo e il gioco sarebbe troppo rallentato).

```
class StickFigureSprite(Sprite):
    def __init__(self, game):
        Sprite.__init__(self, game)
❶       self.images_left = [
            PhotoImage(file="stick-L1.gif"),
            PhotoImage(file="stick-L2.gif"),
            PhotoImage(file="stick-L3.gif")
        ]
❷       self.images_right = [
            PhotoImage(file="stick-R1.gif"),
            PhotoImage(file="stick-R2.gif"),
            PhotoImage(file="stick-R3.gif")
        ]
❸       self.image = game.canvas.create_image(200, 470, \
                image=self.images_left[0], anchor='nw')
```

Questo codice carica ciascuna delle tre immagini rivolte a sinistra, che useremo per animare il personaggio che corre verso sinistra, e le tre rivolte verso destra, che useremo per animare il personaggio quando corre verso destra.

In ❶ e ❷, creiamo le variabili di oggetto `images_left` e `images_right`. Ciascuna contiene una lista degli oggetti `PhotoImage` che abbiamo creato nel Capitolo 15, che mostrano il personaggio rivolto a sinistra o a destra.

In ❸ disegniamo la prima immagine con `images_left[0]`, utilizzando la funzione `create_image` del canvas nella posizione (200, 470), che colloca il personaggio al centro della finestra, al fondo del canvas. La funzione `create_image` restituisce un numero che identifica l'immagine sul canvas. Memorizziamo l'identificatore nella variabile `image` per usarlo in seguito.

IMPOSTARE LE VARIABILI

La parte successiva della funzione `__init__` imposta alcune altre variabili che useremo in seguito.

```
        self.images_right = [
            PhotoImage(file="stick-R1.gif"),
            PhotoImage(file="stick-R2.gif"),
            PhotoImage(file="stick-R3.gif")
        ]
        self.image = game.canvas.create_image(200, 470, \
                image=self.images_left[0], anchor='nw')
❶       self.x = -2
❷       self.y = 0
❸       self.current_image = 0
```

```
❹         self.current_image_add = 1
❺         self.jump_count = 0
❻         self.last_time = time.time()
❼         self.coordinates = Coords()
```

In ❶ e ❷ le variabili `x` e `y` memorizzano di quanto varieranno le coordinate orizzontali (`x1` e `x2`) e verticali (`y1` e `y2`) del personaggio quando si muove sullo schermo.

Come abbiamo visto nel Capitolo 13, per animare qualcosa con il modulo `tkinter`, si sommano dei valori alla posizione x o y dell'oggetto per farlo spostare nel canvas. Impostando `x` a `-2` e `y` a `0`, più avanti sottrarremo 2 dalla posizione x e non aggiungeremo nulla alla posizione verticale, per fare in modo che il personaggio corra verso sinistra.

NOTA *Ricordate che un numero x negativo significa spostamento verso sinistra sul canvas, mentre se positivo significa spostamento verso destra. Un numero y negativo significa spostamento verso l'alto, se positivo spostamento verso il basso.*

In ❸, creiamo la variabile di oggetto `current_image` per memorizzare la posizione indice dell'immagine così com'è visualizzata sullo schermo. La nostra lista di immagini rivolte a sinistra, `images_left`, contiene *stick-L1.gif*, *stick-L2.gif*, *stick-L3.gif*: sono le immagini di indice 0, 1, 2, rispettivamente.

In ❹, la variabile `current_image_add` conterrà il numero che aggiungeremo a quella posizione indice memorizzata in `current_image` per ottenere la successiva posizione indice. Per esempio, se è visualizzata l'immagine di indice 0, aggiungiamo 1 per avere l'immagine successiva, di indice 1, poi ancora 1 per avere l'ultima immagine della lista, che ha indice 2. (Vedremo come usare questa variabile per l'animazione nel prossimo capitolo.)

La variabile `jump_count` in ❺ è un contatore che useremo quando il personaggio salta. La variabile `last_time` registrerà l'ultima volta che abbiamo cambiato l'immagine nell'animare il nostro personaggio. Memorizziamo l'ora corrente utilizzando la funzione `time` del modulo `time` in ❻.

In ❼, impostiamo la variabile di oggetto `coordinates` a un oggetto della classe `Coords`, senza fissare i parametri di inizializzazione (`x1`, `y1`, `x2` e `y2` sono tutti 0). A differenza di quel che accade con le piattaforme, le coordinate di Mr. Stick Man varieranno, perciò fisseremo questi valori più avanti.

COLLEGARE AI TASTI

Nell'ultima parte della funzione `__init__`, la funzione `bind` lega un tasto a qualcosa, nel nostro codice, che deve essere eseguito quando viene premuto quel tasto.

```
        self.jump_count = 0
        self.last_time = time.time()
        self.coordinates = Coords()
        game.canvas.bind_all('<KeyPress-Left>', self.turn_left)
        game.canvas.bind_all('<KeyPress-Right>', self.turn_right)
        game.canvas.bind_all('<space>', self.jump)
```

Leghiamo <KeyPress-Left> (la pressione del tasto freccia sinistra) alla funzione `turn_left`, <KeyPress-Right> (freccia destra) alla funzione `turn_right` e <space> (la barra spaziatrice) alla funzione `jump`. Ora dobbiamo creare queste funzioni.

GIRARE IL PERSONAGGIO A SINISTRA E A DESTRA

Le funzioni `turn_left` e `turn_right` fanno sì che la figura stilizzata non salti e poi impostano il valore della variabile di oggetto `x` in modo da farla spostare a sinistra e a destra. (Se il nostro personaggio salta, il gioco non ci permette di modificare la sua direzione a mezz'aria.)

```
        game.canvas.bind_all('<KeyPress-Left>', self.turn_left)
        game.canvas.bind_all('<KeyPress-Right>', self.turn_right)
        game.canvas.bind_all('<space>', self.jump)

❶   def turn_left(self, evt):
❷       if self.y == 0:
❸           self.x = -2
❹   def turn_right(self, evt):
❺       if self.y == 0:
❻           self.x = 2
```

Quando il giocatore preme il tasto freccia sinistra, Python chiama la funzione `turn_left` e le passa come parametro un oggetto con le informazioni su quello che ha fatto il giocatore. Questo è un oggetto evento e lo chiamiamo parametro `evt`.

NOTA *L'oggetto evento non è importante per i nostri scopi, ma dobbiamo includerlo come parametro delle nostre funzioni (in ❶ e ❹), altrimenti otterremmo un errore, perché Python se lo aspetta lì. L'oggetto evento contiene cose come le posizioni x e y del mouse (evento mouse), un codice che identifica un tasto particolare (evento keyboard) e altre informazioni. Per il nostro gioco, nessuna di quelle informazioni è utile, perciò possiamo tranquillamente ignorarle.*

Per vedere se il personaggio sta saltando, verifichiamo il valore della variabile di oggetto `y` in ❷ e in ❺. Se il valore è diverso da 0, il personaggio sta saltando. In questo esempio, se il valore `y` è 0, impostiamo `x` a -2 per correre verso sinistra in ❸ o a 2 per correre verso destra in ❻, perché i valori -1 o 1 non farebbero spostare abbastanza velocemente il personaggio sullo schermo. (Quando sarete sicuri che l'animazione del vostro personaggio funziona, provate a modificare questo valore, per vedere che differenza fa.)

FAR SALTARE MR. STICK MAN

La funzione `jump` per il salto è molto simile alle funzioni `turn_left` e `turn_right`.

```
    def turn_right(self, evt):
        if self.y == 0:
            self.x = 2

    def jump(self, evt):
❶       if self.y == 0:
❷           self.y = -4
❸           self.jump_count = 0
```

Questa funzione prende un parametro `evt` (l'oggetto evento), che possiamo ignorare perché non abbiamo bisogno di ulteriori informazioni sull'evento. Se viene chiamata questa funzione, sappiamo già che è perché è stata premuta la barra spaziatrice.

Poiché vogliamo che il nostro personaggio salti solo se non sta già saltando, in ❶ verifichiamo se `y` sia uguale a 0. Se il personaggio non sta saltando, in ❷ impostiamo `y` a -4 (per spostarlo in verticale verso l'alto) e impostiamo `jump_count` a 0 in ❸. Useremo jump_count per assicurarci che il personaggio non continui a saltare all'infinito. Lo faremo saltare per un certo intervallo e poi lo faremo tornare giù, come se la forza di gravità lo attirasse verso il basso. Aggiungeremo questo codice nel prossimo capitolo.

CHE COSA ABBIAMO A QUESTO PUNTO

Rivediamo le definizioni delle classi e delle funzioni che abbiamo creato fin qui per il nostro gioco, e dove debbano trovarsi nel vostro file.

In testa al programma, dovete avere gli enunciati `import`, seguiti dalle classi `Game` e `Coords`. La classe `Game` verrà usata per creare un oggetto che sarà il centro di controllo principale del gioco, e gli oggetti della classe `Coords` saranno usati per memorizzare le posizioni dei vari elementi del gioco (come le piattaforme e Mr. Stick Man):

```
from tkinter import *
import random
import time

class Game:
...
Class Coords:
...
```

Poi, dovete avere le funzioni `within` (che dicono se le coordinate di uno sprite si trovano nello stesso spazio di un altro sprite), la classe genitrice `Sprite` (che è la genitrice di tutti gli sprite nel gioco), la classe `PlatformSprite` e l'inizio della classe `StickFigureSprite`. `PlatformSprite` è stata usata per creare gli oggetti piattaforma, su cui il nostro personaggio dovrà saltare, e abbiamo creato un oggetto della classe `StickFigureSprite`, per rappresentare il personaggio principale:

```
def within_x(co1, co2):
...
def within_y(co1, co2):
...
def collided_left(co1, co2):
...
def collided_right(co1, co2):
...
def collided_top(co1, co2):
```

```
...
def collided_bottom(y, co1, co2):
...
class Sprite:
...
class PlatformSprite(Sprite):
...
class StickFigureSprite(Sprite):
...
```

Infine, alla fine del vostro programma, dovete avere il codice che crea tutti gli oggetti presenti fin qui nel nostro gioco: l'oggetto `game` stesso e le piattaforme. L'ultima riga è quella in cui viene chiamata la funzione `mainloop`.

```
g = Game()
platform1 = PlatformSprite(g, PhotoImage(file="platform1.gif"), \
0, 480, 100, 10)
...
g.sprites.append(platform1)
...
g.mainloop()
```

Se il vostro codice è un po' diverso, o se avete problemi a farlo funzionare, potete saltare avanti, alla fine del Capitolo 18, dove troverete il listato completo di tutto il gioco.

CHE COSA AVETE IMPARATO

In questo capitolo, abbiamo iniziato a lavorare sulla classe per il nostro personaggio principale. Al momento, se avessimo creato un oggetto di questa classe, non farebbe molto, al di là di caricare le immagini di cui ha bisogno per animare la figura stilizzata, e impostare qualche variabile di oggetto che verrà utilizzata più avanti. Questa classe contiene un paio di funzioni per modificare i valori in quelle variabili di oggetto in base a eventi di tastiera (quando il giocatore preme i tasti freccia sinistra o destra oppure la barra spaziatrice).

Nel prossimo capitolo, concluderemo il nostro gioco. Scriveremo le funzioni della classe `StickFigureSprite` per visualizzare e animare la figura stilizzata e farla muovere sullo schermo. Aggiungeremo anche l'uscita (la porta) che Mr. Stick Man deve cercare di raggiungere.

18
COMPLETARE IL GIOCO DI MR. STICK MAN

Nei tre capitoli precedenti abbiamo sviluppato il nostro gioco, L'avventurosa fuga di Mr. Stick Man. Abbiamo creato gli elementi grafici, poi abbiamo scritto il codice per aggiungere l'immagine di sfondo, le piattaforme e la figura stilizzata. Qui creeremo i pezzi mancanti per animare il nostro personaggio e aggiungere la porta.

Alla fine del capitolo troverete il listato completo del gioco. Se vi perdete o vi confondete nello scrivere parte di questo codice, confrontate il vostro lavoro con quel listato, per capire dove eventualmente avete sbagliato qualcosa.

ANIMARE LA FIGURA STILIZZATA

Fin qui, abbiamo creato una classe base per la nostra figura stilizzata, caricando le immagini che useremo e collegando la pressione di alcuni tasti ad alcune funzioni. Se però eseguite il gioco così com'è ora, non succederà nulla di interessante.

Ora aggiungeremo le funzioni restanti alla classe `StickFigureSprite` creata nel Capitolo 17: sono le funzioni `animate`, `move` e `coords`. La funzione `animate` disegnerà le diverse immagini del protagonista, `move` stabilirà dove deve spostarsi il personaggio e `coords` restituirà le coordinate della sua posizione attuale. (A differenza degli sprite delle piattaforme, dovremo ricalcolare continuamente la posizione del personaggio mentre si sposta sullo schermo.)

CREARE LA FUNZIONE ANIMATE

Come prima cosa aggiungiamo la funzione `animate`, che deve verificare il movimento e modificare l'immagine di conseguenza.

VERIFICARE IL MOVIMENTO

Non vogliamo cambiare troppo rapidamente l'immagine del personaggio nell'animazione, altrimenti il suo movimento non risulterà molto realistico. Pensate a quelle animazioni ottenute disegnando figure sulle pagine di un quaderno e poi facendo scorrere le pagine: se fate scorrere le pagine troppo rapidamente, non riuscirete ad avere l'effetto pieno di quello che avete disegnato.

La prima metà della funzione `animate` controlla se il personaggio sta correndo verso sinistra o verso destra e poi usa la variabile `last_time` per decidere se modificare l'immagine corrente. Questa variabile ci aiuterà a controllare la velocità dell'animazione. La funzione va dopo la funzione `jump`, che abbiamo aggiunto alla nostra classe `StickFigureSprite` nel Capitolo 17.

```
    def jump(self, evt):
        if self.y == 0:
            self.y = -4
            self.jump_count = 0

    def animate(self):
❶       if self.x != 0 and self.y == 0:
❷           if time.time() - self.last_time > 0.1:
❸               self.last_time = time.time()
❹               self.current_image += self.current_image_add
❺               if self.current_image >= 2:
❻                   self.current_image_add = -1
❼               if self.current_image <= 0:
❽                   self.current_image_add = 1
```

Nell'enunciato `if` in ❶, verifichiamo se `x` è diverso da 0, per stabilire se il personaggio si sta muovendo (a sinistra o a destra) e verifichiamo se `y` è 0 per essere sicuri che non stia saltando. Se questo enunciato `if` è vero, dobbiamo animare il nostro personaggio: in caso contrario è fermo, perciò non c'è bisogno di disegnare oltre. Se il personaggio non si muove, usciamo dalla funzione e il resto del codice è ignorato.

In ❷, calcoliamo quanto tempo è passato da quando è stata chiamata l'ultima volta la funzione `animate`, sottraendo il valore della variabile `last_time` dall'ora corrente, mediante `time.time()`. Questo calcolo permette di decidere se disegnare l'immagine successiva nella sequenza, e se il risultato è maggiore di un decimo di secondo (`0.1`), continuiamo con il blocco di codice in ❸. Impostiamo la variabile `last_time` all'ora corrente, sostanzialmente reinizializzando il cronometro per iniziare nuovamente a tener conto del tempo per il successivo cambiamento dell'immagine.

In ❹, sommiamo il valore della variabile di oggetto `current_image_add` alla variabile `current_image`, che memorizza l'indice dell'immagine visualizzata in quel momento. Ricordate che abbiamo creato la variabile `current_image_add` nella funzione `__init__` della figura stilizzata nel Capitolo 17, perciò, quando viene chiamata per la prima volta la funzione `animate`, il valore della variabile è già stato impostato a 1.

In ❺, controlliamo se il valore dell'indice in `current_image` è maggiore o uguale a 2, e, in tal caso, modifichiamo il valore di `current_image_add` a –1 in ❻. Il procedimento è simile in ❼— quando raggiungiamo 0, dobbiamo ricominciare a contare a crescere, cosa che viene fatta in ❽.

NOTA *Se avete difficoltà a stabilire come rientrare questo codice, ecco un suggerimento: ci sono 9 spazi all'inizio di ❶ e 20 spazi all'inizio di ❸.*

Per aiutarvi a capire che cosa succede nella funzione fino a questo punto, immaginatevi di avere una successione di blocchi colorati, disposti in fila sul pavimento. Spostate il dito da un blocco al successivo, e ciascun blocco a cui punta il dito (1, 2, 3, 4 ecc.) ha un numero (la variabile `current_image`). Il numero del blocco su cui si sposta il vostro dito (punta a un blocco alla volta) è il numero memorizzato nella variabile `current_image_add`. Quando il dito si sposta in un senso lungo la fila di blocchi, si somma ogni volta 1; quando arrivate alla fine della fila e cominciate a tornare indietro sottraete 1 (cioè sommate –1).

Il codice che abbiamo aggiunto alla nostra funzione `animate` svolge esattamente questo procedimento, solo che, anziché blocchi colorati, abbiamo tre immagini per ciascuna direzione, memorizzate in una lista. Gli indici di queste immagini sono 0, 1 e 2. Quando animiamo il personaggio, una volta che raggiungiamo l'ultima immagine, cominciamo il conto alla rovescia; quando raggiungiamo la prima immagine, dobbiamo ricominciare a contare a crescere. Il risultato è l'effetto di una figura che corre.

Il disegno che segue mostra come ci spostiamo lungo la lista di immagini mediante gli indici calcolati nella funzione `animate`.

Posizione 0	Posizione 1	Posizione 2	Posizione 1	Posizione 0	Posizione 1
Crescente	Crescente	Crescente	Decrescente	Decrescente	Crescente

CAMBIARE L'IMMAGINE

Nella parte successiva della funzione `animate`, cambiamo l'immagine visualizzata, utilizzando l'indice calcolato.

```
    def animate(self):
        if self.x != 0 and self.y == 0:
            if time.time() - self.last_time > 0.1:
```

```
                self.last_time= time.time()
                self.current_image += self.current_image_add
                if self.current_image >= 2:
                    self.current_image_add = -1
                if self.current_image <= 0:
                    self.current_image_add = 1
❶       if self.x < 0:
❷           if self.y != 0:
❸               self.game.canvas.itemconfig(self.image, \
                        image=self.images_left[2])
❹           else:
❺               self.game.canvas.itemconfig(self.image, \
                        image=self.images_left[self.current_image])
❻       elif self.x > 0:
❼           if self.y != 0:
❽               self.game.canvas.itemconfig(self.image, \
                        image=self.images_right[2])
❾           else:
❿               self.game.canvas.itemconfig(self.image, \
                        image=self.images_right[self.current_image])
```

In ❶, se x è minore di 0, il personaggio si muove verso sinistra, perciò Python passa al blocco di codice da ❷ a ❺, che controlla se y è diverso da 0 (il che significherebbe che il personaggio sta saltando). Se y non è uguale a 0 (il personaggio sta salendo o scendendo, in altro parole sta saltando), usiamo la funzione `itemconfig` del canvas per cambiare l'immagine visualizzata nell'ultima immagine della nostra lista di immagini rivolte verso sinistra in ❸ (`images_left[2]`). Poiché il personaggio sta saltando, useremo l'immagine che lo mostra nel pieno della falcata per rendere l'animazione un po' più realistica:

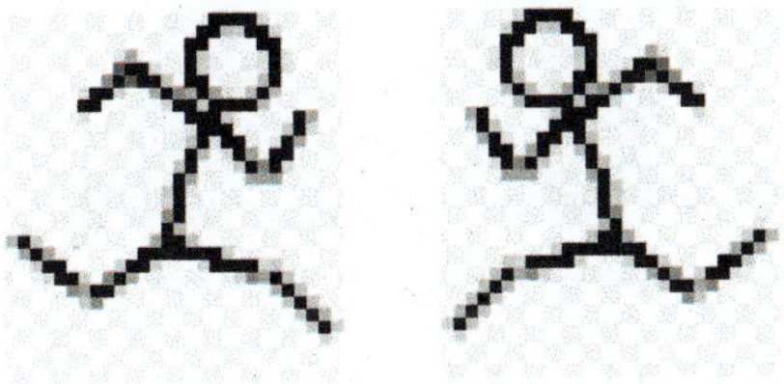

Se il personaggio non sta saltando (cioè y è uguale a 0), l'enunciato `else` che inizia in ❹ usa `itemconfig` per modificare l'immagine visualizzata in quella corrispondente all'indice nella variabile `current_image`, come si vede nel codice int ❺.

In ❻, vediamo se la figura corre verso destra (x è maggiore di 0) e Python si sposta al blocco da ❼ a ❿. Il codice in questo blocco è molto simile a quello del primo blocco: si verifica di nuovo se il personaggio sta saltando e nel caso si disegna l'immagine giusta, tranne che viene usata la lista images_right.

OTTENERE LA POSIZIONE DEL PERSONAGGIO

Poiché dobbiamo determinare dove si trova il personaggio sullo schermo (dato che si sta spostando), la funzione coords sarà diversa dalle altre funzioni della classe Sprite. Useremo la funzione coords del canvas per stabilire dove si trovi il personaggio, poi useremo quei valori per impostare i valori x1, y1 e x2, y2 della variabile coordinates creata nella funzione __init__ all'inizio del Capitolo 17. Ecco il codice, che può essere aggiunto dopo la funzione animate:

```
        if self.x < 0:
            if self.y != 0:
                self.game.canvas.itemconfig(self.image, \
                        image=self.images_left[2])
            else:
                self.game.canvas.itemconfig(self.image, \
                        image=self.images_left[self.current_
image])
        elif self.x > 0:
            if self.y != 0:
                self.game.canvas.itemconfig(self.image, \
                        image=self.images_right[2])
            else:
                self.game.canvas.itemconfig(self.image, \
                        image=self.images_right[self.current_
image])

    def coords(self):
❶       xy = self.game.canvas.coords(self.image)
❷       self.coordinates.x1 = xy[0]
❸       self.coordinates.y1 = xy[1]
❹       self.coordinates.x2 = xy[0] + 27
❺       self.coordinates.y2 = xy[1] + 30
        return self.coordinates
```

Quando abbiamo creato la classe Game nel Capitolo 16, una delle variabili di oggetto era il canvas. In ❶, usiamo la funzione coords di questa variabile canvas, con self.game.canvas.coords, per ottenere le coordinate x e y dell'immagine corrente.

La funzione usa il numero memorizzato nella variabile image, l'identificatore dell'immagine disegnata sul canvas.

Memorizziamo la lista risultante nella variabile xy, che ora contiene due valori: la posizione x del punto superiore sinistro, memorizzata come variabile x1 di coordinates in ❷, e la posizione y superiore sinistra memorizzata come variabile y1 di coordinates in ❸.

Dato che tutte le immagini che abbiamo creato per il nostro personaggio sono di 27 pixel di larghezza per 30 d'altezza, possiamo stabilire le variabili x2 e y2 sommando ai numeri x e y, rispettivamente, la larghezza in ❹ e l'altezza in ❺.

Infine, nell'ultima riga della funzione, restituiamo la variabile di oggetto coordinates.

FAR MUOVERE IL PERSONAGGIO

L'ultima funzione della classe StickFigureSprite, move, ha la responsabilità di far effettivamente spostare il personaggio sullo schermo. Deve anche essere in grado di dirci quando il personaggio finisce per urtare contro qualcosa.

INIZIO DELLA FUNZIONE MOVE

Ecco il codice per la prima parte della funzione move, che va scritta dopo coords:

```
    def coords(self):
        xy = self.game.canvas.coords(self.image)
        self.coordinates.x1 = xy[0]
        self.coordinates.y1 = xy[1]
        self.coordinates.x2 = xy[0] + 27
        self.coordinates.y2 = xy[1] + 30
        return self.coordinates

    def move(self):
❶        self.animate()
❷        if self.y < 0:
❸            self.jump_count += 1
❹            if self.jump_count > 20:
❺                self.y = 4
❻        if self.y > 0:
❼            self.jump_count -= 1
```

In ❶, questa parte della funzione chiama la funzione animate che abbiamo creato in precedenza in questo capitolo,

la quale modifica, se necessario, l'immagine visualizzata in quel momento. In ❷, vediamo se il valore di y è minore di 0; se lo è, sappiamo che il personaggio sta saltando perché un valore negativo lo sposta verso l'alto dello schermo. (Ricordate che 0 è la parte superiore del canvas, mentre la parte inferiore è al pixel di posizione 500.)

In ❸, sommiamo 1 a jump_count e, in ❹, diciamo che, se il valore di jump_count arriva a 20, dobbiamo modificare il valore di y in 4 per far scendere di nuovo il personaggio (❺).

In ❻, vediamo se il valore di y è maggiore di 0 (il che significa che il personaggio deve essere in caduta) e, se lo è, sottraiamo 1 da jump_count perché, una volta arrivati a 20, dobbiamo contare alla rovescia di nuovo. (Alzate lentamente la mano mentre contate fine a 20, poi abbassatela mentre contate alla rovescia da 20, e avrete un'idea di come deve funzionare il calcolo per il personaggio che salta verso l'alto e poi si abbassa di nuovo.)

Nelle righe successive della funzione move, chiamiamo la funzione coords, che ci dice dove si trova il nostro personaggio sullo schermo e memorizza il risultato nella variabile co. Poi creiamo le variabili left, right, top, bottom e falling. Le useremo nella parte restante della funzione.

```
        if self.y > 0:
            self.jump_count -= 1
        co = self.coords()
        left = True
        right = True
        top = True
        bottom = True
        falling = True
```

Notate che ciascuna variabile è stata impostata al valore booleano `True`. Useremo queste variabili come indicatori per stabilire se il personaggio ha urtato qualcosa o sta cadendo.

IL PERSONAGGIO HA RAGGIUNTO LA CIMA O IL FONDO DEL CANVAS?

La sezione successiva della funzione `move` verifica se il nostro personaggio per caso ha raggiunto il fondo o la cima del canvas. Ecco il codice:

```
        bottom = True
        falling = True
❶       if self.y > 0 and co.y2 >= self.game.canvas_height:
❷           self.y = 0
❸           bottom = False
❹       elif self.y < 0 and co.y1 <= 0:
❺           self.y = 0
❻           top = False
```

Se il personaggio sta cadendo, `y` sarà maggiore di 0, perciò dobbiamo assicurarci che non abbia ancora raggiunto il fondo del canvas (altrimenti svanirà uscendo dalla finestra in basso). In ❶ perciò vediamo se la sua posizione `y2` (la parte inferiore della figura) è maggiore o uguale alla variabile `canvas_height` dell'oggetto `game`. Se lo è, impostiamo il valore di `y` a 0 in ❷ per fermare la caduta del personaggio, poi impostiamo la variabile `bottom` a `False` in ❸, il che dice al resto del codice che non dobbiamo più verificare se la figura abbia raggiunto il fondo.

Il processo con cui si stabilisce se il personaggio ha raggiunto la sommità della finestra è molto simile a quello con cui si verifica se ha raggiunto il fondo. In ❹, vediamo prima se il personaggio sta saltando (`y` è minore di 0), poi vediamo se la sua posizione `y1` è minore o uguale a 0, il che significa che ha raggiunto il limite superiore del canvas. Se entrambe le condizioni sono verificate, poniamo `y` uguale a 0 in ❺ per concludere il movimento. Inoltre impostiamo la variabile `top` a `False` in ❻ per dire al resto del codice che non dobbiamo più controllare se il personaggio ha raggiunto la cima.

IL PERSONAGGIO HA RAGGIUNTO UN LATO DEL CANVAS?

Seguiamo quasi esattamente lo stesso processo per stabilire se il personaggio ha raggiunto il bordo sinistro o destro del canvas, in questo modo:

```
    elif self.y < 0 and co.y1 <= 0:
        self.y = 0
        top = False
❶   if self.x > 0 and co.x2 >= self.game.canvas_width:
❷       self.x = 0
❸       right = False
❹   elif self.x < 0 and co.x1 <= 0:
❺       self.x = 0
❻       left = False
```

Il codice in ❶ sfrutta il fatto che sappiamo che il personaggio sta correndo verso destra se `x` è maggiore di 0. Inoltre sappiamo se ha raggiunto il bordo destro della finestra guardando se la posizione `x2` (`co.x2`) è maggiore o uguale alla larghezza del canvas, conservata in `game_width`. Se entrambe le condizioni sono verificate, poniamo `x` uguale a 0 (per fare in modo che il personaggio smetta di correre) e impostiamo la variabile `right` a `False` in ❸.

COLLISIONI CON ALTRI SPRITE

Una volta stabilito se il personaggio ha raggiunto i bordi della finestra, dobbiamo vedere se ha urtato qualche altra cosa sullo schermo. Usiamo il codice seguente per effettuare un ciclo sulla lista degli oggetti sprite memorizzata nell'oggetto `game` per vedere se il personaggio ne ha urtato qualcuno.

```
    elif self.x < 0 and co.x1 <= 0:
        self.x = 0
        left = False
❶   for sprite in self.game.sprites:
❷       if sprite == self:
❸           continue
❹       sprite_co = sprite.coords()
❺       if top and self.y < 0 and collided_top(co, sprite_co):
❻           self.y = -self.y
❼           top = False
```

In ❶, effettuiamo un ciclo sulla lista degli sprite, assegnandoli a turno alla variabile `sprite`. In ❷, diciamo che se lo sprite è uguale a `self` (che è un altro modo per dire "se questo sprite è uguale a me") non è necessario stabilire se il personaggio sia entrato in collisione perché avrebbe solo urtato se stesso. Se la variabile `sprite` è uguale a `self`, usiamo `continue` per saltare allo sprite successivo nella lista.

Poi, prendiamo le coordinate del nuovo sprite chiamando la sua funzione `coords` in ❹ e memorizzando i risultati nella variabile `sprite_co`. Poi il codice in ❺ controlla queste cose:

- se la figura non ha urtato la parte superiore del canvas (la variabile `top` è ancora `True`);
- se il personaggio sta saltando (il valore di `y` è minore di 0);
- se la parte superiore del personaggio è entrata in collisione con lo sprite tratto dalla lista (mediante la funzione `collided_top` che abbiamo creato nel Capitolo 16).

Se tutte queste condizioni sono verificate, vogliamo che lo sprite inizi nuovamente a cadere, perciò in ❻ invertiamo il valore di `y` usando il segno meno (`-`). La variabile `top` è impostata a `False` in ❼, perché una volta che il personaggio ha raggiunto il limite superiore del canvas non dobbiamo più continuare a controllare se ci sia stata una collisione.

COLLISIONE SUL FONDO

La parte successiva del ciclo verifica se la parte inferiore del nostro personaggio ha urtato qualcosa:

```
            if top and self.y < 0 and collided_top(co, sprite_
co):
                self.y = -self.y
                top = False
❶           if bottom and self.y > 0 and collided_bottom(self.y, \
                    co, sprite_co):
❷               self.y = sprite_co.y1 - co.y2
❸               if self.y < 0:
❹                   self.y = 0
❺               bottom = False
❻               top = False
```

In ❶: effettuiamo tre controlli simili: se la variabile `bottom` è ancora impostata a `True`, se il personaggio sta cadendo (`y` è maggiore di 0) e se la parte inferiore del personaggio ha urtato lo sprite. Se tutte e tre le condizioni sono vere, sottraiamo il valore `y` del fondo (`y2`) del personaggio dal valore `y` della parte superiore dello sprite (`y1`) in ❷. Può sembrare un po' strano, perciò vediamo di capire meglio questo procedimento.

Immaginate che il nostro personaggio sia caduto da una piattaforma. Scende lungo lo schermo di 4 pixel ogni volta che viene eseguita la funzione `mainloop` e il piede del personaggio si trova 3 pixel sopra un'altra piattaforma. Poniamo che la parte inferiore del personaggio (`y2`) sia nel punto 57 e che la parte superiore della piattaforma (`y1`) sia al livello 60. In questo caso, la funzione `collided_bottom` restituirebbe `True`, perché il suo codice sommerà il valore di `y` (che è 4) alla variabile `y2` del personaggio e il risultato sarà 61.

Però non vogliamo che la caduta di Mr. Stick Man si blocchi non appena appare che finirà per urtare una piattaforma o il fondo della finestra, perché sarebbe come saltare da una certa altezza e fermarsi a mezz'aria, qualche centimetro prima di toccare terra. Potrebbe essere anche un bel trucco, ma in questo gioco non apparirebbe giusto. Invece, sottraiamo il valore `y2` del personaggio (che è 57) dal valore `y1` della piattaforma (che è 60) e otteniamo 3, che è il numero dei pixel per cui il personaggio deve ancora scendere per atterrare correttamente sopra la piattaforma.

In ❸, controlliamo che il calcolo non abbia come risultato un numero negativo; se è così, in ❹ poniamo `y` uguale a 0. (Se permettiamo che il numero sia negativo, il personaggio volerebbe di nuovo verso l'alto e in questo gioco non vogliamo invece che succeda.)

Infine, impostiamo le variabili `top` e `bottom` a `False`, rispettivamente in ❻ e ❺, in modo da non dover più controllare se il personaggio sia entrato in collisione, sopra o sotto, con un altro sprite.

Dobbiamo fare un ultimo controllo per vedere se il personaggio ha superato il bordo di una piattaforma. Ecco il codice relativo a questo enunciato `if`:

```
if self.y < 0:
    self.y = 0
bottom = False
top = False
```

```
        if bottom and falling and self.y == 0 \
                and co.y2 < self.game.canvas_height \
                and collided_bottom(1, co, sprite_co):
            falling = False
```

Devono risultare vere cinque condizioni, perché la variabile `falling` venga impostata a `False`:

- La variabile `bottom` è impostata a `True`.
- Il personaggio deve cadere (la variabile `falling` è ancora impostata a `True`).
- Il personaggio non sta già cadendo (`y` è 0).
- La parte inferiore dello sprite non ha urtato il fondo della finestra (è minore dell'altezza del canvas).
- Il personaggio ha urtato la parte superiore di una piattaforma (`collided_bottom` restituisce `True`).

Se tutte le condizioni sono verificate, impostiamo la variabile `falling` a `False`.

COLLISIONI A SINISTRA E A DESTRA

Abbiamo controllato se il personaggio ha urtato uno sprite in alto o in basso; dobbiamo ancora controllare se lo abbia raggiunto con il suo lato sinistro o destro, e lo facciamo così:

```
        if bottom and falling and self.y == 0 \
                and co.y2 < self.game.canvas_height \
                and collided_bottom(1, co, sprite_co):
            falling = False
❶       if left and self.x < 0 and collided_left(co, sprite_co):
❷           self.x = 0
❸           left = False
❹       if right and self.x > 0 and collided_right(co, sprite_co):
❺           self.x = 0
❻           right = False
```

In ❶, vediamo se dobbiamo ancora controllare per eventuali collisioni a sinistra (`left` è ancora impostata a `True`) e se il personaggio si sta spostando verso sinistra (`x` è minore di 0). Controlliamo anche se il personaggio sia entrato in collisione con uno sprite mediante la funzione `collided_left`. Se queste tre condizioni sono vere, impostiamo `x` uguale a 0 in ❷ (in modo che il personaggio smetta di correre) e in ❸ impostiamo `left` a `False`, perché non dobbiamo più controllare se ci sono collisioni a sinistra.

Il codice per le collisioni a destra è analogo, come si vede in ❹. Impostiamo di nuovo `x` uguale a 0 in ❺, e `right` a `False` in ❻, per non dover più controllare se ci sono collisioni a destra.

Ora, con i controlli per le collisioni in tutte le quattro direzioni, il nostro ciclo `for` deve essere fatto in questo modo:

```
        elif self.x < 0 and co.x1 <= 0:
            self.x = 0
            left = False
        for sprite in self.game.sprites:
            if sprite == self:
                continue
            sprite_co = sprite.coords()
            if top and self.y < 0 and collided_top(co, sprite_co):
                self.y = -self.y
                top = False
            if bottom and self.y > 0 and collided_bottom(self.y, \
                    co, sprite_co):
                self.y = sprite_co.y1 - co.y2
                if self.y < 0:
                    self.y = 0
                bottom = False
                top = False
            if bottom and falling and self.y == 0 \
                    and co.y2 < self.game.canvas_height \
                    and collided_bottom(1, co, sprite_co):
                falling = False
            if left and self.x < 0 and collided_left(co, sprite_co):
                self.x = 0
                left = False
            if right and self.x > 0 and collided_right(co, sprite_co):
                self.x = 0
                right = False
```

Dobbiamo aggiungere solo qualche riga alla funzione `move`, in questo modo:

```
            if right and self.x > 0 and collided_right(co, sprite_co):
                self.x = 0
                right = False
❶       if falling and bottom and self.y == 0 \
                and co.y2 < self.game.canvas_height:
❷           self.y = 4
❸       self.game.canvas.move(self.image, self.x, self.y)
```

In ❶, verifichiamo se entrambe le variabili `falling` e `bottom` sono impostate a `True`. Se è così, il ciclo ha percorso tutti gli sprite piattaforma nella lista senza urtarli nella parte inferiore.

L'ultimo controllo in questa riga stabilisce se la parte inferiore del nostro personaggio è in una posizione minore dell'altezza del canvas, in altre parole se è al di sopra del terreno (il fondo del canvas). Se il personaggio non è entrato in collisione con alcunché ed è sopra il terreno, si trova a mezz'aria, perciò deve cominciare a cadere (in altre parole, è finito oltre il bordo di una piattaforma). Per farlo allontanare dal bordo di una piattaforma impostiamo `y` uguale a 4 in ❷.

In ❸, spostiamo l'immagine sullo schermo, in base ai valori impostati nelle variabili `x` e `y`. Avendo effettuato un ciclo lungo tutti gli sprite per verificare se siano avvenute collisioni può darsi che abbiamo impostato entrambe le variabili a 0, perché il personaggio è entrato in contatto con qualcosa a sinistra e con il fondo. In quel caso, chiamare la funzione `move` del canvas non farà nulla.

Può anche essere che Mr. Stick Man abbia superato il bordo di una piattaforma. Se succede, `y` verrà impostata a 4 e Mr. Stick Man cadrà verso il basso.

Ragazzi, questa sì che è stata una funzione lunga!

METTERE ALLA PROVA LO SPRITE DEL PERSONAGGIO

Creata la classe `StickFigureSprite`, mettiamo alla prova aggiungendo le due righe seguenti subito prima della chiamata alla funzione `mainloop`.

```
❶ sf = StickFigureSprite(g)
❷ g.sprites.append(sf)
   g.mainloop()
```

In ❶, creiamo un oggetto `StickFigureSprite` e lo impostiamo uguale alla variabile `sf`. Come fatto con le piattaforme, in ❷ aggiungiamo questa nuova variabile alla lista degli sprite memorizzata nell'oggetto `game`.

Ora eseguite il programma. Scoprirete che Mr. Stick Man può correre, saltare da una piattaforma all'altra, e cadere!

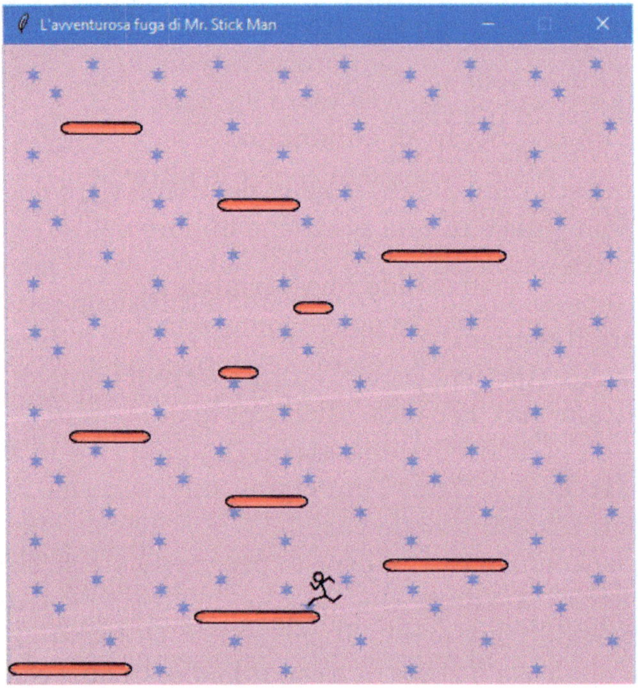

LA PORTA!

L'unica cosa che manca ancora nel nostro gioco è la porta d'uscita. Completeremo il lavoro creando uno sprite per la porta, aggiungendo il codice per rilevarla e dare al nostro programma un oggetto `door`.

CREARE LA CLASSE DOORSPRITE

L'avrete di sicuro già capito, dobbiamo creare ancora una classe. La chiameremo `DoorSprite`. Ecco l'inizio del codice:

```
  class DoorSprite(Sprite):
❶     def __init__(self, game, photo_image, x, y, width, height):
❷         Sprite.__init__(self, game)
❸         self.photo_image = photo_image
❹         self.image = game.canvas.create_image(x, y, \
                  image=self.photo_image, anchor='nw')
```

```
❺        self.coordinates = Coords(x, y, x + (width / 2), y + height)
❻        self.endgame = True
```

Come si vede in ❶, la funzione `__init__` della classe `DoorSprite` ha parametri `self`, un oggetto `game`, un oggetto `photo_image`, le coordinate `x` e `y`, la larghezza (`width`) e l'altezza (`height`) dell'immagine. In ❷, chiamiamo `__init__` come abbiamo fatto per le altre classi degli sprite.

In ❸, salviamo il parametro `photo_image` utilizzando una variabile di oggetto con lo stesso nome, come abbiamo fatto per `PlatformSprite`. Creiamo un'immagine da visualizzare con la funzione `create_image` del canvas e salviamo il numero identificativo restituito da quella funzione mediante la variabile di oggetto `image` in ❹.

In ❺, impostiamo le coordinate di `DoorSprite` ai parametri `x` e `y` (che diventano le posizioni `x1` e `y1` della porta), poi calcoliamo le posizioni `x2` e `y2`. Calcoliamo la posizione `x2` sommando la metà della larghezza (la variabile `width` divisa per 2) al parametro `x`. Per esempio, se `x` è 10 (anche la coordinata `x1` è 10), è la larghezza è 40, la coordinata `x2` sarà 30 (10 più la metà di 40).

Perché questo calcolo, che sembra fare un po' di confusione? Perché, a differenza di quel che accade con le piattaforme, dove vogliamo che Mr. Stick Man smetta di correre non appena entra in collisione con il fianco della piattaforma, non vogliamo che si fermi davanti alla porta. (Non sarebbe bello se Mr. Stick Man smettesse di correre vicino alla porta!) Vedrete tutto questo in azione quando giocherete e riuscirete ad arrivare alla porta.

A differenza della posizione `x1`, la posizione `y1` è semplice da calcolare. Dobbiamo solo sommare il valore della variabile `height` al parametro `y`, ed è tutto fatto.

Infine, in ❻, poniamo la variabile di oggetto `endgame` a `True`. Questo dice che, quando il personaggio raggiunge la porta, il gioco deve terminare.

RILEVARE LA PORTA

Ora dobbiamo modificare, nella funzione `move` della classe `StickfigureSprite`, il codice che determina quando il personaggio è entrato in collisione con uno sprite a sinistra o a destra. Ecco il primo cambiamento:

```
            if left and self.x < 0 and collided_left(co, sprite_co):
                self.x = 0
                left = False
                if sprite.endgame:
                    self.game.running = False
```

Controlliamo se lo sprite con cui è entrato in collisione il personaggio ha una variabile `endgame` impostata a `True`. Se sì, impostiamo la variabile `running` a `False` e tutto si ferma: abbiamo raggiunto la fine del gioco.

Aggiungeremo le stesse righe al codice che controlla se c'è una collisione a destra:

```
            if right and self.x > 0 and collided_right(co, sprite_co):
                self.x = 0
                right = False
                if sprite.endgame:
                    self.game.running = False
```

AGGIUNGERE L'OGGETTO PORTA

L'ultimo tocco al codice del gioco è l'aggiunta di un oggetto per la porta. Lo aggiungeremo subito prima del ciclo principale. Subito prima di creare l'oggetto del personaggio, creeremo un oggetto door, poi lo aggiungeremo alla lista degli sprite.

```
g.sprites.append(platform7)
g.sprites.append(platform8)
g.sprites.append(platform9)
g.sprites.append(platform10)
door = DoorSprite(g, PhotoImage(file="door1.gif"), 45, 30, 40, 35)
g.sprites.append(door)
sf = StickFigureSprite(g)
g.sprites.append(sf)
g.mainloop()
```

Creiamo un oggetto `door` utilizzando la variabile per l'oggetto `game`, `g`, seguita da una `PhotoImage` (l'immagine della porta creata nel Capitolo 15).

Impostiamo i parametri `x` e `y` a 45 e 30 per collocare la porta su una piattaforma vicino alla parte superiore dello schermo, e impostiamo `width` e `height` a 40 e 35 rispettivamente. Aggiungiamo l'oggetto `door` alla lista degli sprite, come abbiamo fatto per tutti gli altri sprite del gioco.

Potete vedere il risultato quando Mr. Stick Man raggiunge la porta: smette di correre di fronte alla porta, anziché accanto, come si vede qui:

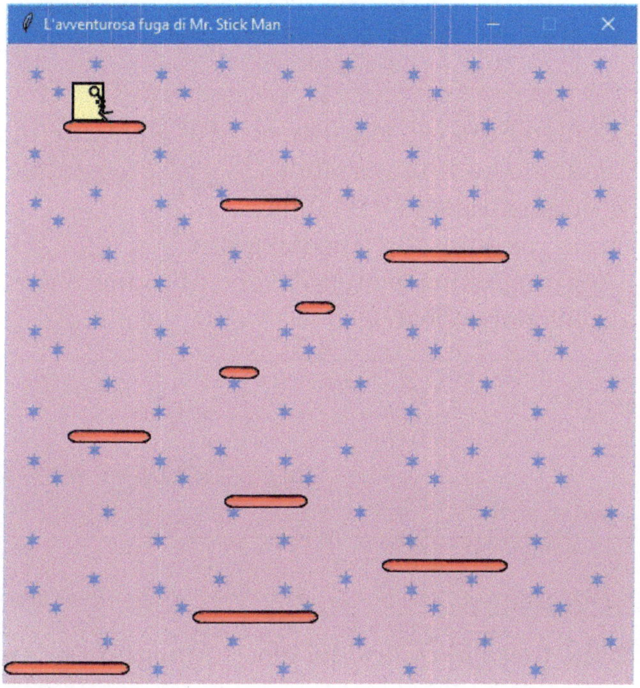

IL GIOCO COMPLETO

Il listato completo del nostro gioco ora è costituito da un po' più di 200 righe di codice. Lo riportiamo qui di seguito. Se avete qualche difficoltà a far funzionare il vostro gioco, confrontate tutte le funzioni (e le classi) con questo listato, per scoprire dove avete sbagliato qualcosa.

```
from tkinter import *
import random
import time

class Game:
    def __init__(self):
        self.tk = Tk()
```

```
        self.tk.title("L'avventurosa fuga di Mr. Stick Man")
        self.tk.resizable(0, 0)
        self.tk.wm_attributes("-topmost", 1)
        self.canvas = Canvas(self.tk, width=500, height=500, \
                highlightthickness=0)
        self.canvas.pack()
        self.tk.update()
        self.canvas_height = 500
        self.canvas_width = 500
        self.bg = PhotoImage(file="background.gif")
        w = self.bg.width()
        h = self.bg.height()
        for x in range(0, 5):
            for y in range(0, 5):
                self.canvas.create_image(x * w, y * h, \
                        image=self.bg, anchor='nw')
        self.sprites = []
        self.running = True

    def mainloop(self):
        while 1:
            if self.running == True:
                for sprite in self.sprites:
                    sprite.move()
            self.tk.update_idletasks()
            self.tk.update()
            time.sleep(0.01)

class Coords:
    def __init__(self, x1=0, y1=0, x2=0, y2=0):
        self.x1 = x1
        self.y1 = y1
        self.x2 = x2
        self.y2 = y2

def within_x(co1, co2):
    if (co1.x1 > co2.x1 and co1.x1 < co2.x2) \
            or (co1.x2 > co2.x1 and co1.x2 < co2.x2) \
            or (co2.x1 > co1.x1 and co2.x1 < co1.x2) \
            or (co2.x2 > co1.x1 and co2.x2 < co1.x2):
        return True
    else:
        return False

def within_y(co1, co2):
    if (co1.y1 > co2.y1 and co1.y1 < co2.y2) \
            or (co1.y2 > co2.y1 and co1.y2 < co2.y2) \
            or (co2.y1 > co1.y1 and co2.y1 < co1.y2) \
            or (co2.y2 > co1.y1 and co2.y2 < co1.y2):
```

```
            return True
        else:
            return False

    def collided_left(co1, co2):
        if within_y(co1, co2):
            if co1.x1 <= co2.x2 and co1.x1 >= co2.x1:
                return True
        return False

    def collided_right(co1, co2):
        if within_y(co1, co2):
            if co1.x2 >= co2.x1 and co1.x2 <= co2.x2:
                return True
        return False

    def collided_top(co1, co2):
        if within_x(co1, co2):
            if co1.y1 <= co2.y2 and co1.y1 >= co2.y1:
                return True
        return False

    def collided_bottom(y, co1, co2):
        if within_x(co1, co2):
            y_calc = co1.y2 + y
            if y_calc >= co2.y1 and y_calc <= co2.y2:
                return True
        return False

    class Sprite:
        def __init__(self, game):
            self.game = game
            self.endgame = False
            self.coordinates = None
        def move(self):
            pass
        def coords(self):
            return self.coordinates

    class PlatformSprite(Sprite):
        def __init__(self, game, photo_image, x, y, width, height):
            Sprite.__init__(self, game)
            self.photo_image = photo_image
            self.image = game.canvas.create_image(x, y, \
                    image=self.photo_image, anchor='nw')
            self.coordinates = Coords(x, y, x + width, y + height)
```

```
class StickFigureSprite(Sprite):
    def __init__(self, game):
        Sprite.__init__(self, game)
        self.images_left = [
            PhotoImage(file="figure-L1.gif"),
            PhotoImage(file="figure-L2.gif"),
            PhotoImage(file="figure-L3.gif")
        ]
        self.images_right = [
            PhotoImage(file="figure-R1.gif"),
            PhotoImage(file="figure-R2.gif"),
            PhotoImage(file="figure-R3.gif")
        ]
        self.image = game.canvas.create_image(200, 470, \
                image=self.images_left[0], anchor='nw')
        self.x = -2
        self.y = 0
        self.current_image = 0
        self.current_image_add = 1
        self.jump_count = 0
        self.last_time = time.time()
        self.coordinates = Coords()
        game.canvas.bind_all('<KeyPress-Left>', self.turn_left)
        game.canvas.bind_all('<KeyPress-Right>', self.turn_right)
        game.canvas.bind_all('<space>', self.jump)

    def turn_left(self, evt):
        if self.y == 0:
            self.x = -2

    def turn_right(self, evt):
        if self.y == 0:
            self.x = 2

    def jump(self, evt):
        if self.y == 0:
            self.y = -4
            self.jump_count = 0

    def animate(self):
        if self.x != 0 and self.y == 0:
            if time.time() - self.last_time > 0.1:
                self.last_time= time.time()
                self.current_image += self.current_image_add
                if self.current_image >= 2:
                    self.current_image_add = -1
                if self.current_image <= 0:
                    self.current_image_add = 1
        if self.x < 0:
```

```
            if self.y != 0:
                self.game.canvas.itemconfig(self.image, \
                        image=self.images_left[2])
            else:
                self.game.canvas.itemconfig(self.image, \
                        image=self.images_left[self.current_image])
        elif self.x > 0:
            if self.y != 0:
                self.game.canvas.itemconfig(self.image, \
                        image=self.images_right[2])
            else:
                self.game.canvas.itemconfig(self.image, \
                        image=self.images_right[self.current_image])

    def coords(self):
        xy = self.game.canvas.coords(self.image)
        self.coordinates.x1 = xy[0]
        self.coordinates.y1 = xy[1]
        self.coordinates.x2 = xy[0] + 27
        self.coordinates.y2 = xy[1] + 30
        return self.coordinates

    def move(self):
        self.animate()
        if self.y < 0:
            self.jump_count += 1
            if self.jump_count > 20:
                self.y = 4
        if self.y > 0:
            self.jump_count -= 1
        co = self.coords()
        left = True
        right = True
        top = True
        bottom = True
        falling = True
        if self.y > 0 and co.y2 >= self.game.canvas_height:
            self.y = 0
            bottom = False
        elif self.y < 0 and co.y1 <= 0:
            self.y = 0
            top = False
        if self.x > 0 and co.x2 >= self.game.canvas_width:
            self.x = 0
            right = False
        elif self.x < 0 and co.x1 <= 0:
            self.x = 0
            left = False
        for sprite in self.game.sprites:
```

```
                if sprite == self:
                    continue
                sprite_co = sprite.coords()
                if top and self.y < 0 and collided_top(co, sprite_co):
                    self.y = -self.y
                    top = False
                if bottom and self.y > 0 and collided_bottom(self.y, \
                        co, sprite_co):
                    self.y = sprite_co.y1 - co.y2
                    if self.y < 0:
                        self.y = 0
                    bottom = False
                    top = False
                if bottom and falling and self.y == 0 \
                        and co.y2 < self.game.canvas_height \
                        and collided_bottom(1, co, sprite_co):
                    falling = False
                if left and self.x < 0 and collided_left(co, sprite_co):
                    self.x = 0
                    left = False
                    if sprite.endgame:
                        self.game.running = False
                if right and self.x > 0 and collided_right(co, sprite_co):
                    self.x = 0
                    right = False
                    if sprite.endgame:
                        self.game.running = False
            if falling and bottom and self.y == 0 \
                    and co.y2 < self.game.canvas_height:
                self.y = 4
            self.game.canvas.move(self.image, self.x, self.y)

class DoorSprite(Sprite):
    def __init__(self, game, photo_image, x, y, width, height):
        Sprite.__init__(self, game)
        self.photo_image = photo_image
        self.image = game.canvas.create_image(x, y, \
                image=self.photo_image, anchor='nw')
        self.coordinates = Coords(x, y, x + (width / 2), y + height)
        self.endgame = True

g = Game()
platform1 = PlatformSprite(g, PhotoImage(file="platform1.gif"), \
    0, 480, 100, 10)
platform2 = PlatformSprite(g, PhotoImage(file="platform1.gif"), \
    150, 440, 100, 10)
platform3 = PlatformSprite(g, PhotoImage(file="platform1.gif"), \
    300, 400, 100, 10)
```

```
platform4 = PlatformSprite(g, PhotoImage(file="platform1.gif"), \
    300, 160, 100, 10)
platform5 = PlatformSprite(g, PhotoImage(file="platform2.gif"), \
    175, 350, 66, 10)
platform6 = PlatformSprite(g, PhotoImage(file="platform2.gif"), \
    50, 300, 66, 10)
platform7 = PlatformSprite(g, PhotoImage(file="platform2.gif"), \
    170, 120, 66, 10)
platform8 = PlatformSprite(g, PhotoImage(file="platform2.gif"), \
    45, 60, 66, 10)
platform9 = PlatformSprite(g, PhotoImage(file="platform3.gif"), \
    170, 250, 32, 10)
platform10 = PlatformSprite(g, PhotoImage(file="platform3.gif"), \
    230, 200, 32, 10)
g.sprites.append(platform1)
g.sprites.append(platform2)
g.sprites.append(platform3)
g.sprites.append(platform4)
g.sprites.append(platform5)
g.sprites.append(platform6)
g.sprites.append(platform7)
g.sprites.append(platform8)
g.sprites.append(platform9)
g.sprites.append(platform10)
door = DoorSprite(g,
PhotoImage(file="door1.gif"), 45, 30, 40,
35)
g.sprites.append(door)
sf = StickFigureSprite(g)
g.sprites.append(sf)
g.mainloop()
```

CHE COSA AVETE IMPARATO

In questo capitolo abbiamo completato il nostro gioco, L'avventurosa fuga di Mr. Stick Man. Abbiamo creato una classe per il nostro personaggio animato e abbiamo scritto le funzioni per spostarlo sullo schermo e animarlo durante il movimento (passando da un'immagine alla successiva per dare l'effetto della corsa). Abbiamo usato tecniche fondamentali di rilevamento delle collisioni per stabilire quando raggiunge il bordo sinistro o destro del canvas e quando finisce contro un altro sprite, per esempio una piattaforma o una porta. Abbiamo anche aggiunto del codice per stabilire quando raggiunge la parte superiore o la base della finestra, e per essere sicuri che, quando supera il bordo di una piattaforma, cada.

Abbiamo aggiunto il codice per stabilire quando Mr. Stick Man raggiunge la porta, in modo che il gioco si concluda.

ROMPICAPO DI PROGRAMMAZIONE

Potete fare molte cose per migliorare il gioco. Al momento è molto semplice, perciò potete aggiungere codice per dargli un aspetto più professionale e per renderlo più interessante da giocare. Provate ad aggiungere questi elementi, poi confrontate il vostro codice con quello sul sito *http://python-for-kids.com/*.

1. "HAI VINTO!"

Come avete fatto con "Game over" alla fine del gioco Bounce! nel Capitolo 14, potete aggiungere un testo "Hai vinto!" quando il personaggio raggiunge la porta.

2. ANIMARE LA PORTA

Nel Capitolo 15, abbiamo creato due immagini per la porta: aperta e chiusa. Quando Mr. Stick Man raggiunge la porta, l'immagine della porta dovrebbe cambiare, sostituita dall'immagine della porta aperta. Mr. Stick Man dovrebbe svanire, e l'immagine dovrebbe tornare a essere quella di una porta chiusa. In questo modo si può dare l'illusione che Mr. Stick Man esca e chiuda la porta dopo essere uscito. Potete ottenere tutto questo modificando le classi `DoorSprite` e `StickFigureSprite`.

3. PIATTAFORME MOBILI

Provate ad aggiungere una nuova classe, denominata `MovingPlatformSprite`. Questa piattaforma si deve spostare da un lato all'altro del canvas, rendendo più difficile per Mr. Stick Man arrivare alla piattaforma più alta e alla porta d'uscita.

POSTFAZIONE

DA QUI DOVE SI VA?

In questo tour di Python avete imparato alcuni concetti fondamentali della programmazione, e ora vi sarà molto più facile lavorare anche con altri linguaggi. Python senza dubbio è incredibilmente utile, ma un linguaggio non è sempre lo strumento migliore per qualsiasi compito, perciò non dovete aver paura a esplorare altri modi per programmare il vostro computer. Qui passeremo in rassegna alcune alternative possibili per la programmazione di giochi e grafica, poi daremo una scorsa ad alcuni linguaggi di programmazione di uso più comune.

PROGRAMMAZIONE PER GIOCHI E GRAFICA

Se volete continuare a programmare per i giochi o la grafica, le opzioni disponibili sono molte. Queste sono solo alcune.

- BlitzBasic /(*http://www.blitzbasic.com/*) usa una versione speciale del linguaggio di programmazione BASIC, pensata specificamente per i giochi.
- Adobe Flash è un software di animazione per l'esecuzione in un browser, dotato di un proprio linguaggio di programmazione, ActionScript (*http://www.adobe.com/vdevnet/actionscript.html*).
- Alice (*http://www.alice.org/*) è un ambiente di programmazione 3D (per Microsoft Windows e Mac OS X solamente).
- Scratch (*http://scratch.mit.edu/*) è uno strumento per lo sviluppo di giochi.
- Unity 3D (*http://unity2d.com/*) è un altro strumento per la creazione di giochi.

Una ricerca online vi permetterà di trovare una gran quantità di risorse che vi potranno aiutare, se vorrete iniziare a lavorare con uno qualsiasi di questi strumenti.

PYGAME

PyGame Reloaded (pgreloaded o `pygame2`) è la versione di PyGame che funziona con Python 3 (versioni precedenti funzionano solo con Python 2). Un buon punto di partenza è la lettura del tutorial di pgreloaded, che si trova all'indirizzo *http://code.google.com/p/pgreloaded/*.

NOTA *Al momento in cui scrivo non esiste un programma di installazione per pgreloaded su Mac OS X o Linux, perciò non è direttamente utilizzabile sotto uno di questi sistemi operativi.*

Scrivere un gioco con PyGame è un po' più complicato che con `tkinter`. Per esempio, nel Capitolo 12 abbiamo visualizzato un'immagine con `tkinter` in questo modo:

```
from tkinter import *
tk = Tk()
canvas = Canvas(tk, width=400, height=400)
```

```
canvas.pack()
myimage = PhotoImage(file='c:\\test.gif')
canvas.create_image(0, 0, anchor=NW, image=myimage)
```

Lo stesso codice con PyGame (caricando un file *.bmp* anziché un file *.gif*) sarebbe invece questo:

```
import sys
import time
import pygame2
import pygame2.sdl.constants as constants
import pygame2.sdl.image as image
import pygame2.sdl.video as video
❶ video.init()
❷ img = image.load_bmp("c:\\test.bmp")
❸ screen = video.set_mode(img.width, img.height)
❹ screen.fill(pygame2.Color(255, 255, 255))
❺ screen.blit(img, (0, 0))
❻ screen.flip()
❼ time.sleep(10)
❽ video.quit()
```

Dopo aver importato i moduli `pygame2`, in ❶ chiamiamo la funzione `init` del modulo `video` di PyGame: è un po' come la chiamata per creare il canvas e poi effettuarne il "pack" nell'esempio con `tkinter`. In ❷ carichiamo un'immagine BMP mediante la funzione `load_bmp`, poi in ❸ creiamo un oggetto `screen` mediante la funzione `set_mode`, passandole come parametri la larghezza e l'altezza dell'immagine caricata. Nella riga successiva (facoltativa), la ❹, cancelliamo la finestra riempiendola di bianco, poi in ❺ usiamo la funzione `blit` dell'oggetto `screen` per visualizzare l'immagine.

I parametri di questa funzione sono l'oggetto `img` e una tupla che contiene la posizione in cui vogliamo che sia visualizzata l'immagine (0, 0, cioè a partire dall'angolo superiore sinistro).

PyGame usa un *buffer off-screen* (detto anche *doppio buffer*), una tecnica utilizzata per disegnare grafica in un'area della memoria del computer in cui non è visibile e poi copiare tutta quell'area nella porzione visibile (cioè sullo schermo) tutta in una volta. Questa tecnica riduce l'effetto di sfarfallamento, quando si disegnano molti oggetti diversi in una visualizzazione. La copia dal buffer off-screen al display visibile viene eseguita in ❻ con la funzione `flip`.

Infine, in ❼ entriamo in sleep per dieci secondi perché, a differenza di quel che accade con il canvas di `tkinter`, la finestra si chiude immediatamente, se non lo impediamo. In ❸ ripuliamo tutto con `video.quit`. in modo che PyGame si chiuda correttamente. Ci sarebbe molto altro da dire su PyGame, ma questo esempio vi dà un'idea di quello che è.

LINGUAGGI DI PROGRAMMAZIONE

Se siete interessati ad altri linguaggi di programmazione, Java, C/C++, C#, PHP, Objective-C, Perl, Ruby e JavaScript sono oggi fra i più diffusi. Li passeremo brevemente in rassegna e vedremo come si scriverebbe in ciascuno di questi linguaggi un programma "Ciao mondo" (abbiamo visto la versione in Python all'inizio del Capitolo 1). Notate che questi linguaggi non sono pensati specificamente per programmatori alle prime armi; molti sono anche significativamente diversi da Python.

JAVA

Java (*http://www.oracle.com/technetwork/java/index.html*) è un linguaggio di programmazione di moderata complessità con una ampia libreria di moduli incorporati (denominati *package*). Online è disponibile molta documentazione gratuita. Java è utilizzabile sotto la maggior parte dei sistemi operativi, ed è anche il linguaggio utilizzato nei telefoni Android.

```
Ecco "Ciao mondo" in Java:
public class HelloWorld {
    public static final void main(String[] args) {
        System.out.println("Ciao mondo");
    }
}
```

C/C++

C (*http://www.cprogramming.com/*) e C++ (*http://www.stroustrup/C++.html*) sono linguaggi di programmazione complessi, disponibili per tutti i sistemi operativi, con versioni sia gratuite sia commerciali. Entrambi (anche se forse C++ più che C) hanno una curva di apprendimento molto ripida. Per esempio, bisogna codificare manualmente alcune caratteristiche che invece Python mette a disposizione direttamente (per esempio, bisogna dire al computer che si deve usare un blocco di memoria per memorizzare un oggetto). Molti giochi commerciali e consolle di gioco sono programmati con qualche forma di C o C++.

Ecco "Ciao mondo" in C:

```
#include <stdio.h>
int main ()
{
    printf ("Ciao mondo\n");
}
Ed ecco un possibile esempio in C++:
#include <iostream>
int main()
{
    std::cout << "Ciao mondo\n";
    return 0;
}
```

C#

C# (*http://msdn.microsoft.com/en-us/vstudio/hh388566/*), che si legge "C sharp", è un linguaggio di programmazione di moderata complessità per Windows, molto simile a Java. È un po' più facile di C e C++.

Ecco l'esempio di "Ciao mondo" in C#:

```
public class Hello
{
    public static void Main()
    {
        System.Console.WriteLine("Ciao mondo");
    }
}
```

PHP

PHP (*http://www.php.net/*) è un linguaggio di programmazione per la costruzione di siti web. Per poterlo utilizzare è necessario un server web (software utilizzato per inviare pagine web a un browser) con PHP installato, ma tutto il software necessario è disponibile liberamente per tutti i principali sistemi operativi. Per lavorare con PHP dovrete imparare HTML (un linguaggio semplice per la costruzione di pagine web). Potete trovare un tutorial gratuito su PHP all'indirizzo *http://php.net/manual/en/tutorial.php* e un tutorial su HTML all'indirizzo *http://www.w3schools.com/html.*

Una pagina HTML che visualizzi "Ciao mondo" in un browser potrebbe essere scritta così:

```
<html>
    <body>
        <p>Ciao mondo</p>
    </body>
</html>
```

Una pagina PHP che faccia la stessa cosa potrebbe essere scritta così:

```
<?php
echo "Hello World\n";
?>
```

OBJECTIVE-C

Objective-C (*http://classroomm.com/objectie-c/*) è molto simile a C (in effetti è un'estensione del linguaggio C) ed è usato più spesso sui computer Apple. È il linguaggio di programmazione degli iPhone e iPad.

Ecco l'esempio di "Ciao mondo" in Objective-C:

```
#import <Foundation/Foundation.h>
int main (int argc, const char * argv[]) {
    NSAutoreleasePool * pool = [[NSAutoreleasePool alloc] init];
    NSLog (@"Ciao mondo");

    [pool drain];
    return 0;
}
```

PERL

Il linguaggio Perl (*http://www.perl.org/*) è disponibile gratuitamente per tutti i principali sistemi operativi. Di solito viene utilizzato per lo sviluppo di siti web (simile in questo a PHP).

Ecco "Ciao mondo" in Perl:

```
print("Ciao mondo\n");
```

RUBY

Ruby (*http://www.ruby-lang.org/*) è un linguaggio di programmazione libero disponibile per tutti i principali sistemi operativi. È usato in prevalenza per creare siti web, specificamente con il framework Ruby on Rails. (Un framework è un insieme di librerie che sono di supporto allo sviluppo di specifici tipi di applicazioni.)

Ecco l'esempio di "Ciao mondo" in Ruby:

```
puts "Hello World"
```

JAVASCRIPT

JavaScript (*https://developer.mozilla.org/en/javascript/*) è un linguaggio di programmazione utilizzato solitamente all'interno delle pagine web, ma sempre più spesso anche per la programmazione di giochi. La sintassi è fondamentalmente analoga a quella di Java, ma forse è un po' più facile iniziare con JavaScript. (Si può creare una semplice pagina HTML che contiene un programma JavaScript e farlo eseguire all'interno di un browser senza aver bisogno di una shell, di una riga di comando o di qualsiasi altra cosa.) Per iniziare a imparare JavaScript, un buon posto a cui fare riferimento è la Codecademy all'indirizzo *http://www.codeacademy.com/*.

Un "Ciao mondo" in JavaScript sarà diverso a seconda che lo si esegua in un browser o in una shell. In una shell, potrebbe essere:

```
print('Hello World');
In un browser, invece:
<html>
    <body>
        <script type="text/javascript">
            alert("Hello World");
        </script>
    </body>
</html>
```

QUALCHE ULTIMA PAROLA

Che continuiate a usare Python o decidiate di provare un altro linguaggio di programmazione (e ce ne sono molti di più di quelli elencati in queste pagine), troverete comunque utili i concetti scoperti in questo libro. Anche se non continuerete a programmare, le idee fondamentali vi saranno utili in tutte le attività, a scuola come anche, più avanti, nel lavoro.

Buona fortuna e buon divertimento con la programmazione!

APPENDICE
LE PAROLE CHIAVE DI PYTHON

Le *parole chiave* (o *keyword*) in Python (e nella maggior parte dei linguaggi di programmazione) sono parole con un significato speciale. Sono parte del linguaggio di programmazione stesso e perciò non si possono usare se non nel modo prefissato. Se, per esempio, tentate di usarle come variabili o le usate nel modo sbagliato, la console di Python vi manderà messaggi d'errore strani (e a volte anche divertenti).

Questa appendice descrive tutte le parole chiave di Python e, se continuate a programmare, sarà un documento utile per la consultazione.

AND

La parola chiave and ("e") è utilizzata per congiungere due espressioni in un enunciato (come un enunciato if), per dire che entrambe le espressioni devono essere vere. Un esempio:

```
if età > 10 and età < 20:
    print('Attenti agli adolescenti!!!!')
```

Questo codice sigifica che il valore della variabile età deve essere maggiore di 10 *e* minore di 20 perché il messaggio venga stampato.

AS

La parola chiave as può essere usata per dare un altro nome a un modulo importato. Per esempio, supponiamo di avere un modulo con un nome molto lungo:

```
io_sono_un_modulo_di_python_davvero_non_molto_utile
```

Sarebbe irritante dover scrivere il nome di questo modulo ogni volta che lo si vuole usare:

```
import io_sono_un_modulo_di_python_davvero_non_molto_utile
io_sono_un_modulo_di_python_davvero_non_molto_utile.fai_questo()
Ho fatto qualcosa di non molto utile.
io_sono_un_modulo_di_python_davvero_non_molto_utile.fai_altro()
Ho fatto qualche altra cosa non molto utile!!
```

Si può invece assegnare al modulo un nuovo nome, più breve, quando lo si importa, poi si usa semplicemente il nuovo nome (un po' come un soprannome), in questo modo:

```
import io_sono_un_modulo_di_python_davvero_non_molto_utile as
nonutile
nonutile.fai_questo()
Ho fatto qualcosa di non molto utile.
nonutile.fai_altro()
Ho fatto qualche altra cosa non molto utile!!
```

ASSERT

assert è una parola chiave che si usa per dire che un certo codice deve essere vero. È un altro modo per identificare errori e problemi nel codice, di solito in programmi più avanzati (per questo non l'abbiamo mai usata). Ecco un semplice enunciato assert:

```
>>> mionumero = 10
>>> assert mionumero < 5
Traceback (most recent call last):
  File "<pyshell#1>", line 1, in <module>
    assert a < 5
AssertionError
```

In questo esempio, affermiamo che il valore della variabile mionumero è minore di 5. Ma non lo è, perciò Python visualizza un errore (che è chiamato AssertionError).

BREAK

La parola chiave break ("interrompi") si usa per fermare l'esecuzione del codice. Si può usare un break in un ciclo for, in questo modo:

```
età = 10
for x in range(1, 100):
    print('conto %s' % x)
    if x == età:
        print('fine conteggio')
        break
```

Poiché la variabile età qui è impostata a 10, questo codice stamperà:

```
conto 1
conto 2
conto 3
conto 4
conto 5
conto 6
conto 7
conto 8
conto 9
conto 10
fine conteggio
```

Quando il valore della variabile x raggiunge 10, viene stampato il testo "fine conteggio" e si esce dal ciclo.

CLASS

La parola chiave `class` si usa per definire un tipo di oggetto, per esempio un veicolo, un animale, una persona. Le classi possono avere una funzione denominata `__init__`, che si usa per eseguire tutte le attività di cui ha bisogno un oggetto della classe, quando viene creato. Per esempio, un oggetto della classe `Auto` può aver bisogno di una variabile `colore` quando viene creato:

```
class Auto:
    def __init__(self, colore):
        self.colore = colore

auto1 = Auto('rosso')
auto2 = Auto('blu')
print(auto1.colore)
rosso
print(auto2.colore)
blu
```

CONTINUE

La parola chiave `continue` è un modo per “saltare” all’elemento successivo di un ciclo, in modo che non venga eseguito il codice restante nel blocco del ciclo. A differenza di `break` non fa uscire dal ciclo, ma solo passare all’elemento successivo. Per esempio, se avessimo una lista e volessimo saltare gli elementi che iniziano per *b*, potremmo fare così:

```
❶ >>> mia_lista = ['arca', 'arancia', 'banana', 'baco', 'mela',
            'noce']
❷ >>> for item in mia_lista:
❸         if item.iniziacon('b'):
❹             continue
❺         print(item)

arca
arancia
mela
noce
```

Creiamo la lista in ❶, poi usiamo un ciclo `for` per percorrere i vari elementi ed eseguire per ciascuno il blocco di codice in ❷. Se l’elemento inizia con la *b* in ❸, passiamo al successivo in ❹. Altrimenti, in ❺ stampiamo il suo nome.

DEF

La parola chiave `def` si usa per definire una funzione. Per esempio, per creare una funzione che converta un numero di anni nell'equivalente numero di minuti:

```
>>> def minuti(anni):
        return anni * 365 * 24 * 60
>>> minuti(10)
5256000
```

DEL

La funzione `del` si usa per eliminare qualcosa. Per esempio, se avessimo scritto una lista di regali che desidereremmo ricevere per il compleanno, ma poi cambiassimo idea, potremmo cancellarne uno dalla lista e aggiungerne uno nuovo:

auto telecomandata

nuova bici

~~*videogioco*~~

roborettile

In Python, la lista originale sarebbe fatta così:

```
quel_che_voglio = ['auto telecomandata', 'nuova bici', 'videogioco']
```

Potremmo eliminare il videogioco utilizzando `del` e l'indice dell'elemento da eliminare. Poi potremmo aggiungere il nuovo regalo desiderato, con la funzione `append`:

```
del quel_che_voglio[2]
quel_che_voglio.append('roborettile')
```

E poi stampare la nuova lista:

```
print(quel_che_voglio)
['auto telecomandata', 'nuova bici', 'roborettile']
```

ELIF

La parola chiave `elif` si usa all'interno di un enunciato `if`. Vedete la descrizione della parola chiave `if` per un esempio.

ELSE

La parola chiave `else` si usa all'interno di un enunciato `if`. Vedete la descrizione della parola chiave `if` per un esempio.

EXCEPT

La parola chiave `except` si usa per identificare problemi nel codice. Si usa in genere in programmi molto complessi, perciò non è mai stata usata in questo libro.

FINALLY

La parola chiave `finally` si usa per far sì che, se si verifica un errore, venga eseguito un certo codice (di solito per ripulire gli eventuali pasticci provocati). Questa parola non è usata in questo libro perché serve per programmi più avanzati.

FOR

La parola chiave `for` si usa per creare un ciclo, un pezzo di codice che viene eseguito più volte. Ecco un esempio:

```
for x in range(0, 5):
    print('x è %s' % x)
```

Questo ciclo `for` esegue il blocco di codice (l'enunciato `print`) cinque volte, dando questo risultato:

```
x è 0
x è 1
x è 2
x è 3
x è 4
```

FROM

Quando si importa un modulo, se ne può importare solo la parte che serve, utilizzando la parola chiave `from`. Per esempio, il modulo `turtle` introdotto nel Capitolo 4 ha una classe `Pen`, che si usa per creare un oggetto `Pen` (la tela su cui si muove la tartaruga). Ecco come importare tutto il modulo `turtle` e poi usare la classe `Pen`:

```
import turtle
t = turtle.Pen()
```

Si può anche importare la sola classe `Pen`, e poi usarla direttamente (senza far riferimento al modulo `turtle`):

```
from turtle import Pen
t = Pen()
```

Si può fare così, in modo che, se in seguito si esamina l'inizio del programma, si possono vedere tutte le funzioni e le classi utilizzate (cosa particolarmente utile nei programmi più lunghi, che importano molti moduli). Facendo in questo modo, però, non si potranno usare le parti del modulo che non sono state importate. Per esempio, il modulo `time` ha funzioni che si chiamano `localtime` e `gmtime`, ma, se si importa solo `localtime` e poi si tenta di usare `gmtime`, si ottiene un errore:

```
>>> from time import localtime
>>> print(localtime())
(2007, 1, 30, 20, 53, 42, 1, 30, 0)
>>> print(gmtime())
Traceback (most recent call last):
  File "<stdin>", line 1, in <module>
NameError: name 'gmtime' is not defined
```

Il messaggio d'errore `name 'gmtime' is not defined` significa che Python non sa nulla della funzione `gmtime`, perché non è stata importata.

Se vi sono varie funzioni di un particolare modulo che volete usare, e non volete farvi riferimento usando il nome del modulo (per esempio, `time.localtime`, o `time.gmtime`), potete importare tutto quello che sta nel modulo utilizzando un asterisco (*), in questo modo:

```
>>> from time import *
>>> print(localtime())
(2007, 1, 30, 20, 57, 7, 1, 30, 0)
>>> print(gmtime())
(2007, 1, 30, 13, 57, 9, 1, 30, 0)
```

Così si importa tutto dal modulo `time`, poi si può far riferimento alle singole funzioni per nome.

GLOBAL

L'idea di "ambito d'azione" o *scope* nei programmi è stata introdotta nel Capitolo 7. L'ambito d'azione si riferisce alla *visibilità* di una variabile. Se una variabile è definita all'esterno di una funzione, di solito può essere vista (è visibile) all'interno della funzione. Invece, se la variabile è definita all'interno di una funzione, di solito non è visibile al di fuori di quella funzione. La parola chiave `global` costituisce l'eccezione alla regola. Una variabile definita come "global" può essere vista ovunque. Ecco un esempio:

```
>>> def test():
        global a
        a = 1
        b = 2
```

Che cosa pensate succeda, se si chiama `print(a)` e poi `print(b)`, dopo aver eseguito la funzione `test`? La prima funzionerà, ma la seconda provocherà un messaggio d'errore:

```
>>> test()
>>> print(a)
1
>>> print(b)
Traceback (most recent call last):
  File "<stdin>", line 1, in <module>
NameError: name 'b' is not defined
```

La variabile `a` è stata trasformata in "global" all'interno della funzione, perciò è visibile anche dopo che la funzione ha esaurito il suo compito, ma `b` rimane visibile solo all'interno della funzione. (La parola `global` va usata prima di impostare il valore della variabile.)

IF

La parola chiave `if` si usa per prendere decisioni. Può essere usata anche con le parole chiave `else` ed `elif` ("else if"). Un enunciato `if` è un modo per dire, "Se la tal cosa è vera, allora compi una certa azione." Ecco un esempio:

```
if giocattolo_prezzo > 1000:
    print('Quel giocattolo costa troppo')
elif giocattolo_prezzo > 100:
    print('Quel giocattolo è costoso')
else:
    print('Posso permettermi quel giocattolo')
```

Questo enunciato `if` dice, in ❶, che, se il prezzo di un giocattolo è superiore a 1000, verrà visualizzato un messaggio, che dice che è troppo costoso, in ❷; altrimenti, in ❸, se il giocattolo costa più di 100, si visualizza un messaggio che è costoso in ❹. Se nessuna di queste condizioni è vera (in ❺), viene visualizzato il messaggio "Posso permettermi quel giocattolo" in ❻.

IMPORT

La parola chiave `import` si usa per dire a Python di caricare un modulo, per poterlo utilizzare. Per esempio, il codice seguente dice a Python di usare il modulo `sys`:

```
import sys
```

IN

La parola chiave `in` is usa nelle espressioni per vedere se un elemento appartiene a un insieme di elementi. Per esempio, c'è il numero 1 in una lista (un insieme) di numeri?

```
>>> if 1 in [1,2,3,4]:
>>>     print('il numero è presente nella lista')
il numero è presente nella lista
```

Ecco come scoprire se la stringa `'pantaloni'` fa parte di una lista di nomi di oggetti d'abbigliamento:

```
>>> lista_abiti = ['camicie', 'calzini', 'boxer', 'canottiere',
                  'maglioni']
>>> if 'pantaloni' in lista_abiti:
        print('pantaloni è nella lista')
    else:
        print('pantaloni non è nella lista')
pantaloni non è nella lista
```

IS

La parola chiave `is` assomiglia molto all'operatore "uguale" (`==`), che si usa per stabilire se due cose sono uguali (per esempio, `10 == 10` è vero, `10 == 11` è falso). Vi è però una differenza fondamentale fra `is` e `==`. Se si confrontano due cose, `==` può restituire vero, mentre `is` no (anche se pensate che le cose siano identiche). Questo è un concetto avanzato e in questo libro ci limitiamo a usare l'operatore `==`.

LAMBDA

La parola chiave `lambda` si usa per creare funzioni anonime, o inline. Si usa in programmi più avanzati, e non l'analizziamo in questo libro.

NOT

Se qualcosa è vero, la parola chiave `not` lo rende falso. Per esempio, se creiamo una variabile `x` e la impostiamo al valore `True`, poi stampiamo il valore della variabile usando `not`, otteniamo questo risultato:

```
>>> x = True
>>> print(not x)
False
```

Questo no sembra molto utile, finché non si comincia a usare questa parola chiave negli enunciati `if`. Per esempio, per stabilire se qualcosa non è elemento di una lista si può scrivere qualcosa di questo genere:

```
>>> lista_abiti = ['camicie', 'calzini', 'boxer', 'canottiere',
                   'maglioni']
>>> if 'pantaloni' not in lista_abiti:
        print('Devi proprio comprarti dei pantaloni')
Devi proprio comprarti dei pantaloni
```

OR

La parola chiave `or` si usa per concatenare due condizioni in un enunciato (per esempio un `if`) per dire che almeno una delle due condizioni deve essere vera. Ecco un esempio:

```
if dino == 'Tirannosauro' or dino == 'Allosauro':
    print('Carnivori')
elif dino == 'Anchilosauro' or dino == 'Apatosauro':
    print('Erbivori')
```

In questo caso, se la variabile `dino` contiene `Tirannosauro` o `Allosauro`, il programma stampa "Carnivori"; se contiene `Anchilosauro` o `Apatosauro`, stampa "Erbivori".

PASS

A volte, quando si sviluppa un programma, si procede scrivendone solo piccole parti, a titolo di prova. Il problema in questi casi è che non si può avere un enunciato `if` senza il blocco di codice che deve essere seguito quando la condizione nell'enunciato `if` è vera, né si può avere un ciclo `for` senza il blocco di codice che deve essere seguito nel ciclo. Per esempio, questo codice funziona bene:

```
>>> età = 15
>>> if età > 10:
        print('hai più di 10 anni')

hai più di 10 anni
```

Se però non si scrive il blocco di codice (il "corpo") dell'enunciato `if` si ottiene un messaggio d'errore:

```
>>> età = 15
>>> if età > 10:

File "<stdin>", line 2
    ^
IndentationError: expected an indented block
```

Questo è il messaggio d'errore che Python visualizza quando si aspettava, dopo un enunciato di un qualche tipo, un blocco di codice che non c'è (se usate IDLE, neanche ve lo lascerà scrivere). In casi come questi, si può usare la parola chiave `pass` per scrivere un enunciato senza il blocco di codice che ne deve fare parte integrante.

Per esempio, poniamo di voler creare un ciclo `for` con un enunciato `if` all'interno. Magari non abbiamo ancora deciso che cosa metterci: magari useremo la funzione `print`, o un `break`, o qualcos'altro ancora. Possiamo usare `pass`, e il codice funzionerà (anche se non farà ancora nulla di utile).

Ecco ancora il nostro enunciato `if`, ma questa volta con la parola chiave `pass`:

```
>>> age = 15
>>> if age > 10:
        pass
```

Ed ecco un altro uso della parola chiave `pass`:

```
>>> for x in range(0, 7):
>>>     print('x è %s' % x)
>>>     if x == 4:
            pass

x è 0
x è 1
x è 2
x è 3
x è 4
x è 5
x è 6
```

Python controlla ancora se la variabile `x` contiene il valore 4, ogni volta che esegue il blocco di codice nel ciclo, ma non farà comunque nulla di conseguenza, perciò stamperà tutti i numeri nell'intervallo da 0 a 7.

In seguito, potremo aggiungere il codice del blocco per l'enunciato `if`, sostituendo `pass` con qualche altra cosa, per esempio un `break`:

```
>>> for x in range(1, 7):
        print('x è %s' % x)
        if x == 5:
            break

x è 1
x è 2
x è 3
x è 4
x è 5
```

La parola chiave `pass` si usa spesso quando si sta creando una funzione, ma non se ne vuole ancora scrivere il codice completo.

RAISE

La parola chiave `raise` si può usare per provocare un errore. Può sembra una cosa strana, ma nella programmazione avanzata può essere effettivamente una cosa molto utile. (In questo libro questa parola chiave non viene mai usata.)

RETURN

Si usa la parola chiave `return` per restituire un valore da una funzione. Per esempio, si può creare una funzione per calcolare il numero dei secondi che sono trascorsi dalla vostra nascita all'ultimo compleanno:

```
def età_in_secondi(età_in_anni):
    return età_in_anni * 365 * 24 * 60 * 60
```

Quando si chiama questa funzione, il valore restituito può essere assegnato a un'altra variabile o venire stampato:

```
>>> secondi = età_in_secondi(9)
>>> print(secondi)
283824000
>>> print(età_in_secondi(12))
378432000
```

TRY

La parola chiave `try` segna l'inizio di un blocco di codice che termina con le parole chiave `except` e `finally`. Nel loro complesso, i blocchi di codice `try/except/finally` sono usati per gestire gli errori in un programma, per esempio per far sì che il programma visualizzi un messaggio comprensibile per l'utente, anziché un tipico messaggio d'errore, poco amichevole, di Python. Queste parole chiave non sono usate in questo libro.

WHILE

La parola chiave `while` assomiglia un po' a `for`, ma mentre un ciclo `for` percorre un intervallo prestabilito (di numeri), un ciclo `while` prosegue finché una certa espressione rimane vera. Fate attenzione ai cicli `while`, perché se l'espressione è sempre vera, il ciclo non si interromperà mai (si parla in tal caso di un *ciclo infinito*). Ecco un esempio:

```
>>> x = 1
>>> while x == 1:
        print('ciao')
```

Se si esegue questo codice, continuerà indefinitamente, o perlomeno finché non si chiude la shell di Python o non si premono i tasti CTRL-C per interromperlo brutalmente.
Il codice seguente invece stamperà "ciao" nove volte (ogni volta incrementando di 1 la variabile `x`, finché il valore di `x` non sarà più minore di 10).

```
>>> x = 1
>>> while x < 10:
        print('ciao')
        x = x + 1
```

WITH

La parola chiave `with` si usa con un oggetto per creare un blocco di codice, in modo analogo alle parole chiave `try` e `finally`. Questa parola chiave non è mai usata in questo libro.

YIELD

La parola chiave `yield` assomiglia un po' a `return`, tranne che si usa con una specifica classe di oggetti, che prende il nome di "generatore". I generatori creano valori al volo (che è un altro modo per dire che creano valori su richiesta), perciò, sotto questo profilo, la funzione `range` si comporta come un generatore. Questa parola chiave non è mai usata nel libro.

GLOSSARIO

Quando si muovono i primi passi nel mondo della programmazione, capita di incontrare qualche termine che non ha molto senso. La mancanza di comprensione può rendere difficile andare avanti, ma c'è una soluzione semplice per questo problema!

Ho creato questo glossario perché possiate togliervi d'impaccio quando qualche parola o qualche espressione vi sono d'ostacolo. Troverete le definizioni di molti dei termini della programmazione utilizzati in questo libro, perciò consultate queste pagine se incontrate una parola che non vi è chiara.

ambito d'azione (scope) La parte o sezione di un programma in cui una variabile può essere "vista" (ovvero utilizzata). Una variabile all'interno di una funzione può non essere visibile al codice esterno alla funzione.

animazione Il processo con cui viene visualizzata una sequenza di immagini, a velocità sufficiente per dare l'impressione del movimento.

blocco Un gruppo di enunciati in un programma.

booleano Un tipo di valore che può essere "vero" o "falso". (In Python, `True` o `False`, con le iniziali maiuscole.)

canvas (tela) Un'area dello schermo per disegnare. Canvas è il nome di una classe messa a disposizione dal modulo tkinter.

chiamata Esecuzione del codice di una funzione. Quando si usa una funzione, si dice che la si "chiama".

ciclo (*loop*) La ripetizione di un comando o di un gruppo di comandi (per un numero prefissato di volte o in base al verificarsi di qualche condizione).

classe Una descrizione o definizione di un tipo di cose. Nella programmazione, una classe è un insieme di funzioni e variabili.

clic La pressione di uno dei pulsanti del mouse per "schiacciare" un pulsante sullo schermo, selezionare un'opzione da un menu e così via.

collisione Nei giochi al computer, è ciò che accade quando un personaggio del gioco si scontra con un altro personaggio o un oggetto sullo schermo.

condizione In un programma, un'espressione che assomiglia un po' a una domanda. Le condizioni possono essere vere o false.

coordinate La posizione di un pixel sullo schermo. La posizione viene indicata con una coppia di numeri: il numero dei pixel dal bordo sinistro dello schermo (x) in orizzontale, e il numero dei pixel dal bordo superiore dello schermo (y) in verticale.

dati Di solito il termine indica informazioni conservate e manipolate da un computer.

dimensioni Nella programmazione grafica, bidimensionale o tridimensionale sono termini che si riferiscono a come le immagini vengono visualizzate su un monitor. Le immagini bidimensionali (2D) sono immagini piatte che hanno larghezza e altezza, come i vecchi cartoni animati che si possono vedere in televisione. Le immagini tridimensionali (3D) hanno larghezza, altezza e anche l'illusione della profondità – sono quel tipo di immagini grafiche che si possono incontrare in un gioco per computer più realistico.

directory La posizione di un gruppo di file sul disco fisso del computer.

eccezione Un tipo di errore che si verifica nell'esecuzione di un programma.

errore In un programma, quando qualcosa va storto. Quando si programma in Python, si possono incontrare messaggi di ogni genere, in risposta a un errore. Se non scrivete correttamente il codice, rispettando i rientri, vi capiterà di incontrare un IndentationError, per esempio.

esadecimale Un sistema di notazione, cioè di rappresentazione dei numeri, usato in particolare nella programmazione. I numeri esadecimali sono numeri in base 16, il che significa che vengono usate le cifre da 0 a 9 e in più le lettere A, B, C, D, E, F.

evento Qualcosa che si verifica quando un programma è in esecuzione. Per esempio, un evento può essere lo spostamento del mouse, il clic su un pulsante del mouse, o la pressione di un tasto sulla tastiera.

figlio Quando si parla di classi, si descrivono le relazioni fra classi come relazioni di parentela: classi genitrici e classi figlie. Una classe figlia eredita le caratteristiche della classe genitrice.

finestra di dialogo In un'applicazione, è una finestra che presenta informazioni legate al contesto, per esempio un avviso o un messaggio di errore, oppure chiede la risposta a una domanda. Per esempio, se si sceglie di aprire un file, si apre di norma una finestra di dialogo che chiede di indicare il nome del file che si vuole aprire.

frame Una di una serie di immagini che costituiscono un'animazione.

funzione Un comando in un linguaggio di programmazione, che solitamente è un insieme di enunciati che svolge qualche azione.

genitore Quando si parla di classi e oggetti il genitore di una classe è un'altra classe, dalla quale vengono ereditate funzioni e variabili. In altre parole, una classe figlia eredita le caratteristiche della sua classe genitrice.

gradi Una unità di misura per gli angoli.

identificatore Un numero che indica in modo univoco qualcosa in un programma. Nel modulo `tkinter` di Python, per esempio, l'identificatore è utilizzato per individuare le forme disegnate sul canvas.

immagine Ogni tipo di figura (un disegno, un elemento grafico, una fotografia) sullo schermo del computer.

importare In Python, importare un modulo significa renderlo disponibile per l'uso nel programma che si sta scrivendo.

incorporare (embed) Sostituire valori all'interno di una stringa. I valori sostituiti a volte sono chiamati segnaposto *(placeholder)*.

inizializzare Impostare lo stato iniziale di un oggetto (cioè impostare il valore delle variabili nell'oggetto, nel momento in cui viene creato).

installazione Il processo di copia dei file di un'applicazione sul computer, in modo che l'applicazione sia disponibile all'uso.

istanza Un esempio di una classe – in altre parole, un oggetto.

keyword *Vedi* parola chiave.

loop *Vedi* ciclo.

memoria Un dispositivo o un componente del computer che viene utilizzato per conservare le informazioni.

modulo Un gruppo di funzioni e variabili.

null L'assenza di valore (in Python, indicato anche con `None`).

oggetto L'istanza specifica di una classe. Quando si crea un oggetto di una certa classe, Python riserva una parte della memoria del computer per conservare le informazioni su un membro di quella classe.

operatore Un elemento, in un programma informatico, utilizzato per eseguire operazioni matematiche o logiche e per effettuare confronti fra valori.

orizzontale Sullo schermo, le direzioni "sinistra" e "destra" (rappresentate dalla x).

parametro Un valore utilizzato con una funzione quando viene chiamata o quando si crea un oggetto (quando si chiama la funzione `__init__` di Python, per esempio). I parametri sono chiamati anche *argomenti*.

parola chiave (keyword) Una parola speciale utilizzata da un linguaggio di programmazione. Le parole chiave sono parole riservate, che cioè non possono essere usate se non esattamente come vuole quel linguaggio (per esempio, non si può usare una parola chiave come nome di una variabile).

pixel Un singolo punto sullo schermo del computer, il punto più piccolo che il computer può disegnare.

programma Un insieme di istruzioni che dicono a un computer che cosa fare.

scope Vedi ambito d'azione.

shell In informatica, una shell è un'interfaccia a riga di comando. In questo libro, "la shell di Python" è l'applicazione IDLE.

sintassi Le regole che stabiliscono come si devono usare le parole in un programma.

software Un insieme di programmi per computer.

sprite Un personaggio o un oggetto in un gioco per computer.

stringa Una successione di caratteri alfanumerici (lettere, numeri, segni di interpunzione e spazi bianchi).

trasparenza Nella programmazione grafica, parte di un'immagine che non è visualizzata, che quindi non nasconde ciò che è visualizzato dietro di essa.

variabile Qualcosa utilizzato per conservare valori. Una variabile è un po' come un'etichetta per le informazioni conservate nella memoria del computer. Le variabili non sono legate in modo permanente a un determinato valore – il loro valore può cambiare (per questo si chiamano variabili).

verticale Le direzioni "su" e "giù" sullo schermo (rappresentate dalla y).

INDICE ANALITICO

SIMBOLI E NUMERI

- (operatore sottrazione), 17
% (segno di percentuale)
  come operatore modulo, 149
  come operatore segnaposto, 30–31, 176
( ) (parentesi tonde)
  con classi e oggetto, 96
  per creare tuple, 38
* (operatore moltiplicazione), 16–18
. (operatore punto), 106–107
/ (operatore divisione), 17–18
: (due punti)
  negli enunciati if, 54
  nelle liste, 34
  nelle mappe, 39
[ ] (parentesi quadre), per creare liste, 33
\ (barra retroversa)
  nelle stringhe, 29, 126
  per mandare a capo righe di codice, 235
{ } (parentesi graffe), per creare mappe, 40
+ (operatore somma), 17
2D (grafica bidimensionale), 164
3D (grafica tridimensionale), 164

A

abs (funzione), 110–111
Adobe Flash, 286
aggiungere
  elementi a liste, 35
  oggetti a classi, 96
Alice, 286
ambito
  definizione, 308
  delle variabili, 84, 85
and (parola chiave), 61, 294
Android, cellulari 288
animazione, 164, 183, 198
  con gli sprite, 222
  definizione, 308
  ne L'avventurosa fuga di Mr. Stick Man, 225, 260–264
aperture di file
  in Mac OS X, 126
  in Ubuntu Linux, 126
  in Windows, 125
append (funzione), 35
as (parola chiave), 294
assert (parola chiave), 294
AssertionError, 295

B

barra retroversa (\)
  nelle stringhe, 29, 126
  per mandare a capo righe di codice, 235
BASIC, 4
bidimensionale (2D), grafica, 164
BlitzBasic, 286
blocchi di codice, 54–55, 72
  definizione, 308
bool (funzione), 112
booleano, 112
  definizione, 308
Bounce! (gioco), 193–216
  aggiungere un elemento casuale, 212–213
  pallina, 196–198
    cambiamento di direzione, 202
    movimento, 198
    rimbalzo, 200
    urto contro la racchetta, 209–212
  canvas, 194
  racchetta, 206
    movimento, 207–208
break (parola chiave), 78, 295

C

C, linguaggio di programmazione, 288
C#, linguaggio di programmazione, 289
C++, linguaggio di programmazione, 289
calcoli, 16, 115
canale alfa, 222, 224

cancellazione di elementi
da liste, 35
da mappe, 40
canvas (tela)
creazione con il modulo `tkinter`, 167–168
creazione con il modulo `turtle`, 44
definizione, 308
caratteristiche delle classi, 97–98
chiamare una funzione, 83
definizione, 308
cicli
definizione, 308
`for`. *Vedi* `for` , cicli
`while`, 76–78
ciclo principale, 197, 236
`class` (parola chiave), 94, 296
classi, 94
aggiungere oggetti alle, 96
che ereditano funzioni, 103–104
definizione di funzioni, 97
descritte con il modulo `turtle`, 100
figlie, 95, 308
funzioni di classe che chiamano altre funzioni, 104
genitrici, 95
classificazione di cose mediante classi e oggetti, 94
clic su un pulsante, 308
collisioni, definizione, 308
colori
impostazione
con il modulo `tkinter`, 174–175
cpn il modulo `turtle`, 152–155, 159
modifica con la funzione `temconfig`, 189
uso del selettore dei colori nel modulo `tkinter`, 176
concatenamento di liste, 36
condizioni, 57–58
`and` (parola chiave), 61
combinazione, 61
definizione, 308
operatori, 57
`or` (parola chiave), 61
console a riga di comando, 13
`continue` (parola chiave), 296
conversione
di date, 140
di numeri in stringhe, 64
di stringhe in numeri, 63
coordinate, 168
`Coords` (classe), 238
copiare e incollare, in IDLE, 22
`copy` (modulo), 130
deep copy, 132
shallow copy, 132
corpo di una funzione, 83
creazione di file
in Mac OS X, 124
on Ubuntu Linux, 124–125
in Windows, 123
creazione di liste di numeri, 48, 82
creazione di variabili, 19

D

date
conversione, 140
come oggetti, 140–141
dati, definizione, 308
`def` (parola chiave), 98, 297
`del` (parola chiave), 35, 297
dict. *Vedi* mappe
dimensioni, definizione, 309
`dir` (funzione), 113
directory, definizione, 309
disegni
con il modulo `tkinter`, 163–190
archi, 177–179
linee, 168–169
ovali (cerchi), 196–197
poligoni, 179–180
rettangoli, 170–174, 206
con il modulo `turtle`, 43–50, 145–160
auto, 151
cerchio pieno, 153
linee, 169
quadrato pieno, 157
quadrato semplice, 146, 206
stella a 8 punte, 147
stella a spirale, 148
stelle piene, 158
per L'avventurosa fuga di Mr. Stick Man
Mr. Stick Man, 225
piattaforme, 227
porta, 228

sfondo, 229
divisione, operatore (/), 17–18
due punti (:)
negli enunciati if, 54
nelle liste, 34
nelle mappe, 39

E

eccezioni, definizione, 309
elif (parola chiave), 59, 297. *Vedi anche* if, enunciati
else (parola chiave), 58, 298. *Vedi anche* if, enunciati
EOL (end-of-line), 27
eredità, 103–104
errori
AssertionError, 295
definizione, 309
di rientro, 56, 71, 303
evidenziazione in IDLE, 56, 72
NameError, 85, 299, 300
SyntaxError, 27, 28, 56, 72
SystemExit, 137
TypeError, 37, 38, 41
ValueError, 64, 118
esadecimali, numeri, 176
definizione, 309
escape, stringhe di, 29
esecuzione di programmi, 13
espressioni, 115, 149
eval (funzione), 115
event binding (collegamento a eventi), con il modulo tkinter, 186, 208
eventi, definizione, 309
evento, oggetti, 255–256
except (parola chiave), 298
exec (funzione), 116

F

figlie, classi, 95
definizione, 309
file
apertura, 125–126
creazione, 123–125
lettura da, 125, 127
scrittura in, 126
file, oggetti
apertura
in Mac OS X, 126
in Ubuntu Linux, 126
in Windows, 125
close (funzione), 127
creazione
in Mac OS X, 123–124
in Ubuntu Linux, 124–125
in Windows, 123
read (funzione), 126
write (funzione), 127
finally (parola chiave), 298
finestre di dialogo, definizione, 309
float (funzione), 64, 116
for (parola chiave), 298
for, cicli, 68
codice di confronto senza uso di cicli, 69
interno dei cicli, 73
e liste, 70
e funzione range, 68
e modulo turtle, 147
formato, segnaposto di, 30–31, 175
frame di animazione, definizione, 310
from (parola chiave), 298
funzioni interne, 109
abs, 110–111
bool, 111
dir, 113
eval, 115
exec, 116
float, 64, 116
int, 63, 117
len, 118
max, 119
min, 120
open, 125
range (funzione), 121–122
nei cicli for, 68–69, 119
con la funzione list, 82
sum, 122
funzioni, 11, 35, 82. *Vedi anche* funzioni interne
append, 35
chiamata, 83
definizione, 308
valori diversi, 86
definizione, 310

list, 69, 82
parti di una funzione, 83
print, 12
sleep, 141
str, 64

G

genitrici, classi, 95
definizione, 310
GIF, immagini, 182, 226
GIMP (GNU Image Manipulation Program), 224
giochi. *Vedi* Bounce!; L'avventurosa fuga di Mr. Stick Man
global (parola chiave), 299
gradi, 47–48
definizione, 310
degli archi, 178–179
nelle stelle, 147–148
graffe, parentesi ({}), per creare mappe, 39
grafica
bidimensionale (2D), 163
isometrica, 164
tridimensionale (3D), 164

H

help (funzione), 114
HTML, 289

I

identificatori, 169, 184, 188
definizione, 310
IDLE (integrated development environment), 10
avvio, 11
copiare e incollare, 22
evidenziazione degli errori, 56, 71
impostazione in Mac OS X, 8
impostazione in Windows, 6
if (parola chiave), 300
if, enunciati, 54. *Vedi anche* elif (parola chiave); else (parola chiave)
immagini
definizione, 310
GIF, 182, 226
ribaltare, in GIMP, 227
visualizzazione con il modulo tkinter, 182
import (parola chiave), 301
importazione di moduli, 44, 87
definizione, 310
in (parola chiave), 301
indentazione. *Vedi* rientro
indice, posizioni (nelle liste), 33
inizializzazione, definizione, 310
input, lettura di, 89
inserire valori in stringhe, 30, 175
installazione di Python, 5
in Mac OS X, 7
in Ubuntu Linux, 9
in Windows, 5
installazione, definizione, 310
int (funzione), 64, 117
integrated development environment. *Vedi* IDLE
interi, numeri, 64, 116
is (parola chiave), 301
isometrica, grafica, 164
istanze, 96
definizione, 310
iteratori, 69, 121

J

Java, linguaggio di programmazione, 288
JavaScript, linguaggio di programmazione, 291

K

keyword (modulo), 133

L

L'avventurosa fuga di Mr. Stick Man (gioco)
Coords, classe, 238
creazione di sprite, 244–245
disegno della porta, 228–229
disegno dello sfondo, 229–230
DoorSprite, classe, 274–275
Game, classe, 234–238

Mr. Stick Man, 252–256
animazione, 260-272
collegamento ai tasti, 255
disegno, 225–227
caricamento delle immagini, 252–253
spostamento, 255–257
piattaforme
aggiunta, 246–248
disegno, 227–228
rilevamento delle collisioni, 239–244
`lambda` (parola chiave), 302
`len` (funzione), 118
lettura di oggetti da file, 143
linguaggi di programmazione, 4, 288–291
per lo sviluppo di siti web, 289, 290, 291
per lo sviluppo per i cellulari, 288, 290
Linux. *Vedi* Ubuntu Linux
liste, 33
aggiunta di elementi a, 35
cancellazione di elementi da, 35
concatenamento, 36
di numeri, creazione, 48, 82
e cicli `for`, 70
e funzione `range`, 82
errori di tipo, 37, 38
indici, 33
lunghezza delle, 118
modificare, 33
sottoinsiemi di, 34
stampare i contenuti delle, 33
valore minimo delle, 120

M

Mac OS X
apertura di file in, 126
creazione di file in, 123–124
impostazione di IDLE in, 8
installazione di Python in, 7
posizioni di file in, 126
mappe, 39
cancellazione di elementi da, 40
errori di tipo, 41
lunghezza delle, 118
ottenimento di valori delle, 40
sostituzione di valori nella, 40
mathematiche, operazioni
divisione, 17–18
modulo, 149
moltiplicazione, 16–18
con stringhe, 31
con variabili, 84
somma, 17
sottrazione, 17
`max` (funzione), 119
memoria, definizione, 310
`min` (funzione), 120
moduli, 87
`copy`, 130
deep copy, 132
shallow copy, 132
definizione, 310
importazione, 44, 87
`keyword`, 133
`pickle`, 142
`dump` (funzione), 142
`load` (funzione), 143
`random`. *Vedi* `random` (modulo)
`sys`. *Vedi* `sys` (modulo)
`time`. *Vedi* `time` (modulo)
`tkinter`. *Vedi* `tkinter` (modulo)
`turtle`. *Vedi* `turtle` (modulo)
modulo, operatore (`%`), 149
moltiplicazione, 16–18
con stringhe, 31
con variabili, 84
Monty Python's Flying Circus, 4
multilinea, stringhe, 27, 116

N

`NameError`, 85, 299, 300
`None`, 61–62
`not` (parola chiave), 302
null, definizione, 310
numeri,
conversione da stringhe, 63
conversione in stringhe, 64
e stringhe, 62
e `ValueError`, 64, 118
interi, 64, 116
in virgola mobile, 116

O

Objective-C, linguaggio di programmazione, 290
oggetti, 88, 95–96
  aggiunta a classi, 96
  definizione, 311
  identificatori, 188
  inizializzazione, 105
  lettura da file, 143
  scrittura su file, 142
  standard input, 88
  standard output, 138
operatori, 17
  definizione, 311
  modulo (%), 149
  ordine di esecuzione delle operazioni, 19
  segnaposto (%), 30
`or` (parola chiave), 61, 302
ordine di esecuzione delle operazioni, 18
orizzontale, definizione, 311
OS X. *Vedi* Mac OS X

P

parametri, 83
  con nome, 167
  definizione, 311
parentesi (), 18
  con classi e oggetti, 96
  per la creazione di tuple, 38
parole chiave, 293–306
  `and`, 294
  `as`, 294
  `assert`, 294
  `break`, 78, 295
  `class`, 94, 296
  `continue`, 296
  `def`, 98, 297
  definizione, 310
  `del`, 35, 297
  `elif`, 59, 297. *Vedi anche* `if`, enunciato
  `else`, 58, 298. *Vedi anche* `if`, enunciato
  `except`, 298
  `finally`, 298
  `for`, 298
  `from`, 298
  `global`, 299
  `if`, 300
  `import`, 301
  `in`, 301
  `is`, 301
  `lambda`, 302
  `not`, 302
  `or`, 61, 302
  `pass`, 95, 303
  `raise`, 304
  `return`, 305
  `try`, 305
  `while`, 305
  `with`, 306
  `yield`, 306
`pass` (parola chiave), 95, 303
percentuale, segno di (%)
  come operatore modulo, 149
  come operatore segnaposto, 30–31, 176
PERL, linguaggio di programmazione, 290
PHP, linguaggio di programmazione, 289–290
`pickle` (modulo), 142
  `dump` (funzione), 142
  `load` (funzione), 143
pixel, 47
  definizione, 311
posizione dei file, 126
programmi
  definizione, 311
  esecuzione, 13
  ritardo, 141
  salvataggio, 12
prompt, 11
punto, operatore (.), 106–107
PyGame2, 286–287
Python, 4
  uso della console, 46
  installazione, 5
    in Mac OS X, 7
    in Ubuntu Linux, 9
    in Windows, 5
  salvataggio dei programmi, 12
  shell. *Vedi* shell

Q

quadre, parentesi ([ ]), per creare liste, 33

R

raise (parola chiave), 304
random (modulo), 133
  choice (funzione) 135
  creazione di rettangoli casuali, 172
  randint (funzione), 134
  shuffle (funzione), 136, 202
range (funzione), 121–122
  con la funzione list, 82
  nei cicli for, 68–69, 119
reimpostazione delle variabili, 62
return (parola chiave), 305
rientro
  errori, 56, 71, 303
  in IDLE, 56, 69, 71
  rientro dei blocchi, 54
  spazi coerenti, 57, 72
rilevamento di collisioni, 209, 239–244
  in Bounce!, 209–212
  ne L'avventurosa fuga di Mr. Stick Man, 266–272
ritardare i programmi, 141
Ruby, linguaggio di programmazione, 291

S

salvataggio di programmi, 12
scope. *Vedi* ambito
Scratch, 286
scrittura di oggetti su file, 142
segnaposto, 30, 175
shell, 11. *Vedi anche* IDLE
  creazione di una nuova finestra, 13
  definizione, 311
sintassi, 27
  definizione, 311
sleep (funzione), 141
software, 3
  definizione, 311
somma, operatore (+), 17
sostituzione di valori delle mappe, 40
sottoinsieme di una lista, 34
sottrazione, 17
spazio bianco, 55
sprite, definizione, 222, 311. *Vedi anche* Bounce! (gioco); L'avventurosa fuga di Mr. Stick Man (gioco)
stampa
  dei contenuti delle liste, 33
  dei contenuti delle variabili, 20
standard input (stdin), 88
standard output (stdout), 138
str (funzione), 64
stringhe, 26
  definizione, 311
  di escape, 29
  e numeri, 62
  e spazio bianco, 112
  errori di sintassi nelle, 27, 28
  incorporamento di valori in, 30, 175
  moltiplicazione, 31
  multilinea, 27, 116
sum (funzione), 122
SyntaxError, 27, 28, 56, 72
sys (modulo), 88, 136
  exit (funzione), 136
  stdin (oggetto), 137
  stdout (oggetto), 138
  version (funzione), 138
SystemExit, 137

T

time (modulo), 87, 138
  asctime (funzione), 140
  localtime (funzione), 140–141
  sleep (funzione), 141
  time (funzione), 139
tipi di dati
  Booleani, 111
  interi, 64, 116
  numeri in virgola mobile, 116
  stringhe, 26–32
tkinter (modulo), 163
  animazione, 183–186, 198
  askcolor (funzione), 176
  Canvas (oggetto)
    coords (funzione), 200–201
    winfo_height (funzione), 200
    winfo_width (funzione), 202

collegamento a eventi, 186, 208
coords (funzione), 201
creazione
del canvas, 168
di un pulsante, 165–166
disegno
di archi, 177–179
di linee, 168–169
di ovali (cerchi), 196–197
di poligoni, 179–180
di rettangoli, 170–174, 206
e colori, 174–177
e identificatori, 169, 184, 188
itemconfig (funzione del canvas), 189
keysym (variabile) 187
move (funzione), 208
pack (funzione), 168, 195
PhotoImage, 182
tk (oggetto)
title (funzione), 195
update (funzione), 197
update_idletasks (funzione), 197
wm_attributes (funzione), 195
visualizzazione
di immagini, 182–183
di testo, 180–181
trasparenza, nelle immagini, 222–223, 230
creazione con GIMP, 224
definizione, 311
tridimensionale (3D), grafica, 164
try (parola chiave), 305
tuple, 38, 176, 181
turtle (modulo), 44–50, 145–160
begin_fill (funzione), 153
clear (funzione), 49
color (funzione), 152
creazione del canvas, 44
disegno
di cerchi pieni, 153
di linee, 169
di quadrati pieni, 157
di quadrati semplici, 146, 206
di stele piene, 158
di un'auto, 151
di una stella a 8 punte, 147
di una stella a spirale, 148
end_fill (funzione), 153
importazione, 44
Pen (classe), 45
reset (funzione), 49
rotazione
verso destra, 49
verso sinistra, 47
spostamento
all'indietro, 49
in avanti, 46
uso con i cicli for, 147
TypeError, 37, 38, 41

U

Ubuntu Linux
apertura di file in, 126
creazione di file in, 124–125
installazione di Python in, 10
posizioni di file in, 126
Unity3D, 286
utente, input dell', 62

V

ValueError, 64, 118
variabili
ambito delle, 84
creazione di, 19
definizione, 312
reimpostazione delle, 62
stampa dei contenuti delle, 20
uso delle, 21
verticale, definizione, 312
virgola mobile, numeri in, 116

W, Y

while (parola chiave), 305
while, cicli, 76–78
Windows
creazione di file in, 123
posizioni di file in, 126
installazione di Python in, 5
apertura di file in 125
impostazione di IDLE in, 6
with (parola chiave), 306
yield (parola chiave), 306

*pro
DigitalLifeStyle **Nella stessa collana:**

Alessandra Salvaggio
Microsoft Excel 2016 - Macro e VBA
448 pp. - BN - Euro 26,90
ISBN: 978-88-6895-346-1

Luca Sclafani
Android - Guida completa
560 pp. - Colori - Euro 46,90
ISBN: 978-88-6895-239-6

Antonio Pelleriti
PROGRAMMARECON **C#6**
Guida completa
832 pp. - BN - Euro 48,90
ISBN: 978-88-6895-308-9

Emanuele Cisotti, Marco Giannino
Android - Guida completa
240 pp. - BN - Euro 16,90
ISBN: 978-88-6895-174-0

Alessandro Martellucci,
Fabio Collini, Matteo Bonifazi,
Stefano Sanna
Android - Programmazione avanzata
480 pp. - BN - Euro 32,90
ISBN: 978-88-6895-071-2

Matteo Bonifazi
Sviluppare applicazioni
per android in 7 giorni - 2ª edizione
192 pp. - BN - Euro 18,90
ISBN: 978-88-6895-037-8

Alessandra Salvaggio
HTML5 e CSS3 - Guida completa
512 pp. - BN - Euro 34,90
ISBN: 978-88-6895-231-0

Francesco Ingrassia,
Marco Passariello, Salvatore Ferranti
Sviluppare applicazioni
per Apple Watch
192 pp. - BN - Euro 16,90
ISBN: 978-88-6895-282-2

Carlo A. Mazzone
C e C++ - *Le chiavi*
della programmazione
448 pp. - BN - Euro 29,90
ISBN: 978-88-6895-330-0

Marco Buttu
PROGRAMMARECON **Python**
Guida completa
672 pp. - Bn - Euro 48,90
ISBN: 978-88-6895-024-8

Justin Seitz
Python per hacker
192 pp. - BN - Euro 21,90
ISBN: 978-88-6895-247-1

Alessandra Salvaggio
Indesign CC - Guida all'uso
288 pp. - BN - Euro 19,90
ISBN: 978-88-6895-245-7

DigitalLifeStyle *pro **Nella stessa collana:**

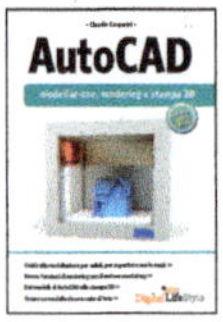

Claudio Gasparini
AutoCAD
304 pp. - Colori - Euro 24,90
ISBN: 978-88-6895-237-2

Gian Guido Zurli
DaVinci Resolve 11
144 pp. - Colori - Euro 14,90
ISBN: 978-88-6895-150-4

Andrea Picchi
Objective-C 2.0
per iOS e OS X
848 pp. - BN - Euro 49,90
ISBN: 978-88-6895-075-0

Luca Bertolli
OS X 10.10 Yosemite Server
Guida all'uso
240 pp. - BN - Euro 16,90
ISBN: 978-88-6895-136-8

Luca Bertolli
OS X 10.10 Yosemite
Guida all'uso
224 pp. - BN - Euro 16,90
ISBN: 978-88-6895-134-4

Alessandra Salvaggio
Joomla! 3.3
368 pp. - BN - Euro 29,90
ISBN: 978-88-6895-065-1

Alessandro Del Sole
Programmare per Windows
con WPF 4.5.1
Guida completa
608 pp. - BN - Euro 44,90
ISBN: 978-88-6895-043-9

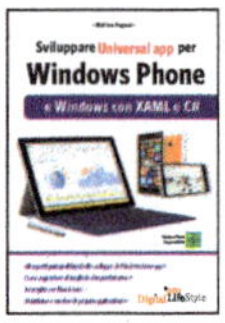

Matteo Pagani
Sviluppare Universal app
per Windows Phone e Windows
con XAML e C#
608 pp. - BN - Euro 49,90
ISBN: 978-88-6895-041-5

Gian Guido Zurli
Apple Motion 5
Guida all'uso
160 pp. - Colori - Euro 17,90
ISBN: 978-88-6895-057-6

Marco Maltraversi
SEO e SEM
Guida avanzata al Web Marketing
3° edizione
560 pp. - BN - Euro 36,90
ISBN: 978-88-6895-063-7

Joe Casabona
Responsive Design
con WordPress
208 pp. - BN - Euro 22,90
ISBN: 978-88-6895-095-8

Luca Bimbi
Apple Logic Pro X
Guida all'uso
288 pp. - Colori - Euro 24,90
ISBN: 978-88-6895-035-4